生命是一个奇迹

安兴本——著

生命是一个奇迹
奇迹是你的身体
身体是一个宇宙
宇宙是一个体系
体系是一套密码
密码是解码博弈
博弈是破译程序
程序是一道母题
母题是启迪健康
健康是生命奇迹

西苑出版社
XIYUAN PUBLISHING HOUSE

图书在版编目（CIP）数据

生命是一个奇迹 / 安兴本著. -- 北京：西苑出版社，2012.10

ISBN 978-7-5151-0292-4

Ⅰ.①生. Ⅱ.①安. Ⅲ.①生命哲学－通俗读物 Ⅳ.①B083-49

中国版本图书馆CIP数据核字（2012）第217803号

生命是一个奇迹

作　　者	安兴本
责任编辑	刘　荔
出版发行	西苑出版社
通讯地址	北京市朝阳区和平街11区37号楼
邮政编码	100013
电　　话	010-88637122
传　　真	010-88637120
网　　址	www.xiyuanpublishinghouse.com
印　　刷	北京中印联印务有限公司
经　　销	全国新华书店
开　　本	787mm×1092mm 1/16
字　　数	230千字
印　　张	23.5
版　　次	2013年6月第1版
印　　次	2013年6月第1次印刷
书　　号	ISBN 978-7-5151-0292-4
定　　价	39.80元

序

生命是一个奇迹，这还用说。

生命的质量各不相同，追求健康快乐的活着是每个人的愿望，条条大路通罗马，笔者“三通”与“五净”的个人经验，真切的告诉你健康快乐生活的路径与方法。

三通：便通、血通、络通。人之体，像条河，道不畅，便堵塞；体之脉，动在搏，流不畅，易梗塞；脉之络，经亦活，传不灵，导易错；

人有一张口，吃字摆在首；如今食物多，吃上易犯错，如果食量过，肠胃负担多，如果纤维少，肠胃有烦恼，便秘一来找，心情不会好。除病要及时，通畅是大事，肠胃一路通，轻松不得病。

四高血，原因多，大罪魁，吃惹祸。血黏稠，不易流，侵蚀大，管硬化；血稠症，很要命，血压高，心脑梗。劝读者，要警醒，血液通，人轻松；血流畅，身体壮，知情理，早提倡。

脉络之于通，经络之于行，经是纵，络是横，纵横交错罩人形；人之所以生，病之所以成？经联脏，络通腑，脏腑阻滞病魔出；通之于经络，灵之于体魄，经与络，纵与横，经络纵横通养生。

人保持三通，一定健康不病。有句广告词：痛则不通，通则不痛。因此俗话说，粗茶淡饭净，勤勉节俭行，气定运神闲，道法出自然。百法通则，必须从之，谁若触犯，报应即至。

五净：身净、食净、事净、财净、心净，这是任何人都不能回避的人之常理。有道是，有净才能生静，能静才能生竞。净是排污垢，静是动平衡，竞是鸣博弈，净静竞康程。

身净体自轻，躯静耳不鸣，体竞健生风，净静竞营生。洗尘宴远客，洗练夸笔墨，洗礼源自洗，百洗净归一。体竞无止境，力道法先行，道法求免疫，健康靠自己。

食以净为甘，民以食为天，天天饮食净，净静竞不病。形而下为器，器物净食必，形而上为道，道法净食理。竞食变食竞，健康视为重，慢食变运动，文化视为重。

事净净在容，容者心在明，明者怀天下，诸事讲双赢。事静静在行，行事看品行；品行欲修正，万事皆于诚。事竞大求强，专精更求尚，欲求百年盛，透绝仁心想。

财净取有道，有道净为高，静是财实动，竞是理财盛。商若财不净，市场道不正，官若财不净，公信敲警钟；财静才如镜，财竞映人性，投机不可取，创业靠本领。

心净水亭开，心静幽香来，心竞悠然逸，净静竞极泰。心净空乃大，诚容纳异卦，善施多良惠，仁爱普天下。心静菩提树，静如明镜台，人心竞如虹，尘埃何再来。

生命是在时间里的一个过程，生老病死。身食事财心，是谁都要面对的侃儿，过得去与过不去，轻松愉快的过去与沉重烦恼的过去不去，孰重孰轻，春江冷暖鸭先知。丑小鸭变天鹅，净则

不臃，静则四通，净静心定，心定力竞

《生命是一个奇迹》一书，还真是有的说！三通五净，享受生命，行远路者，志在目的，登峰巅者，远瞩目极，健康快乐的人生，才是生命的终极目的。

目录

一、通通通

通是甬在行　道是路正名
全身通通通　三通求养生

二、便通

便是人之更　便秘求便通
新陈与代谢　一刻不能停

三、血通

血液通不通　两界大不同
脉动搏周身　梗死逼人命

c. 药物法

血液黏稠不必愁，药物治疗是必由，医生指导很重要，千万不可自用药。自用药品有危险，不知病情深和浅，误用食量不达效，心急怎可达目标。

d. 锻炼法

运动是个宝，血脂易消耗，坚持出效果，科学更重要。提醒中老年，要过锻炼关，饮水知多少，效果会更好。

e. 物理法

脖子如车轴，活动通血流，脑部血充足，健康不发愁。经常活动腰，血脉流通好，身体如机器，一定保养好。人老先老腿，提早做准备，天天做保养，寿命才会长。烫脚好处多，温热血管扩，促进血循环，新陈代谢测。

5. 通感 / 70

血通通感是力量，力量让人放眼量，眼量使得心胸阔，有容乃大寿命长。

四、络通

人之所以生　病之所以成
经络之于行　脉络之于通

1. 经络 / 75

经是纵，络是横，纵横交错罩人形；血脉走，经络通，气血脉动促运行。艾蒿灸、银针刺，驱邪追病毒气死；经联脏，络通腑，脏腑状况经络注。自盘古，至如今，经络原形未现身；再探索，求发现，哥德巴赫猜想见。

2. 猜想 / 80

经络论，都有道，有道可惜找不到；早有术，今有经，针灸惠及老百姓；经络道，通则行，不通就是淤塞重；经与络，纵与横，经络纵横通养生。

3. 通用 / 84

五、通则不痛

便通通轻松　血通通心情
络通通灵敏　三通则不痛

六、净静竞解

净是排杂念　静是动平衡
竞是鸣博弈　净静竞养生

七、身jìng

身净体自轻　躯静耳不鸣
体竞健生风　净静竞营生

八、食jìng

民以食为天　食以净为甘
天天饮食净　净静竞不病

九、事jìng

干事先求净　行事静为风
事竞和为贵　净静定竞成

乃大，仁心装天下，礼让任天堂，养生有康庄。

c. 规则

要说公民与国家，如同娃娃跟妈妈，尽到扶养殖孝道，把握关系靠规则。

事静静在行，行事看品行；品行欲修正，万事皆于诚。

a. 事不留名

求事静，在品行，品行正，国道盛；国道盛，民风正，邪道冥，人道宏。

b. 行风求静

行事静风状，低调不张狂，为人求双解，品行是榜样。

c. 禅智大静

小静心自明，中静神自通，大静承天下，禅定定心境。

事竞大求强，专精更上档，欲求百年盛，透绝最理想。

十、财jìng

爱财取有道　财经净为高
静是财制动　竞是理财盛

国若财不净，民本经不行，官若财不净，公信敲警钟；商若财不净，市场道不正，学若财不净，国魂得大病，民若财不净，社会已中风！

财静才如镜，财镜映人性，守财拒成奴，花钱看收成。生活如此重，压力有几重，量力者而行，入出要平衡。

十一、心jìng

心净水亭开　心静幽香来
心竞悠然逸　心境太极泰

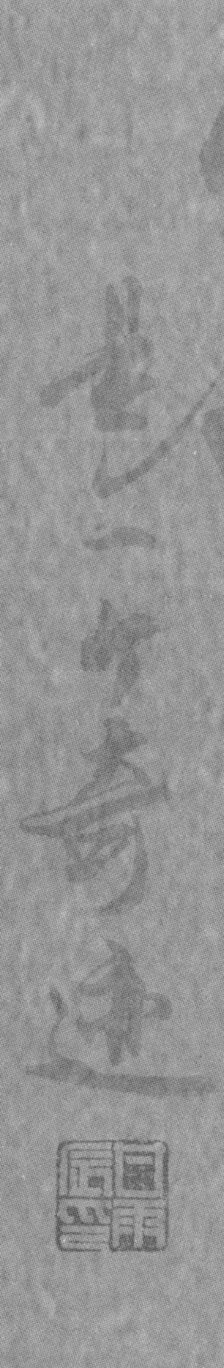

壹 通通通

通是甬在行　道是路正名

全身通通通　三通求轻松

高兴就是称心如意，

称心如意就是幸福。

由此派生出一个生活的谚语：

生活好不好，

幸福知多少，

人生幸福知多少，

先看身体好不好。

身体好不好跟三通有直接关系，

所以说三通是幸福之本。

壹 通通通

1. 出经

> 人之体，像条河，道不畅，便堵塞；堰塞湖，积毒火，勤疏通，避病祸。体之脉，动在搏，流不畅，易梗死；泥石流，淤疾多，治标本，除大祸。脉之络，经亦活，传不灵，导易错；电短路，憋闸盒，常检查，不出错。

我每天早晚都要到住家附近的龙潭湖公园去锻炼，一年四季，基本上是一个程序：准备活动先活动脚腕、腰部和脖子这人体的三道轴，然后快走、慢跑，浑身出汗后再作器械，压腿、钢脊椎、仰卧起坐等，达到肠道、尿道的便通，心脏、脉搏的血通和神经经络的络通，让浑身轻松，不论严冬还是酷暑，风雨无阻。

锻炼成了我生活的一部分。

每次早晨一进公园，走不多远，就看见和我年龄相仿甚至还有更大一些的老人在树林中围成一个圆圈，一层一层，一圈套着一圈，人多的时候有二三百人，少的时候也过百人。圈圈的中央，由一个人领着高喊：通、通、通，头不涨，身轻松，通、通、通，肩不疼，腰不痛，通、通、通……围着的人都跟着领着的人高喊。领的人喊一句，大家跟着喊一句，同时拍手、拍肩、拍胸……目的就是为了通通通。

开始，我心里还比较排斥这些人的追求健康的做法，觉得他们的方式有些泛宗教的意味。但仔细想想，这些人的养生现象，反映出了一个大多数人养生活动中普遍存在的基本诉求，即通与不通的博弈。这些人走到一起，用集体仪式和泛宗教的方式，企图达到一个共同的目的，强调人的身体要通，一般的通还不行，最好的效果是通通通。这也就是说，在他们日常的生理活动中，或许是因为身体的、心理的、生活的、社会的等等诸多因素，常常导致了身体不通的现象，甚至病痛，所以才强烈的要求通通通。

其实每个人都面临着同样地问题和要求通的愿望，我亦如此。

于是，我用类型化的方法把人体种种不通的现象归纳为三个类型：便不通、血不通和络不通。本人曾经感同身受，于是就编了篇头的三段三字经。

这三段三字经，是我在日常锻炼和养生的过程对于“三通”的一个宏观的认识，日久天长，过程把这种认识沉淀成意识，常记于心，时刻不忘，使之成为生活常态的准则。

2. 解经

“人之体，像条河”，江河无论漫地而汇，还是穿峡而过，通则畅。喻之相应，人体之河的常态必须要畅通。“体之脉，动在搏”，脉搏有强有弱，有快有慢，有滞有动，有律有紊，好脉强而不乱，慢而不断。“脉之络，经亦活”，络是网，经是干，人体经络的干网强力有序的控制着气血的运行，通则灵。

有人曾把人的身体比做另外一个宇宙，宏大而无限，有道理。与宇宙的比喻相像，为通而设，本人这里选择了一个中观的比喻，把人的身体比喻像条河，“人之体，像条河”，从口，食道、胃、小肠、大肠、直肠至肛门，是一条河；从口到胃部，到肾脏、尿道、膀胱、男性的阴茎和女性的阴门，又是一条河；前端有肝脾造血鼻口呼吸，中间有肺部的吸氧换血、心脏跳动射血，通过动脉到毛细血管，把血液送到全身，然后通过静脉回流，这更像是一条河；从大脑通过中枢神经发出指令，统领全身的知觉，与之相应的经络，相辅相成组成人体的信息之河。“人之体，像条河”满形象的。“道不畅，便堵塞”，很容易理解，但这里有三重意思，一是说“道”不畅，管道线路出了问题，二是说通过管道的东西有问题，三是说二者交互作用不正常，于是道不畅，便堵塞。这里的便，既指大便小便等排泄物，也有副词“就”的含义。“堰塞湖，积毒火”，堰塞湖这个地质学、地理学的名词，平时大家较少接触或听说，但汶川地震的发生，透过电视等媒体，得到了广泛的普及。用堰塞湖比喻我们身体里便堵塞，积食、积毒、积火……由此可能引发很多疾病。对于人身体里的堰塞湖，只有“勤疏通”，才能“避病祸”。

人体的血脉在于搏动，“体之脉，动在搏”，人的脉搏有强有弱，有快有慢，有律有紊，有停有滞，无时无刻都带着身体的信息，中医诊脉，捕捉于此。好脉当然是慢而不断，强而不乱。血管里的血液如果“流不畅”的话，“易梗死”是必然的结果，最常见的是冠状动脉粥状硬化堵塞的冠心病，心肌梗死，脑梗死等。用“泥石流”比喻血液不正常、有问题，非常形象。由于血脂、胆固醇、血糖等不正常，淤积而“淤疾多”，光治标不治本是不行的，在治标的同时还要治本，标本同治，防患于未然，才能“除大祸”。

脉络、经络和神经网络——络，网也。经是网上的主干。经络，中医指人体内气血运行的主干与分支。常言说经活、洛动、脉强，这里“脉之络，经亦活”是指神经、经络，人体信息指挥系统一定要保持畅通灵敏，如果出现传导地问题，传达有误，导向很容易出错，“传不灵，导易错”就是这重意思。把这种人体现象和家中的电路相比，“电短路，憋闸盒”，保险丝断了事小，可以随时更换，掉了闸，可以再合上，但要是因此引起火灾，酿成大祸，那可就损失大了，所以要“常检查”，才能“不出错”。同理，人身体的信息网络系统也要常检查，常保养，发现问题及时处治，人的身体各个系统才会谐调运行正常平衡，人才会有健康的身体，才会有健全的思维和行为能力。

3. 悟经

> 便通则血通，血通则络通，三通则融通，融通则轻松。三通是健康之本，健康是生命之本；三通是快乐之本，快乐是生活之本；三通是幸福之本，幸福是天伦之本；三通是思维之本，思维是精神之本。

人吃饭喝水，排便、排尿、排汗这三通，是人体最为重要、最为繁忙、最为初级、最为直观的新陈代谢现象。人的消化、吸收、排放正常运行，保持通畅，有赖于血通，同时也是血通的最基本的保障。常言道：便不通，血压升，血压升，便不通，便常通，血压平，血压平，便畅通。

血通，人体从动脉到静脉，从支脉到毛细血管，全身血脉通畅，把养分及时送达身体的各个部分，特别是身体的各个器官和最遥远的边陲地带，比如耳朵、脚掌、指尖等，保持气血运行的平衡，完成更为复杂、持续、微观、有效的新陈代谢，保持生命的正常健康运营。血通一面保障着便通的正常运行，另一面也滋养着全身的神经、经络系统，使之能够有效的运行。

人体的第一用血大户是大脑，人用脑最高潮时用血量可以达到人体总血量的60%。大脑是神经的司令部，是经络的大本营，不仅指挥便通和血通的运行，同时还要指挥监视身体所有器官发挥功能，血通则络通，理在其中。

便通、血通和络通是互为作用、相辅相成、互相依存、统筹配送的生命运行系统，它的通与塞，律与紊和钝与灵所反馈的信息，表达着身体的状态，采集身体的这些有效信息，以“通”为目标，控制身体“三通”的平衡运行，保持良好健康的状态，便是三通则融通，融通则轻松的态势和境界。有人把“融通”形象的比喻为由便通、血通和络通拧成的一根牵动生命的绳索，笔者赞成，并强调，这根绳索不在别人的手上，而是控制在你自己的手中——自己搞定自己！

俗话说，条条大路通罗马，通往健康的罗马，你可以选择体育锻炼诸如太极拳、健身操等方式方法，但目标必是三通，因为三通是健康之本。人没有工作可以找，没有事业可以创业，没有知识可以学习，没有钱可以去挣……但万万不可没有健康，健康是生命之本，没有健康其他都无从谈起。

俗话说，痛快痛快，不痛不快，痛快的组合是一个通与不通的博弈，痛快乃通达。白岩松有一句名言，痛并快乐着，大概就是享受这个痛快博弈的过程。三通是身体的痛快，痛快之后的身体感到快乐，三通是快乐之本。生活是丰富多样的，色彩斑斓的，千变万化的，有滋有味的，但如果没有了三通带来的起码快乐，生活会变得单调乏味、暗淡无华、了无生趣和索然无味。切记，快乐是生活之本。

当下流行的俗话说，高干不如高薪，高薪不如高兴。高兴就是称心如意，称心如意就是幸福。由此派生出一个生活的谚语：生活好不好，幸福知多少，人生幸福知多少，先看身体好不好。身体好不好跟三通有直接关系，所以说三通是幸福之本。人生的幸福有千种万种，每个人，每个阶段都有所不同，但天伦之乐乃是幸福最高级的表现形态。所谓天伦之乐，就是耄耋之年不仅身体三通，而且还有儿孙绕膝之乐。儿孙绕膝之乐，是生命的延续，这里既包含着达尔文的进化论，更体现着汉米尔顿“亲缘选择”的大道理。

通常讽刺一个人思维混乱，常常会用“大脑进水”来形容。“大脑进水”一定是三通出现了问题，轻者思维迟钝混乱，重者神志不清。说三通是思维之本我有切身体会，我年轻的时候常常熬夜写作，喝茶吸烟，凝神静思，但久而久之，三不通导致思维迟钝，文路不畅，效率不高。如今，锻炼保持身体三通，写作不再熬夜，思维敏捷，文路畅通。由此可见，三通是思维之本。思维敏捷，人才有精神，人有精神才有可能创造精神产品。这就是思维乃精神之本的道理。

贰

便通

便是人之更　便秘求便通

新陈与代谢　一刻不能停

吃饭七分饱，余地要留好，
暴饮暴食坏，肠胃受不了，
久而久之下，便秘上门找。
吃饭知食量，坚持变时尚，
拒绝坏习惯，身体一定好。

便通 贰

1. 便秘

粪便干，硬一团；便不畅，肠道胀；大便黏，肠道粘；便困难，有风险；找原因，知病原；早预防，保通畅；便通通，浑身轻；精神爽，身体壮。

俗话说，吃喝拉撒睡，不分人贱贵。理解这句已经加入了强烈社会意识形态的俗话，意思大概就是说，只要你是人，哪怕你是皇帝老子、达官贵人，也逃脱不了老天定下的规矩，你也得吃，也得喝，也得拉，也得撒，也得睡觉。其实不然，如果你吃得多且不合适，喝的猛且有问题，那你就会拉不畅，撒不爽，睡觉也睡不安稳，睡不香，便秘和由此产生的恶果就会悄然的找上门来，让你烦心不止。

便秘就是便闭，就是有屎拉不出来，憋得难受，轻者口鼻舌干，心烦意乱，重者痛苦难忍，精神异常。现代的社会人群，特别是城市居民，便秘已经是一个非常普遍的现象，不仅是年纪偏大的人群，年轻化的倾向也非常明显，其中一个有趣的现象是，在厕所里读书看报的现象大有人在，这是便秘导致的一个非常有趣的负面厕所文化现象。常听同事、朋友和街坊四邻说，大便不畅，有的在马桶上一坐就是个把小时，非常难受，甚至可以用痛苦来加以形容，甚者，因为用力过猛、过大，血压瞬间升高，导致脑出血的人也不是个案。

就我本人而言，便秘有两种不同的表现，一种是大便干燥，大便排出非常困难，因此次数减少，堵在大肠里下不来，有时一堵就是三四天，用手按小腹，都有明显的硬块，实在解不下来，有时只好戴上塑料手套，把粪便从肛门里抠出来。抠出来的大便就像羊粪似的，非常的硬。还有一种情况，大便并不干，但又细又黏，拉起来感觉不畅，就像粘到了直肠上，非常的不舒服。

查阅相关资料得知，一般健康的人每日排便一次，但隔日排便一次也属正常。但是，如果粪便在肠腔内滞留时间过长，内含水分被过量吸收，以致便质过分干燥坚硬，正常的排便频率紊乱，排便次数减少，超过48小时不解大便，就是便秘。另一种情形是粪便并不干硬，亦难以排出。有的患者自觉肛门上方有梗阻感，排便用力越大，这种梗阻感越强烈，迫使患者过度用力，甚至大声呻吟，十分痛苦。部分女患者有便块前冲感，自觉便块不向肛门方向下降，则是向阴道方向前冲；有经验者用手指伸入阴道，向后壁加压，可使便块较易排出。部分患者觉直肠内胀满，尾骶部疼痛，排便不全，用手指、纸卷、肥皂条插入肛门后可使排便较为容易。上述症状称为出口阻塞症群。这些患者中，多数（占90.0%）有正常直肠型便意，且便意频繁，每次排便时间延长，平均为半个小时左右，最长的人每次排便多达2小时。还有一种情况，因为便块在直肠内停留过久，可以形成便嵌塞，直肠黏膜因受压而产生炎症，大便后排泄少量黏液稀便，且次数频繁,但仍然排便不畅快，并伴有里急后重的感觉,这种情况易将便秘误诊为“腹泻”，有此情况的人应特别应注意鉴别。

鉴别便秘，粗略可分器质性便秘与功能性便秘两种，细数可以分为无张力便秘、痉挛性便秘、阻塞性便秘和伴随性便秘四大类型。器质性便秘可由多种器质性病变引起，如结肠、直肠及肛门病变；营养不良、全身衰竭、内分泌及代谢疾病等等均可引起便秘。功能性便秘则多由肠道易激综合征等功能性疾病，滥用药物和不良的饮食、排便、生活习惯所致。

便秘的四大类型：

a. 一般的生理常识告诉我们，胃部产生胃酸，是消化食物的，小肠是吸收营养的，大肠是吸收水分的。大肠肌肉即平滑肌因血液循环的失调，或粪便超量使大肠平滑肌超负荷工作等等原因失去原有敏感性或紧张力，致使蠕动减缓，推动粪便的运行缓慢，使粪便通过大肠时花费了过多的时间，以致水分被吸收掉而大便变硬、变粗，进而造成刺激，形成排便困难。这种便秘被称为无张力便秘，或弛缓性便秘和无紧张性便秘。此类型便秘多见于年老体弱、多次妊娠、营养不良、肥胖以及运动过少的人群。此外，食物质地过细、纤维素过少及饮食中缺乏糖类、脂肪、水分和维生素B族、无定时排便习惯者等也比较容易引发此类便秘。

b. 因为胃肠道疾病或某种神经失调，食用过于粗糙的食物，及使用泻药过量、过久，肠道神经末梢刺激过度，使大肠以及结肠的肠壁肌肉过度紧张或痉挛收缩，引起大便成为小粒状或像铅笔那样的细条状，在粪便通过痉挛部位时，伴有疼痛的感觉，这种便秘一段时间之后，常会随之出现腹泻，腹泻与便秘、便秘与腹泻交替出现，这种便秘被称之为痉挛性便秘。

c. 因大肠病变引起肠的一部分变细，或因肿瘤压迫肠道而引起肠道狭窄而阻碍大便的通过。如粪便过度拥堵在直肠、乙状结肠等，可引起左下腹胀和压痛，并有欲便不能或便而不畅的感觉。此类便秘被称为阻塞性便秘或器质性便秘。

d. 因为药物的副作用，如止痛药、抑制胃肠运动的药、止咳药、麻药、安眠药等引起的便秘；妊娠产生的下腹部压迫等原因所伴随出现的便秘，通常被称为伴随性便秘。

便秘本身不是一种独立的疾病，而是可由多种疾病在消化道表现出来的一组症状。便秘常见的伴发症状为腹胀、腹痛、口渴、恶心、会阴胀痛。多数患者均有心情烦躁，部分患者还有口苦、头痛、皮疹等。少数患者表现为神经质，个别有自杀倾向。

2. 危害

便秘求便通，自我找途径；科学配饮食，道法是老师；管住你的嘴，迈开你的腿；保持好心情，路路都畅通。

便秘的危害远比一般人想象得多得多，大得多，严重得多。毋庸讳言，粪便中含有的有害物质在肠道中停留时间过长，增加了患癌症概率，有害物质被吸收过多，导致和诱发胆结石、血压高、心脏病等。

便秘的危害，谁都能说上几条来。俗话说，食火重，主要原因就是便秘，吃进去的东西排泄不出来，人上火了。火大了，一着凉，很容易伤风感冒。感冒不是小病，特别是对于体质弱的老人，很容易诱发其他疾病，产生并发症。我本人深有体会，小火上牙，牙痛。“牙痛不算病，痛起来真要命”。大火上腮，扁桃体肿大，稍不留神，进而上耳，就会引起中耳炎症。

其实，便秘的危害远比一般人想象得多得多，大得多，严重得多，还常常被忽视。前面我讲过：人之体，像条河；道不畅，便堵塞；堰塞湖，积毒火。毒火是咱们老百姓或是中医地说法，在西医那里，把粪便放在显微镜下，那问题可就是相当的复杂且相当的严重了。

人的粪便中含有一种致癌物，医学上称为“二级胆酸”，它来源于肝脏分泌的胆汁，并驻留于粪便中，便秘的人肠腔中的“二级胆酸”长期与肠黏膜接触，便增加了其不断刺激黏膜的机会。从这个角度讲，便秘的人易于诱发大肠癌。当然，粪便中除了“二级胆酸”以外，还有许多被消化以后的食物残渣和细菌。细菌产生的毒素以及被细菌酵解的有毒产物，由于便秘而长时间停留在肠腔，对肠黏膜的刺激和部分水溶性物质的吸收均对人体有不利的影响。据有关社会转型期公众饮食与健康调查的医学报告统计，大多数肠癌患者在发病前有较长一段时间的便秘史，在肠癌的病患人群中，嗜好肉食兼有便秘的人发病率是常人的一倍！因此笔者告诫：欲长寿，少吃肉，肠中清，便易通，排毒畅，寿命长。欲长寿，纤维够，肠蠕动，便易行，排泄通，最养生。

粪便中含有胆固醇，这是人体新陈代谢的一部分。正常人每天要从大便中排泄相当数量的胆固醇，而便秘的人胆固醇的排泄受阻。受阻的胆固醇很容易在胆囊中沉积形成胆结石。据医生临床观察，便秘者患胆结石人数多，胆结石患者中大多数患有便秘。胆结石直接影响胆功能，最大的影响就是影响胆汁的产生。胆汁的缺少对人体的影响大而复杂，最明显的危害，就是对于食物中的油脂分解减弱，增加了胰腺的负担，很容易引发糖尿病。糖尿病是一种病因不明的内分泌——代谢病，而以高血糖为其主要标志。患糖尿病的人便秘者约占多数，运动量不足更容易引起便秘，有些人为了少吃粮食，避免碳水化合物中糖分的吸收，就在日常的饮食中多吃些瘦肉，多吃肉也容易引起便秘。因此建议患糖尿病者，除去遵照医生的处方用药，还要管住你的嘴，迈开你的腿，科学你的食，劳逸你的事。

由于便秘使胆固醇排泄受阻，血液中的胆固醇含量就会随之上升。血管受胆固醇侵袭，慢慢发生硬化。血管硬化，血管内的通路就会越来越窄。当血液通过时，外周阻力增加便引发高血压。俗话说“拉屎攥拳头，要的那股劲儿”，可是老年高血压患者会因便秘，在排便时“那股劲儿”用的过猛而诱发中风。特别是冠心病、心绞痛、心律失常等病患者，因便秘时排便用力，造成迷走神经对心脏的抑制反射，导致急性心肌梗死、急性心脏停搏、心脏综合征的突然发生可谓屡见不鲜，特别是肥胖者更为危急。

女性便秘更要格外警惕，近年有资料表明：每周排便次数在两次以下者，乳癌的发病率要比每日排便者高出五倍。肥胖妇女兼有便秘者，乳癌的发病率明显增加，乳癌患者手术后仍有便秘者，其癌症复发率也比无便秘者高。

便秘的人在排便时常常要使劲屏气，天长日久肛门周围血管压力增加，致使肛门周围的血液循环不良，很容易导致静脉曲张，引起痔疮和痔疮出血。痔疮是一种常见的肛肠疾病，俗话说十人九痔。痔疮严重的人，虽然未必完全就是由便秘引起，但就一般而言，痔疮患者伴有便秘的人占多数。

毋庸讳言，粪便中含有许多有害物质，便秘使有害物质在肠道中停留时间过长，使便秘者吸收过多有害物质，因此还很容易患痤疮。痤疮，俗称青春痘，青年男女中患痤疮的人很多，有碍形象，许多人用手挤，结果发炎落下疤痕。在此建议，有痤疮的患者，观察自己是否患有便秘或大便不畅的症状，也许你解决了便通地问题，同时也就缓解了痤疮的困扰。

我有一位女同事，长期患偏头痛，久治不愈。后来遇到一位治愈的患者，方才恍然大悟。有人发现患偏头痛的女性和血管性头痛患者，患便秘的人很多。换个思路，便秘可能是女性偏头痛和血管性头痛的病因之一。便秘者体内毒素吸收增加，血液因此混浊，血黏度增加，脑血管供血不良，因此引发血管头痛和失眠、易怒、烦躁不安等症状。原因很简单，但有时越是简单的原因越容易被人忽视。

俗话说“久病成医”，中国人平常自己用点小药的事太普遍了，更何况现在医疗成本太高，高到一种“感冒上医院，拿药出身汗（本人今年春天得了一个感冒，一次药费就一千七百多元），大病上医院，举债腰压弯”。因此，便秘者常擅自服用泻药的人大有人在，尤以大黄、元明粉、番泻叶为多。这里要特别指出的是，番泻叶用之不当可造成急泻，重者会引起脱水、虚脱等症状，俗话说“好汉禁不住三泡稀”，特别是老人和体质较弱的人更要慎用。原因简单而复杂，殊不知泻药易造成体内电解质紊乱，血镁、血钾下降会诱发早搏、心动过速等心律不齐。特别提示：便秘者中患有心脏病的人，滥用泻药会有潜在的生命危险！

总之，长期便秘的人，肠内很容易积聚有害气体，产生鼓肠，使静脉回流受阻，消化功能出现障碍，引起上腹饱胀不适、食欲减退、嗳气、恶心、腹痛、肠鸣、屁多等，严重的人，会出现中毒症状，如头晕乏力、精神淡漠、口苦、心烦易急躁等症，甚至会加重肺气肿、自发性气胸等疾病的发生。有关便秘的趋势调查，有一个非常值得警惕的趋势，便秘的人群本来主要分布在老年人群当中，然而近年便秘越来越年轻化，甚至幼童化，已经严重影响国民总体的身体素质。这已经成为一个值得社会关注的公共性问题。所以笔者在这里严重提醒，对于便秘千万不能轻视。

3. 塞因

人有一张口，吃字摆在首，如今食物多，吃上易犯错，如果食量过，肠胃负担多，如果纤维少，肠胃有烦恼，便秘一来找，心情不会好。便秘是警讯，传达有原因，赶紧去检查，器质有变化，除病要及时，通畅是大事，大事解决早，免灾身体好，肠胃一路通，轻松不得病。社会在转型，生存是竞争，优胜定劣汰，危机在心中，工作不轻松，压力又重重，饮食无规律，心弦紧绷绷，便秘来光顾，谨防它常驻。

先说个笑话：有一个建筑工人因严重便秘去看医生。医生检查之后说："解决你的便秘很容易，你趴到床上去。"建筑工人遵照医生的指示趴到床上。医生起身拿出一根棒球棒，使尽吃奶力气，狠狠地对着建筑工人屁股打了一棒，然后让建筑工人立即去厕所。建筑工人在厕所哀嚎了半天，渐渐声音小了，接着发出了快乐的笑声。然后他幸福的从厕所走出来，连连向医生道谢。医生开了处方，让建筑工人去领药。结果，建筑工人领到了一大包卫生纸，于是回来问医生。医生大声的告诫："以后上厕所大便完要用卫生纸，别再用水泥袋了！"这个笑话带有很强的社会批判性，但水泥不断刺激肛门，使肛门的血液循环受到影响，进而影响肛门括约肌的正常功能，造成便秘是现实的真实。建筑工人便秘的原因找到了，医生用卫生纸解决了问题。然而现实社会中存在的便秘人群地问题，远比建筑工人的便秘成因复杂得多。

笔者有过便秘的痛苦经历，也与相当数量的便秘者交流过成因的看法，问题的成因虽然复杂，但从我的认识和解决便秘的实践中作简单总结，基本上可以分为三大类型：一类是进口的饮食性变化导致出口的排泄性困难；一类是肠道消化器质性的变化导致物流运行不畅；一类是社会性心理因素导致的肠胃功能紊乱。

a. 进口的饮食性变化导致出口的排泄性困难

讨论“进口的饮食”，我们先从文字入手，打比较远的古代说起。汉代的许慎，把汉字的形成归纳为六书：一曰指事，指事者，视而可识，察而见意，上下是也。二曰象形，象形者，画成其物，随体诘诎，日月是也。三曰形声，形声者，以事为名，取臂相成，江河是也。四曰会意，会意者，比类合宜，以见止撝，武信是也。五曰转注，转注者，建类一首，同意相受，考老是也。六曰假借，假借者，本无其字，依声托事，令长是也。第一个字，我们讨论“口”。口就是嘴，嘴最原始、最重要的功能是吃。按照六书，口应该是象形，而乞更像是跪着的人。口和乞组合在一起是吃，这个吃被注入了强烈的文化倾向性——吃是口的乞求形态，带有虔诚的仪式性。从另外一个方向思考，一个简单的吃，为什么会是一个乞求的形态和虔诚的仪式性呢？回答很简单，因为上古和古代，食物是非常匮乏的。以“家”字为例，宝盖是房子，豕是猪，房子里有猪，也就是有肉吃，有肉吃的房子就是家。这里的家，并没有强调男女夫妇及其子女的意含，而是强调了吃。在西方，吃饭前先画十字后说阿门，也是同理。食物在人类发展的一个相当长的时期都是匮乏的，就是当下，据联合国公布的统计数字，全球饥饿的人口也还有近10亿人。

当代的大多数中国人是幸运的，我们今天不仅已经解决了温饱地问题，而且还有机会亲眼见证了这个过程。如今谁都不能否认，自从盘古开天地，三皇五帝到于今，公众拥有的物质生活资料从来没有像现在这样丰富过，特别是进口（吃的）的食物、油品、饮料、糖果和酒类等。

从地理上看，在同一纬度世界上最适合农耕的国家只有中国和美国，而美国是个移民国家，至今也才有200多年的历史。古代的中国，因为农耕文明的发展，生育力旺盛，人口较多，所以连计算人数都以口为单位，可见吃饭始终是国家和民众的大事。从历史上看，几千年来，中国战争灾荒频发，引发的饥荒每朝每代都有，近的比如民国32年，再近的比如新中国成立以后的60年代的“三年自然灾害”。饥饿已经成为中国人的潜意识，从这个意义上说，中华民族是一个饥饿的民族，食物对于消化系统及其对于DNA的影响已经形成定势。突然，今天的中国，也许是历史的惯性，也许是饥饿的潜意识终于被从牢笼里释放出来，吃成为了一场蔚然成风、蔚为壮观的景观：地理上从南到北从东到西；行政上从村民委员会到中央各部委；市场上从街摊小贩到民企国企；仪式上从婚丧嫁娶到生日庆典；节庆上从传统节日到人造节日；人群上从布衣市民到达官贵人……吃喝成风。有人说，比尔盖茨宴请最尊贵的客人才上三道菜，这与他的地位和财富太不相称了，看看我们中国，今天已是“吃不落国”，咱要是请最尊贵的客人，上的菜得让他拿着计算机算，弄不好他还得编个软件程序才行。当然，这是有点夸张的笑话，不过吃在现实的中国的确已经是一道带有了阴影的风景。

笔者把吃、吃什么和怎么吃和便秘有关地问题归纳如下：

宴会族

这部分人多指企业领导人和高管。他们公务多、活动多、交际多，“三多”导致宴会多，有时多到要赶场的程度。这些宴会食品精、油水大、蛋白高、纤维少，进入人的胃肠难于消解，进而出现排便困难，久而久之人体发胖，继而出现经常性便秘。

药片族

在今天的都市特别是大都市，有这样一群人，这些人有见于环境的污染、温室的效应、食品的藏污等信息，聪明反被聪明误，信奉了一些过度的保健营养的传播，日常食用各种营养药和维生素，吃饭却变成附属，变得越来越讲究精细，米面糖3大类碳水化合物不仅要食用精品，而且越来越少。这些精制食品的食物纤维含量极低，入肚之后，消化难，吸收难，排泄难，加之食用者这些人群多是“动口不动手的坐功”族，出门开车、进门坐电梯，接着坐进办公室，身体活动少，劳动少、运动少，尽管这些人的体态未必具有富态的规模，但便秘还是常常会找上门来。

盒饭族

有一次我在台湾访问，看到一场选举造势，很是开了眼界，有专门的冷藏车送来便当，我们大陆称盒饭。陪同告诉我，在台湾选举要有钱才行，至少你要管得起参与者能吃上便当。说起便当，让我想起现在我们大陆，且不说有活动，开个会要吃盒饭，许多机关单位，企业机构，甚至学校医院，都兴起了吃盒饭。过去拿着盆碗去食堂排队打饭的时代基本上消失了，代之以餐饮业内竞争激烈的快餐送盒饭业务。尽管饭盒的等级、价位、层次和内容不同，但食物和菜肴集于一盒，统称为盒饭和它给食用者带来潜在的危害是同质同构的。其一，盒饭业者为了追求利润的最大化，使用的材料特别是油品的品质让人担忧，价格高的可能略有保障；其二，盒饭普遍油水较大；其三，出于不能浪费，定量和规模常常让食用者超量食用；其四，由于盒饭多是免费公食，有些人起于私心忘了健康而多食。总之，据本人观察，盒饭族中便秘者不在少数。

火锅族

现在的都市，吃火锅的人特别的多，这些人通常被称为火锅族。吃火锅，以前大多是冬天，现在是一年四季都吃，四川的城市不要说，就是其他的许多城市，专门的火锅店也不少。以北京为例，各种火锅比比皆是，老字号的东来顺、新字号的小肥羊和福华等等，这其中尤以四川重庆火锅最盛。那么如今吃火锅的人为什么如此之多呢？有社会学家做过专门的调查，得出的结论并非来自火锅的美味，而是来自吃火锅者的舌头。现在，市场经济条件下都市的生活节奏、工作节奏都非常的快，每个人都承受着有形无形的各种压力，焦虑感在每个人的心里都不同程度的存在，俗话说就是上火。人上火休息不好，第二天还要继续承受压力和焦虑，嘴里就没有味道，吃饭就不香，于是就要邀请同事朋友一起下了班一起去吃饭，聊聊侃侃喷喷，抒发缓解一下焦虑的心情。那么，吃什么呢？因为嘴里没有味道，就是上火舌头上的味蕾敏感度下降，那就去吃有刺激的吧，于是麻辣火锅成为首选。麻辣火锅又香又麻又辣，刺激胃口大开，身体一出汗，倍感轻松。殊不知这当中隐患不少：火锅油大，刺激性强，很容易吃多。因此，火锅族不仅是便秘的潜在人群，其中便秘者也不在少数。

少肥族

不少报告和文章指出，当前我国少年儿童面临两大疾患威胁，一个是近视眼，另一个是肥胖症。肥胖直接引发便秘和糖尿病。少儿的肥胖来自家庭的溺爱，现在大多是独生子女，身边有催肥的六个人：父亲母亲、爷爷奶奶和姥姥老爷。我的一个同事，有一次聊起他的孙子，他说他的孙子上小学四年级，每天早上光鸡蛋就要吃四个，每周至少要吃两次麦当劳或肯德基。想想，这样的营养过剩，小孩子能不便秘吗？这里还要特别得多说几句，有一家幼儿园作了这样的一项调查，结果表明，在“你最喜欢的东西”一项上填麦当劳的儿童高达80%。现在，在各大商场里，进口儿童食品的销路很是不错。家长们对孩子一般有求必应，美国的“枫叶”、日本的“明治”……孩子们对这些品牌比大人熟悉，一问便可以说出来。洋食品、洋快餐大多是“三高”食品，即高蛋白、高脂肪和高热量。营养学中有个术语叫“脂肪热比”，脂肪热比过高或过低均对健康不利。在美国，由于生活紧张，快餐盛行，许多美国人每天大量摄入“三高”食品，纤维素食品吃得较少，因而，便秘、消化道疾病、肠癌和胃癌的发病率远远高于我国。家长们要注意，特别是肥胖儿家长，合理配置饮食非常重要，远离“三高”食品，崇尚低脂肪、高纤维的食品，“亡羊补牢，犹为未晚”。

老年族

老年一般消化功能减弱，是便秘得多发人群。看看今天的电视媒体、平面媒体等充斥着五花八门的老年营养品的广告，最典型的莫过于今年过年送什么之类。现在的儿女孝顺的不少，经济条件好的也越来越多，回家孝敬一下老人是人之常情。且不说这些营养品的营养品质如何，就说那些货真价实的鳖精、鹿血、牛鞭之类，老人吃了都可能上火而导致便秘。老人族里，还有一些人很贪嘴，这一半是由于老人身体状况的自然需要，也许还有一些人前半生缺吃少喝，今天终于赶上了一个好日子的尾巴，所以无论如何也不能错过，吃，吃得好点、精点也不为过。殊不知，这样一来，讨厌的便秘就会找上门来。

前面我说了所谓的宴会族、药片族、盒饭族、火锅族、少肥族、老年族等，其目的就是强调一个"吃"造成便秘的因果关系。改革开放30多年，随着经济社会发展、繁荣和进步，计划经济体制时期的那种缺吃少喝的年代已经过去了。人们的生活水平不断提高，现代人的生活发生了很大变化，不仅吃得多，要多吃，而且对食物越来越讲究精细，大米加工成精白米，从前的标准面粉变成精白面粉，黑面包变为白面包，红糖变为白糖……由以上3大类碳水化合物精制而成的各种食品越来越多，而这些精制的食品的食物纤维含量极低。科学证明，缺少食物纤维的饮食生活会产生极大的恶果。由于食物纤维不足，消化道缺少刺激，使肠蠕动减弱，排便量自然也就少了。开始，经常出现便秘，继而出现排便困难。这种生活习惯，会使剩余的食物长期滞留肠内，甚至形成不正常的发酵腐败。腐败的粪便产生刺激血管收缩的毒性物质，有损健康。

儿时常听老人唠叨，吃饭七分饱，不宜多，不宜少，什么都吃，身体就好。俗话说，不听老人言，吃亏在眼前，听得老人言，宝贵在经验。经验告诉我们，病从口入，现在理解这句话，从口进入的病不仅是有害的病菌，吃得太多，太精细，都是有害无利的。

俗话说，是药三分毒，有些人的便秘正是因为药物的影响造成的。比如服用碳酸钙、氢氧化铝、阿托品、普鲁本辛、吗啡、苯乙哌定、碳酸铋等，及铅、砷、汞、磷等超标中毒都可引起便秘。长期滥用泻药，使肠壁神经感受细胞的灵敏性降低，即使肠内有足量粪便，也不能受到刺激产生正常蠕动及排便反射，因而导致顽固性便秘。读者朋友切记：有病药是好东西，不能老鼠爱大米，忌有不慎错用药，轻者让你常便秘！

b. 肠道消化器质性的变化导致物流运行不畅

汶川地震，把堰塞湖这个灾害地质学的名词通过媒体特别是电子媒体的传播得到了空前的普及。堰塞湖是由火山熔岩流或由地震活动等原因引起的大规模山体滑坡，河水冲击泥土、山石而造成堆积，堵截河谷或河床后贮水而形成的湖泊。河道好比肠道，本书这里用堰塞湖来比喻肠道消化器质性的变化导致物流运行不畅——便秘的形态是为了让便秘者更形象更直观地了解其危害性的原生状态。

堰塞湖的形成有四个过程，一是原有的水系；二是原有水系被堵塞物堵住，堵塞物可能是火山熔岩流，可能是地震活动等原因引起的山崩滑坡体，可能是泥石流，亦可能是其他物质。三是河谷、河床被堵塞后，流水聚集并且往四周漫溢。四是储水到一定程度便形成堰塞湖。肠道消化器质性的变化导致物流运行不畅，也可以用堰塞湖的形成有四个过程来比较：人的肠道可以比喻为原有的水系，常态是非常排泄通畅的；但如果肠道也像原有水系被堵塞物堵住，堵塞物可能是器质性受阻肠道内发生狭窄或肠道外受到压迫，如肠道良性和恶性肿瘤、慢性炎症等所引起的肠腔狭窄变细、巨结肠症引起的直肠痉挛狭窄、手术后并发的肠粘连、部分肠梗阻等，或腹腔内巨大肿瘤，如卵巢囊肿、子宫肌瘤，以及妊娠、腹水压迫大肠等，使粪便通过受到障碍，在肠管内停留时间过长，形成便秘。近年来通过排便造影、肛肠测压、结肠传输时间测定、盆底肌电图等技术检查手段，发现了新的便秘类型，称出口处梗阻型便秘或盆底肌功能不良，特点是排便时盆底出口处出现梗阻因素，其中有些可经外科手术消除或缓解。又如大肠病变如过敏性结肠炎、大肠憩室炎、先天性巨结肠等疾病可引起大肠痉挛、运动失常，使粪便通过不畅而发生便秘。当肠道出现情况形成便秘，就如同河谷、河床被堵塞后流水聚集，当储水到一定程度便形成堰塞湖一个道理。

任何比喻都没有事物的原生逻辑来得准确，笔者用堰塞湖的成因比喻便秘的原因，目的就是让人们要像警惕堰塞湖一样警惕器质性这个类型的便秘。

c. 社会性心理因素导致的肠胃功能紊乱

先讲一个故事，我有一位房地产开发商的朋友，一次他夜里四点给我打电话，让我赶紧过去跟他聊天。去了之后，他跟我说，房子卖不出去，银行天天催还贷款，俗话说，黄鼠狼专掐有病的鸡，工商税务来查账且不说，新楼盘还出事故伤了人，弄得人已经几天几夜没合眼了，吃吃不下，拉拉不出，头胀得像柳斗，直想撞墙，浑身憋得难受，恨不得开个口子放放肚子里的气。注意，这位房地产开发商吃吃不下，拉拉不出的症候，是一种典型的紧张焦虑性便秘。

我和这位朋友讲，你和你的企业都得了一种病，紧张焦虑性便秘。你人的便秘先到医院去做个灌肠，临时解决不通地问题，兴许肠子通了一轻松，脑袋也就通了。脑子通了你才能解决眼眉前一大堆矛盾。工地出了事故死了人，总结经验，厚待死者，做好善后，这不是你的主要矛盾，工商税务来查账，摊开账本让人家查，偷税漏税补上，合理的避税咱也没什么好怕，这也不是主要矛盾，银行追还贷，这是天经地义，关键是你有没有钱还？资金紧张，资金链要断是不是？问题的关键是你的房子卖不出去，资金回收不上来，多方的矛盾压力都集中在这个环节上，这叫什么？我说这是中国房地产的肠梗阻！我给他建议，学学人家万科的王石，降价售房，回收资金，这个主要矛盾解决了，其他地问题迎刃而解。最后我跟他讲，张国力主演的《大生活》里有一句台词：生容易，活容易，生活不容易。你当盖房子的老板不容易，那买不起你盖的房子的老百姓容易吗？你让买房子的人容易了，你这盖房子的才会容易。

我讲这个故事，是说便秘与现在社会转型期种种的心理因素有着很大的关系。今天的中国社会实现了两大转变，一个是原有的计划经济向市场经济的转变，另一个是从原有的单位制度向社会化管理的转变。这两个转变，对于普通老百姓来说，工作难找了，竞争激烈了，各个年龄层各有各的一本难念的经。这当中，有的人工作紧张，一坐半天，食无定点，运动不足，有时还要加班，久而久之，便秘找上门来。现在许多人都说，人光有智商、财商是不够的，关键还要有情商，能在单位、公司、企业、学校等把上下左右的关系搞好，否则人际关系紧张，工作一定不会顺利，下班把情绪带回家庭，家里也会危机四伏，如此这般，心情长期处于压抑状态，就可能使植物神经紊乱，引起肠蠕动抑制或亢进，便秘悄然上门。这里已经触及心理因素与便秘的关系，情绪紧张，忧愁焦虑，因为某种突发事件，或精神上受到惊恐等强烈刺激，甚至长期注意力高度集中于某一工作上，都会导致大脑皮层和植物神经紊乱，引起便意消失，产生便秘。另外，因为生活规律改变，如出国、出差和外出旅游等，由于生活规律和环境的突然改变，拖延和改变了排便的时间规律和习惯，都可导致排便规律的改变乃至便秘。另外还有神经系统障碍、内分泌紊乱、维生素缺乏等亦可引起便秘。

古人在《内经》中已经认识到便秘与脾胃受寒，肠中有热和肾病有关，《素问·厥论篇》记有："太阴之厥，则腹满膜胀，后不利。"《素问·举痛论篇》中还说："热气留于小肠，肠中痛，瘅热焦渴，则坚干不得出，故痛而闭不通矣。"《灵枢·邪气脏腑病形》中说："肾脉微急，为不得前后。"张仲景对便秘更有了较全面的认识，他提出了寒、热、虚、实不同的发病机制，设立了承气汤的苦寒泻下，麻子仁丸的养阴润下，厚朴三物汤的理气通下，以及蜜煎导诸法，为后世医家认识和治疗本病确立了基本原则，有的方药至今仍为中医治疗便秘所常用。李东垣强调饮食劳逸与便秘的关系，并指出治疗便秘不可妄用泻药，如他在《兰室秘藏·大便结燥门》中指出："若饥饱失节，劳役过度，损伤胃气，及食辛热厚味之物，而助火邪，伏于血中，耗散真阴，津液亏少，故大便燥结。""大抵治病，不可一概用巴豆、牵牛之类下之，损其津液，燥结愈甚，复下复结，极则以至引导于下而不通，遂成不救。”程钟龄的《医学心悟·大便不通》将便秘分为“实秘、虚秘、热秘、冷秘”四种类型，并分别列出各类的症状、治法及方药，颇有见地。

归纳中医对便秘的认识，可有四类：

a. 所谓燥热内结，是指过食辛辣厚味，过服温补之品等,可致阳盛灼阴；热病之后，余热留恋肠胃，耗伤津液；或湿热下注大肠，使肠道燥热，伤津而便秘。这种便秘又称为热秘。

b. 所谓气机郁滞，是指情志不舒、忧愁思虑、久坐少动、久病卧床等引起的气机郁滞，致使大肠传导失灵、粪便内停，虽不干结，但排出困难，这就是所谓“气内滞而物不行”，此称气秘。

c. 所谓津液不足，是指久病、产后、老年体衰、气血两虚；脾胃内伤、饮水量少，病中过于发汗、泻下伤阴，导致气虚。气虚导致血虚。气虚乏力则大肠蠕动传送减弱；血虚津亏则大肠滋润失养，使肠道干槁，便行艰涩，此称虚秘。

d. 所谓脾肾虚寒，是指年高久病，肾阳虚损，阳气不运则阴邪凝结；或素有脾阳不足，又受寒冷攻伐，而致脾肾阳衰，温照无权则寒凝气滞，肠道传送无力，大便艰难，此称冷秘。

便秘的主要原因，本节以开头的一段顺口溜来加以总结，以便读者切记。

4. 通法

吃饭七分饱，余地要留好，暴饮暴食坏，肠胃受不了，久而久之去，便秘上门找。早饭不潦草，午餐七分饱，晚餐控制好，便秘不来找。吃饭知食量，坚持变时尚，拒绝坏习惯，身体一定棒。

如今的城里人，差不多住的都是楼房，上下水道常有堵塞的事故发生。解决的方法通常有：平时注意，不要把杂物弄进管道；小堵用搋子搋，进而使用疏通剂，灌入管道；再者把管道结弯处防堵阀打开，掏出堵塞物；最后请来管道工，使用疏通机械打通。同理，前面我们说到便秘的危害和原因，这些非常重要，知害而查因，知因而寻法，有了方法，方可除弊。本节《通法》总结了五种预防和治疗缓解便秘的方法：食物法、药物法、物理法、锻炼法、通心法。

a. 食物法

先讲一个有趣的故事：1959年，在湖南宁乡县黄村出土了一尊铜鼎，这尊鼎的特别之处在于鼎的腹部四面都铸有人面相，人面相额部较高，脸较宽，表情肃穆，耳部下有手爪，鼎内铭文“大禾”，故此鼎被命名为“大禾人面鼎”，现藏湖南省博物馆。有关这尊鼎地说法很多，笔者比较倾向这种说法：上古时代，食物是非常匮乏的，传说有一位诸侯，特别的贪吃，他的行为遭到帝王、诸侯们和百姓的谴责，但他就是不知悔改，结果在一次宴会上被活活的撑死了。后来为了惩戒这位诸侯，就把他的头像铸在了鼎的四面，意为有首无身的饕餮，以示警告贪吃无度的人。我们讲述这个故事，意思是人切不可贪吃，特别是在食物丰盛的时候，更要注意健康。

食物法的第一法是食量法：吃饭七分饱，余地要留好，暴饮暴食坏，肠胃受不了，久而久之下，便秘上门找。吃饭知食量，坚持变时尚，拒绝坏习惯，身体一定好。在童年的记忆里，饭桌上少不了大人的叮嘱，饭吃到七分饱就行了，小心积食上火着风感冒，偶尔走亲戚吃酒席，大人都会告诫，饭是人家的，肚子是自己的。等到自己慢慢长大，结婚生子，也会把父辈的老话变成自己对儿孙的叮咛。然而，经济社会的巨变，物质生活的丰富，诱惑着人的食欲，古老的叮咛渐渐地被淡忘，许多人不但自己不再坚守吃饭七分饱的好传统，而且对于后代，不再如此的要求，而且是鼓励其吃。现阶段，这是一个非常值得重视地问题，从小处着眼，这会让你身体发胖，染上便秘、糖尿病、血脂高等，从大处着眼，普遍的体重增加，直接影响全体国民的身体素质。

在食物法里我们遇到的第二个问题，通常一天三顿饭应该如何来吃的配置问题。按照传统的老规矩，一日三餐，早饭吃饱，午饭吃好，晚饭吃少。当然，更有养生专家主张，下午1点钟之后不再进食。可是，现实的生活改变了这个古老的习惯，大多数人早上要早早出门工作上班，要去急急忙忙地讨生活，早餐简单得很，常常是被忽视的，有的甚至是在途中解决，更是潦草；中午饭大多数人是在单位吃工作餐，定时定量，既谈不上饱，更谈不上好；只有到了晚上，有家的，一家人这时才会聚到一起，菜自然要多炒两个，质量也一定会提高，有的肯定还要喝上两口小酒。没有家的肯定就去约会朋友，大家聚到一起，找个喜欢的餐馆，菜要一桌，酒要一片，口无遮拦，秋风扫落叶，全面食战一场。从家庭到社会，如此这般，晚饭的形式与内容大都不仅是吃好，而且谁都吃的不会少。这样一来，早饭吃饱，午饭吃好，晚饭吃少，便秘不找的这个千古的定律被打破，结果是便秘的人多了，胖子多了，糖尿病多了，血脂高得多了。那么如何解决问题呢？这里提出一个规劝的口诀：早饭不潦草，午餐七分饱，晚餐控制好，便秘不来找。

在食物法里，我们说到食量地问题，在解决了量地问题的同时，更为重要的还有“质”地问题。这里的“质”指的不是食物的营养成分，而是特指食物中所含的纤维。纤维不足会影响食物的消化吸收，使人体调节糖代谢、脂代谢的功能减弱，还可使体内合成营养成分及代谢所需的B族维生素的能力丧失。食物纤维本身具有促进人体排除毒性物质的作用，很多肥胖的人不愿吃含纤维多的食物，只喜爱吃肉类、蛋类、糖类，认为越精越好吃。因此，其中有些人1周内只排便1次，甚至1周内仍无排便。这样，粪便毒素及水分在肠腔被重复吸收，造成大便更加干结，以致患病。科学家们指出：肥胖、便秘与食物纤维不足有关。食物中的纤维素和水分不足，对肠道不能形成一定量的刺激，肠蠕动缓慢，不能及时将食物残渣推向直肠，在肠内停留时间延长，水分过多吸收而使粪便干燥。进入直肠后的粪便残渣因为量少，不能形成足够的压力去刺激神经感受细胞产生排便反射而引起便秘。一般说，主食要多样化，五谷杂粮经常吃，相对要粗糙些，要尽可能多的保持原来的植物纤维。炒菜要少放油，最好能多吃一些凉拌菜，比如芹菜、黄瓜、生菜等。肉类要控制量，吃多了难于消化。平常要多吃水果，吃水果和吃主食一样，也要多样化，现在条件好了，除去一些难于保存的时令水果，一年四季差不多什么水果都可以买到，甚至比蔬菜还便宜，所以建议大家多吃，同时还可以让农民增收。

这里从我的实践中特别建议便秘者多吃“我的老三样”：一是木耳，木耳号称“清道夫”，凉拌、炒菜和做馅都很好，又好吃又通便；二常吃芹菜，西芹海米凉拌味道不错、肉丝炒芹菜关键要放大蒜味道才好，芹菜做馅，我不摘叶，又好吃，又降血压，这里特别提醒，水芹菜细小，但不仅味道浓，更重要的是纤维多。三是要常吃萝卜，俗话说：萝卜赛人参，通气又提神，常吃保通便，便通有精神。萝卜的种类很多，吃法也很多，熬炒咕嘟炖，样样味道纯，萝卜丝饼好，生吃要脆嫩。有人嫌萝卜的味道，那就先把它焯一下，味道就减轻了。说到纤维，当然还有竹笋，竹笋纤维丰富，利于通便，鲜笋很好，笋干发起后用高压锅压过，切成薄片做成油焖笋，又好吃又通便。我说的这些只是抛砖引玉，相信大家的方法都很多，关键是要坚持，养成习惯。对老年人来说，经常吃些蜂蜜对排便有一定的作用。

在食物法里我们还要涉及佐饮。在讨论佐饮之前，我讲在朋友家做客的一个有趣的见识。有一次我到朋友家做客，朋友拿出一盒从日本带回来的所谓的固体茶，他取出一片和药片大小的绿片，放到玻璃杯中，倒进开水，不一会，绿片发起，慢慢变成了一杯绿色的茶羹，这让我惊奇不已。我试着想尝一口，朋友赶忙拦住我，告诉我这不是喝的，是吃的。我很诧异，于是他说，日本的工业化，就是从二战后说起，也要比我国早三四十年，目前我们中国经济社会发展中出现的竞争压力、社会紧张、心情焦虑等问题导致的种种疾病，在日本早已经历过了，便秘是小病，过劳死才是日本社会竞争激烈的典型。有人说茶道、书道、和服道的保留发扬，与日本人刻意缓解紧张焦虑有关。为缓解压力，防止便秘肥胖，日本人把茶（劣质的绿茶）压缩加工成固体的片，更多地保留了茶中的纤维，吃饭前吃一片再喝水，肚子里膨胀起来，吃饭的量就减少了，还增加了纤维，真可谓一举两得。佐饮是一个很大的概念，我们这里主要说说软饮料。现在市场上的果汁、碳酸、红绿茶等饮料很多，理论上这些饮料都有通气通便的作用，但因为里面含有一定的化学物质，建议还是少喝为佳，特别是老年人，多喝些绿茶更适宜。至于酒类，少饮活血健身，适量知足过瘾，超量刺激头晕，酗酒误事伤身。

b. 药物法

便秘是一种涉及原因较多的综合性、顽固性的疾病，但又常常不被人们所重视，因而导致很多其他疾病的产生。我一位同事讲过这样的一个故事，他的父亲有便秘的毛病，短则三天，长则一周才大便一次，大便时，在厕所要一两个小时，当年就是因为便秘被打成右派分子。事情是这样的，当年反右运动，内部是有指标的，单位开会，大家面面相觑，无言以对。等到他爸爸去了厕所，而且一去不归，于是大家就比较好意思了，他爸爸成了众矢之的，等他回来时，右派的帽子已经在等候他多时了。还有一个便秘的故事，我们单位的一位领导有便秘的毛病，早上一上班，先要在自己办公室的厕所坐上一两个小时，有人来请示汇报，都要在厕所外面进行，后来“文化大革命”中，这位领导因此没有少挨斗。

这是两个真实而荒诞的故事，但却说明便秘有时真耽误大事。

解决便秘的途径之一，就是要用药物治疗。

临时、有效、快速的开塞办法，就是使用局部用药和灌肠。局部用药（灌肠、开塞露）只是一种临时性措施，一般情况下不宜过多采用，万万不可长期应用。中西药都有一些泻药，使用泻药一定在医生的指导下进行，因为刺激性的泻药只能暂时排便，破坏了肠道内的环境，对人体有永久性损害。有研究表明，便秘的很大原因是肠道内有益菌的减少所至。那么，一般人肠道内有益菌为什么会减少呢？就是我们太习惯使用广谱抗生素类药物。也许是当前医疗保障系统还不够健全，看看我们的许多家庭，都备有一个小药箱，家家的小药箱里都少不了广谱抗生素类药物，人感冒了，嗓子稍有发炎，就自己赶紧吃药。吃什么药？吃广谱抗生素类药物，反正什么病菌统统都杀。殊不知广谱抗生素类药物吃进之后，它可不管你身体里的是有害细菌还是有益细菌，见一个杀一个，甚至统统杀死，因此导致肠道内菌群失衡，便秘产生。切记，我们一定要自觉拒绝广谱抗生素类药物。

c. 物理法

防止便秘或缓解便秘，除去注意饮食，在医生指导下用药外，用物理的方法，也可以解决问题，腹部按摩法就是其中的一种物理的方法。腹部按摩时，人仰面躺在床上，用右手掌根部按摩腹部，按照右上腹—左上腹—左下腹—右下腹方向边揉边推，但要注意手法不要过重，每次持续10分钟，每天做2—3次，晚上睡前一定要做一次。腹部常按摩，大肠蠕动多，目的为通畅，好事要多磨。腹部按摩法，可以促进肠蠕动，有利于大便的排泄。

我们在排泄大便的时候，由于大便干燥或便秘，常常要憋住气，攥紧拳头腹部用力，压迫推动大肠蠕动下泄，于是才有了“拉屎攥拳头，要的那股劲儿”的歇后语。便秘者不管胖瘦，锻炼腹部肌肉是解决状况的有效途径之一，主动简单的办法，就是常做仰卧起坐，开始双手可以辅助，后来争取双手抱头。被动复杂的办法可以到健身房，在专业教练的指导下增加腹肌的力量，也可以购买专门的器械，自己在家里练。腹肌要常练，发达利排便，仰卧起坐好，坚持最重要。总之，腹部肌肉的发达，对顺畅排泄有利。

我国中医对便秘的认识和解决的途径很多，穴位按摩是一种好方法。针对胃肠实热或气阴两虚不能正常排出大便、身重肥胖者，通过清泻胃肠实热、滋养肾阴、润肠通便的渠道让大便能正常排出而减肥。穴位按摩法主要选穴：关元、中脘、上脘、下脘、梁门、天枢、大肠俞、小肠俞、合谷、曲池、支沟、尺泽、孔最、鱼际、足三里、上巨虚、下巨虚、丰隆、内庭。关元、中脘清泻胃肠、通调腑气；梁门、天枢也起通腑气；大横属属脾经，对脾虚腹胀、排便乏力者有益气通便之功；大肠俞、小肠俞、既可清肠道实热、通调腑气，又可益气养阴、润肠通便；合谷、曲池、乃大肠经穴，清热泻火、荡涤大肠；支沟属三焦经，清泻三焦之火，治疗实秘乃其专长；尺泽、孔最、鱼际利用与大肠相表里的关系，通过清肺热、宣肺气、促速降的作用达到通便的目的；足三里、上巨虚、下巨虚、丰隆、内庭均是胃经上的特定穴，清泻胃热力强。

总结：中医讲泻火，身上穴位多，针对常按摩，排毒很快乐。

d. 锻炼法

俗话说，生命在于运动。人在从猿人进化到原始人再到人，为生存而活动的量是一个递减的趋势，当人类社会从农耕社会发展到工业社会再到后工业社会，体力劳动的量又是一个递减的趋势。看看今天的生产活动，从农业到工业，机械、机器人代替了人的劳动，人只要坐在操纵台前操纵一下就可以了，再看看我们的生活，出门开车坐车，骑车的人越来越少，无论是到单位上班还是回家上楼，都坐电梯，人的活动量少了。与此相对，人的用脑量大大增加，无论是蓝领操纵机械，还是白领使用计算机，甚至家庭主妇使用各种家电都是如此。大脑的使用，需要大量血液——大脑是身体的第一用血大户，第二才是胃肠，当人的工作长期使大量血液用于大脑，又少于运动，肠胃功能在缺血的状态下长期运行，必然导致便秘等多种疾病。生命是条河，流水浪花多，运动出健康，通畅人快乐。因此锻炼是一个广谱性的解决身体亚健康的有效途径，更是解决便秘的好办法。

有的朋友说，常锻炼对身体有益谁都知道，可是没有时间怎么练。这里有一个认识地问题，一天24个小时是永恒不变的，要变的是对时间合理的分配和提高工作的效率。例如，从此地到彼地，步行需要一天，骑车需要半天，开车只需要一个小时，速度和效率节约了时间。任何工作都是如此，效率提高了，时间就会大大地节约。无论是体力劳动还是脑力劳动，无论你是国企的CEO还是私企的大老板，工作和做事的效率，是把你从没有时间锻炼里解放出来的捷径。效率跟身体的状况有关，说个跟便秘关系更大的笑话。前面讲到，我们单位的那位便秘的领导，上班先要进卫生间，在卫生间里看文件听汇报，表面上看是提高效率，殊不知他在便秘排泄的过程中大量用脑，不仅转移了注意力，使得更加便秘，坐在马桶上下不来，反而更加影响效率。

锻炼的方法很多，散步、跑步、爬山、游泳、骑车、打球、跳绳、踢毽等等，总有一项适合你。有人说，运动能使人年轻。其实运动是促使你的身体循环系统更加畅顺，肠胃功能更加强劲。老年朋友要注意，运动时要做渐进的有氧运动，不要做激烈的耗氧运动，特别是饭后，胃部消化活动需要血液较多，不要立即运动。

在我诸多的运动里，我最为推崇游泳。游泳运动的好处多多，第一，身体平趴和横仰在水面上，这样的姿势，改变了人直立时中心重力全部在腿上脚上不平衡的状态，减少了体内的阻力，有利与身体循环的顺畅；第二，游泳是全身肌肉的运动，也有全身按摩的功效，它有助于体内循环；第三，游泳时水中的压强增大，促使呼吸肺活量增大，有益于心肺功能增强；第四，水温低于体温，致使周身毛细血管收缩扩张，有利于血管弹性增强，增高血流量。四种好处综合起来，对于消化系统帮助多多，长期坚持游泳不得便秘，便秘者也会缓解或消失。

e. 通心法

种种因为工作压力、社会因素和家庭困扰等导致心情焦虑常常易引发便秘，针对这种情况，通心法是缓解和解决问题的重要途径。心焦便易塞，通心把门开，心扉敞开了，烦恼难不倒。

心情焦虑的表征是心理失衡，尽管失衡的原因和表现很多，但心理状态只有一个。古语说：有容乃大，无欲则刚，就是劝人心衡的道理。最近我在一个有关市场经济的讲座里讲到市场哲学的最高境界是什么？一次我问一位香港的商人，香港商业文明有哪些变化？他说，原始积累阶段的香港，商业的哲学就是“白刀子进去，红刀子出来”，意思很简单，不是你死就是我活。那时成功的商人虽然每天可以吃香的喝辣的，但心情也是很焦虑，因为他不知道什么时候被对手捅一刀。现在则不同了，双赢或多赢成为了普遍的商业准则，现在大家的心情轻松多了。于是我总结，两军相争勇者胜、强者胜、忍者胜、智者胜都不是竞争的最高境界，只有容者胜才能包容对方，才是双赢的哲学。宽容对方，包容歧义，善待他者，多元共生，找到这样心理杠杆的有利支点，任何焦虑与烦恼都可以轻易撬动、扬弃。

在观念解决之后，技术性的方法很多，比如倾诉，找到自己的知心朋友，两人坐到一起，把酒临风，互道衷肠；又如找个歌厅，卡拉OK一番，或是到发泄俱乐部发泄一番都会有作用。当然，旅游也是一种好办法，旅游是大地上的阅读，精神上的行走，心灵得到洗涤，焦虑也会缓解。如果你喜欢读书，阅读是文章里的行走，精神上的旅游，同样可以得到效果。如果你喜欢涂鸦和乐器，烦恼时挥毫泼墨，或在键盘和丝弦上咏叹都是尚好的途径。总之，焦虑烦恼时要找到一种或多样能够陶冶心情，不至于导致内分泌失调的方法。最后提醒朋友，越是心情不好，越是要有充足的、有规律的睡眠。人只有在休息的时候，血液才会大量流到肠胃，促进肠胃蠕动。

心是一道门，仁爱是门神；开门进新风，关门守深情；保有仁心在，万事不倦怠；生活想明白，快乐随时在；感恩要常态，虚怀若谷开；知足是长乐，寿比南山阔……

5. 通感

> **通感是轻松，轻松好心情，愉悦是幸福，美丽在心中；人生很短暂，生活求灿烂，跨越沟和坎，美好变通感。**

通感是一个美学的境界，即审美联想的综合性高级感受。把便通上升到通感的审美境界。

说通感，我们不能不说大禹。

大禹小时候的夏是一个部落联盟的名字，那时候的夏是个美好的大同社会。大禹他爹叫鲧，是个部落的首领，我们姑且叫他“老鲧”。由此可见，大禹出生的时候，家里的条件不错。可洪水给这个社会带来了巨大的灾难。按照传说推算，那个时候也许是大洪水传说的后期。由于洪水四处泛滥，夏的部族首领们就推举老鲧去治水。老鲧治水用堵的办法，结果失败了。后来老鲧的儿子大禹长大了，继承父亲的事业，改堵为疏，获得了成功，让夏民族从此解除了灾难的苦难，获得长治久安的社会心理通感。中华民族是一个感恩的民族，至今纪念这位治水“三过家门而不入”的英雄。

通感是一个美学的境界，即审美联想性的综合高级感受。通感产生联想，联想产生灵感，灵感产生创意，创意产生形象。进一步的诠释，通感就是把不同感官的感觉沟通起来，借联想引起感觉转移，“音乐是流动的建筑”，“建筑是凝固的音乐”，这两个著名的比喻就是典型的通感带动联想而形成的通感效应。欣赏建筑重复与变化的样式会联想到音乐再现与变化的节奏，反之亦然。钱钟书在论《通感》中指出：“在日常经验里，视觉、听觉、触觉、嗅觉、味觉往往可以彼此打通或交通，眼、耳、舌、鼻、身各个官能的领域可以不分界限。颜色似乎会有温度，声音似乎会有形象，冷暖似乎会有重量，气味似乎会有体质。”“气味总是暂时，偶尔的，长久嗅着，即使可能，也受不了。所以气味到底是小趣味。而颜色，有了个颜色就有在那里了，使人安心。颜色和气味的愉快也许和这有关系。不像音乐，音乐永远是离开了它自己到别处去的，到哪里，似乎谁都不能确定，而且才到就已经过去了，跟着又是寻寻觅觅，冷冷清清。”（张爱玲《谈音乐》）人的感官，人的感觉和知觉，在形成表象时，就是一个互相感应的相通过程。“瞎子摸象”的寓言故事，就说明了各个感觉器官，如果不能“通感”，就不能对一个事物做出正确的全面反映。

从便通，上升到通感这一审美的境界，一般说是只有便秘者便通之后才有的感觉。我们前面讲过，人之体，像条河，道不畅，便堵塞，通感其实是和堵塞的感觉相对而存在的，如果没有便秘，也就谈不上便通。便通的通感第一个感觉是浑身轻松，这种浑身轻松的感觉可以迅速变成一种情绪，那就是快乐的心情，有了快乐的心情，人顿时感到幸福和美好。如此我们知道，幸福和美好是生活中普遍存在的，有时需要人们去发现和创造。

通感是联通，联通好轻松，轻松好心情，心情理寿命，寿命比南山，南山有道统。人生命长短，长短在锻炼，锻炼求健康，健康须礼赞，礼赞胸怀大，怀大容天下。

叁

血通

血通与不通　两界大不同

脉通热血涌　梗死要人命

四高血，易黏稠，打比喻，泥石流。
血黏稠，不易流，侵蚀大，管硬化；
血压高，心脑梗，血稠症，很要命。
劝读者，要警醒，血液净，讲平衡；
血流畅，身体壮，知情理，早提倡。

血通

叁

1. 血稠

> 四高血，易黏稠，打比喻，泥石流。血黏稠，不易流，侵蚀大，管硬化；血压高，心脑梗，血稠症，很要命。劝读者，要警醒，血液净，讲平衡；血流畅，身体壮，知情理，早提倡。

近年好多单位检查身体，出现了一个不太好的趋势，在血常规检验中，“高人”越来越多。所谓“高人”就是指“四高”：血脂高、血糖高、胆固醇高和甘油三质高。这“四高”很容易导致血液的黏稠度高，或者说就是血液高黏稠度的基本症状。血液黏稠度过高在医学上称为高黏血症，简称血稠。血稠，它是医学上血液流变学的概念，相当于高凝状态，与病人的年龄、血液成分的变化有关，表现为凝血系统的活化状态。高凝状态是血栓形成的一个重要的危险因素，当然，血栓的形成除与血液高凝状态有关以外，还取决于是否存在血管（组织）的损伤，取决于是否存在血流淤积或者血流变慢的因素，如动脉粥样硬化斑块破裂导致心肌梗死，房颤导致左心房血栓和脑栓塞形成等。

血稠，是会发出信号和出现症状的，比如早晨起来头发晕，思维迟钝，神情恍惚，一般吃过早餐后，头脑才逐渐变得清醒。午餐后犯困，需要睡一会儿，否则整个下午都无精打采。相反，晚餐后精神状态特别好。注意，这种情况的出现，是血稠所发出的信号。有些人蹲着干活儿气喘，这是血稠者下蹲时回到心、脑的血液比正常人减少，肺、脑等器官缺血，导致呼吸困难，故有气喘；更有甚者，出现阵发性视力模糊，这是因为血液变黏稠了，流速减慢，血液不能充分营养视神经，或者视神经或视网膜暂时性缺血缺氧，致使看东西一阵阵模糊。中老年人群如果出现了这些较为明显的症状，特别是已经出现高血压、动脉硬化、糖尿病迹象的人，必须及时给予治疗和干预。

稠与稀，谁都能理解，可什么是血稠？特别是年轻人，还是有必要弄弄清楚，因为这和你未来的健康有着太紧密的联系了。血稠医学上叫高黏血症，人到中年以后很容易沾边或者说易患。医学观察，影响血液黏稠度的主要因素有：血细胞性因素，如血细胞数量多少、大小、形态，红细胞变形性，血小板功能等。血浆性因素，如血浆蛋白（特别是纤维蛋白原、免疫球蛋白）、血糖、血脂、纤溶活性等。

血管性因素，如血管长度、直径和内膜光滑度等也直接影响血稠。

其他因素，如情绪、生活模式、吸烟、饮酒等。以上因素如发生障碍，出现异常，就可发生血液黏稠。

通俗地讲，血液黏稠是由于血液中红细胞聚集成串，丧失应有的间隙和距离，或者血液中红细胞在通过微小毛细血管时的弯曲变形能力下降，使血液的黏稠度增加，循环阻力增大，微循环血流不畅。

正常的血液在人体内不断地循环流动，为人体各组织器官带去养分，而变黏稠了的血液流动速度就会减慢，一来使肌体组织所获得的氧气和营养物质相对减少，二来更危险的就是红血球因之而聚集，形成凝血块阻塞血管，诱发心肌梗死或脑梗死而危及生命。高血脂症可分为两类：一是原发性的，就是所谓属遗传性代谢紊乱，这种情况相对少见。二是继发性，常见于控制不良的糖尿病、饮酒、甲状腺机能减退症、肾病综合征、胆道阻塞、口服避孕药等等情况。

正题讨论到这里，突然让我想到每年的春运。在铁路、公路、航空、海运和内河航运及管道五大运输模式中，我们常常把铁路运输比做国家的大动脉。改革开放30多年，中国铁路线路延长、干道双轨高速的建设和改造取得了空前的发展，但是仍然赶不上经济发展和客流增加的需要。就说每到年关的春运，简直就是一道风景，一票难求的事情依然盛行，回家的人流汹涌澎湃，车站的售票窗口前，上车的站台上，列车的车厢里，运行的枢纽站，拥挤和堵塞的画面从电视的画面上传播给公众，人们无不抱怨、批评思索和企盼交通的改善。大概很多住在大城市的人都有这样的经历，老家的、外地的，或是乡下的亲朋好友，在城里打工、工作或上学，每到春节要回家过年就有人来拜托你帮忙买票，不帮忙的话是说不出来的，帮忙是肯定的，但常常又是苦于没有门路，怎么办呢？被逼迫无奈，碍于情面，只好多花钱求助票贩子。刚刚过去的这个春节，一位海口的朋友，突然打来电话，说他的儿子在大连上学，和两名同学回家过年，务必请帮他们买三张从北京到广州的车票，电话里我理解朋友不到万不得已，不会张口，可我接完电话，立刻陷入困境，最后还是每张票多花了600元从票贩子那里拿的。三张票多花的1800元还不能让人家负担，老婆那儿也不会有这笔开支，如此只好自己消化。1800元不多不少，可是我相信，许多外地在北京工作的人，大学同学、老乡朋友，社会关系多的，每到年关，这样的负担也变成了他的年关。

举春运壅塞的例子，意思就是形象的比喻，人的血脉流通和春运有相似之处，血液黏稠度高，流速就会减慢，还会加重心脏的负担，长而久之，更会侵蚀血管的内壁，使血管产生硬化。血管硬化会引发血压高，高血压如不很好的控制，很容易造成脑出血，从而带来偏瘫等不易治愈的后遗症，冠状动脉粥状硬化导致冠心病，紧张和强刺激时很容易造成心肌梗死，轻者需要住院治疗，重者要用支架或做搭桥手术，危险系数很高。毛细血管硬化加快衰老，更容易导致眼睛、耳朵等视听器官功能的衰退。这可不是危言耸听，血稠的事情每个人都有潜在的存在，要提早预防，不信你到医院的急诊部看看，心梗、脑梗、溢血、栓塞等病例比比皆是，而且年轻化的趋向非常明显。

2. 危害

> **血黏稠，危害多，硬血管，是灾祸。冠心病，脑栓塞，重者亡，轻者卧。防在前，要年检，知血脂，措施多：管住嘴，迈开腿，勤锻炼，血改变。血脂衡，流得畅，保健康，心力壮。**

1996年，本人48岁，体重接近200斤，由于工作紧张和饮食过度，身体状况欠佳，自己却没有什么察觉。那年初夏的一天，我去单位上班，从西直门上地铁，正好赶上空车，还在角落里找到一个座位，但没走两站，车里就上满了人，拥挤的就像沙丁鱼罐头一样。开始我感到有些憋闷，心跳加快，浑身出汗，然后就晕过去了，等到醒来，发现自己躺在同仁医院的急诊室里。医生问我，你怎么了？我幽默的回答，刚才地铁里人很多，围着我有四个女人，她们抹了不同的化妆品或是香水，结果混合到一块，可能产生了某种毒副作用，结果把我熏晕过去了。医生指责我，你还嘴欠，要不是那四个女人把你送来，你说不定直接就上一号线了。我接着跟医生开逗，上一号线不就是去八宝山嘛，反正早去晚不去。医生训斥我，你说得倒轻巧，你父母生养了你，你还没孝顺他们呢；你妻子给你生了子女，你还没有把他们教育成人呢；党和国家培养了你，你还没为国家出力呢，你想走就走，没门儿！后来我和这位医生成了朋友，还特意为这次住院写了小说《地铁界面》。那次住院，我被核磁共振确诊为冠心病，血液

“四高”，可谓典型血液黏稠症，简称血稠。

卫生部《中国心血管病报告2005》报告揭示，目前我国18岁以上成人血脂异常患病人数已达1.6亿，再加上潜在的患者，这是一个天文数字。然而，血脂异常的危害在我国无论是患者，还是医疗保健单位，都没有得到应有的重视，对血脂异常的控制很不理想，这严重影响我国的心血管病防治工作。

血液黏稠度增高是高脂血症的一个主要特征，它分为四个类型，即高胆固醇血症、高甘油三酯血症、混合型高脂血症（胆固醇、甘油三酯均增高）、高低密度脂蛋白血症。1913年，Bacmeister与Henes医生首先报告，在动脉粥样硬化病变的发展过程中，患者的血浆胆固醇水平上升。这一发现，最早从发病学上将动脉粥样硬化的发生与血浆胆固醇水平联系起来。到20世纪30年代中期，Leary等报告一组尸体解剖的资料发现，动脉粥样硬化病变是由于血浆胆固醇从血管内膜的内皮细胞下层开始沉着和浸润，认为动脉粥样硬化系胆固醇代谢紊乱所致。高胆固醇血症可通过加速As形成和发展，As主要侵犯主动脉、冠状动脉和脑动脉等大中动脉，造成血管内膜功能性损伤，继而出现纤维斑块，发展至斑块出血、斑块破裂、局部血栓形成，造成血管内腔狭窄甚至闭塞，使受累的动脉和侧支循环受到影响，致使引起整个循环系统或个别器官功能紊乱，进而促进血栓形成等途径，增加心血管疾病的危险性，最终导致心肌梗死、脑栓塞、远端肢体缺血坏死，甚至猝死，对生命健康造成极大的威胁。最近的研究表明，高甘油三酯血症是冠心病的独立危险因素。高甘油三酯血症与冠心病死亡或心血管事件（心绞痛、心肌梗死）之间直接相关。高甘油三酯血症是脂蛋白代谢异常的一种反映，往往伴有HDL水平下降和小的致密的LDL水平升高。小的致密的LDL有更强的致动脉粥样硬化作用。此外，高甘油三酯血症往往还伴有高胰岛素血症、胰岛素抵抗和高凝状态。Stockholm的研究结果表明，用氯贝丁酯和烟酸治疗高甘油三酯血症后，冠心病死亡率的降低与血液中甘油三酯水平的下降呈现着相关。另一项降低胆固醇和动脉粥样硬化的研究也表明，用考来替泊和烟酸治疗三年后，血管造影证实的冠状动脉粥样硬化进展的延缓。混合型高脂血症是一种高胆固醇血症和高甘油三酯血症混合而生的病症，它更加容易引起心脑血管硬化。低密度脂蛋白属于导致动脉粥样硬化的脂蛋白，而高密度脂蛋白具有防治动脉粥样硬化的作用，倘若低密度脂蛋白增高，动脉粥样硬化的危险性相应增大。

最近接到两位朋友住院的消息，一位朋友是冠状动脉粥状硬化导致心肌梗死，做了三个支架。另外一位朋友，刚50出头，突然心肌梗，送进安贞医院，严重得不得不做了搭桥手术，捡回了一条命。此两例病人，无一例外，都是血液黏稠症患者。现实中，令人遗憾的是，血液黏稠症发生初期本身多无明显自觉症状，这样不少人对血脂异常“视而不见”，直到出现心绞痛、心肌梗死、脑动脉硬化才意识到事态严重，如我的两位朋友，往往则悔之晚矣。

3. 稠因

血黏稠，原因多，大罪魁，吃惹祸；肉蛋糖，美食狂，过了量，祸上床！胆固醇，谁最高？脏髓器，都富饶；洋快餐，也不少，肯德基，麦当劳。食物总量控制好，蔬菜瓜果不能少，婉拒油脂多纤维，血液黏稠稀释了。

万事有因果，血稠杂脂多，原因四方找，关键在吃喝。

血液是一种由水、无机化合物、可溶解气体、大小不同的有机化合物以及蛋白质、脂质和糖类等高分子组成的复杂液体，其中还悬浮着大量红细胞和血小板等。血液构成成分的复杂性，使其具有与一般液体所不同的流动性及黏稠度。那么，血液黏稠是什么原因造成的呢？

a. 细胞浓度过高：血液中的细胞数量相对增多。例如老年人体内水分相对减少，血液中的水含量也减少，那么血细胞的比例就会相对增大，由于血液中的液体成分减少，固体成分增多，血液中的黏度就自然升高了。

b. 血液黏度增高：血液中除了红细胞以外，还有许多血浆蛋白，如球蛋白、纤维蛋白原等。这些大分子蛋白质增多时常与红细胞粘合成网格，增加了血液流动的阻力，导致血液黏度增高。

c. 血细胞的聚集性增高：血液中的细胞应该是单个执行功能，而不是积聚在一起的。当红细胞或血小板的结构出现某种异常时，红细胞和血小板就会积聚到一起，阻塞血管，形成血栓。

d. 血细胞的变形性减弱：人体内的毛细血管是很细的，最小的血管只能允许一个血细胞通过，而且血细胞在通过小血管时还要改变形状，以利通过，当血细胞的变形能力减弱时，通过小血管时很困难，影响血流速度，因而使血黏度增高。

e. 血脂异常：由于血液是全身循环的，所以血液中脂质含量过高时，可以使血液的自身黏度改变。另外，增高的血脂可抑制纤维蛋白溶解，使血液黏稠度更加增高。血黏度的增高，促使冠心病的发生，甚至诱发急性心肌梗死。

血液黏稠的医理比较复杂，如此专业地问题老百姓也很难搞清楚，但有一点，要切记，血液黏稠和变化大都由吃喝所引起。由于今天生活水平的改善和物质的极大丰富，管不住自己的嘴，见什么想吃什么，吃什么都没够的人相当多。提请大家注意，膳食中的胆固醇几乎全部来自动物源性食物，其中以禽蛋、动物脑髓、内脏中胆固醇最丰富，炸鸡腿、三明治等含胆固醇也较多，当吃不能节制，肥胖便成了一种普遍的现象。绝大多数高胆固醇血症是不良生活习惯造成的！研究证明，肥胖与血液黏稠有着直接的关系。血脂的变化主要与体内脂肪含量的多少及肌体动用脂肪库的情况有关，在很大程度上反映人体脂肪代谢方面的情况。有人在做肥胖与正常人的血浆脂类含量对比中，证明肥胖人群的血脂含量明显高于正常人群。另外，还证明随着肥胖程度的增加，血脂含量呈上升趋势。这也说明了为什么肥胖人群的动脉粥样硬化症、冠心病、脑血栓、高血压、高脂血症发病率高的原因。从某种意义上说，高脂血症是“生活方式病”或“现代文明病”的一种。

需要强调的是，不同季节、时间及气候因素也能影响血液黏稠度。一般地说，血液黏稠度在冬季相对较高，夏季相对较低。在一天之内，清晨和上午血液黏稠度较高，下午和傍晚较低；闷热或下雨气压较低时，血液黏稠度明显增高，这些都应引起人们的注意。

4. 释法

> 人体复杂赛机器，润滑清洗是惯例，
> 五官七窍关节里，水是润滑清洗剂。

a. 饮水法

有统计显示，凡血液黏稠的人，大都饮水较少。因此，多饮水是解决血液黏稠最直接最有效的方法。人对水的需要仅次于氧，每日所需要的水量，随年龄、气候和劳动强度等因素的不同而有差异。为维持体内水的恒定，摄入的水量必须能够补偿经呼吸、皮肤蒸发和尿粪等途径排出的水量，以保持水平衡。健康成年人在一般条件下每日约需水2500毫升。水分有三个来源：饮水（包括茶水、汤和其他液体）是人体水的主要来源，当气候和劳动对水的需要量变动时，通过饮水可予调节；食物水，即各种食物中所含的水；代谢水是由碳水化合物、蛋白质、脂肪在体内氧化分解时产生的水，变动范围较小。水堪称为速效稀释剂，试想，人一夜酣睡后体内失去大量水分、人吃饱后消化食物时要消耗的大量的水分，这些都是血液变黏稠的因素，及时饮水可使血液立刻变稀。但饮水要讲科学，特别是对那些血液开始黏稠的人科学饮水尤为重要。首先要科学的掌握好时机，如清晨起床后、三餐前一小时、晚间就寝前喝水200毫升。

选择什么水？第一要考虑地问题是安全。合格的自来水理应成为主要的饮用水来源，20℃—25℃的白开水或者淡茶水，其张力、密度等都接近血液与组织细胞，值得提倡。矿泉水是来自地下数百米的地下水，含有大量的钙、镁、硫、硅、锂、锶、硒、锌等矿物元素(当然不同矿泉水中，各元素的含量是不同的)以及二氧化碳。尽管人体必需营养素主要来源于食物，但水中的无机盐和微量元素仍不失为来源之一，对人体是非常有益的，对于特殊人群来说，如婴幼儿、老人、某些病人等，他们的饮食如不均衡，也需要从饮水中得到一些矿物质。纯净水太“纯”，经过一定的工艺和吸附去除了98%以上矿物质和有机物，其低渗状态会使水分很快进入细胞内，稀释血液的效果也不理想。盐水可促进细胞脱水，不足取；冷水刺激胃肠血管收缩，有碍水吸收进入血液，不宜饮。要记住饮水的主要作用是为人体补充水分，补充水分要少量多次，每次以一小杯为好。

有关水，这里要多说几句。

从太空看地球，地球是蓝色的。因为地球的三分之二是海洋，所以蓝色的地球也可以称之为水球。生命是从水中诞生的，准确地说是从海洋中诞生的。地球上的生命在大海中遨游，寻找发展和光明的空间。终于有一天，它们有的从大海爬上陆地，在洪荒的陆地上艰难地生存下来，并不断地改变自己。为了生存的需要，有些生命长出了行走的足，从无足的爬行变成了有足的行走。

这是一个生命发展的飞跃。

这时的海洋和陆地上不仅都有了生命，而且有了生命间的相互倾轧。陆地上的生命常常要以海里的生命作自己的食物，而无论是在海洋还是在陆地，高级生命总要以低级生命作自己的猎物。在这种优胜劣汰进化的自然法则中，有一种动物直立起来，抑或是被树枝上的果实所吸引，抑或是要走出混沌的本能意识世界，他们从四肢着地的爬行，发展成站立的步行。

这便是我们人类的远祖——类人猿。

从类人猿到猿人，再到原始人的发展，是一个极为漫长的过程。在这个过程中，原始人逐渐制造出了石头的工具，发现了火的功用，有了结绳记事的意识等等，在无数的生命群体中脱颖而出，成为一个比其他生命群体更为高级的生命群体——人类。

人类的童年是美好的。

虽然他们依然要以其他的生命族类为食物，而人类童年与其他生命族类的本质区别，除去制作工具和有了思想之外，同族决不以利益的代价互相残杀。他们有着一套完整的“游戏规则”，这就是今天我们常常说到的原始共产主义——原始公社和我国古代人们形容的“大同”社会。

与“大同”社会相对应的是后来发展出来的“小康”社会——私有观念和行为的出现。从那时起，人类疯狂起来，为了一己或群体的利益，互动干戈，发动战争。其残酷与惨烈，甚至发展到了动物性的程度。大禹和他的儿子启就是这个变迁的直接责任者。

自从盘古开天地，三皇五帝到于今，政治家说，推动了社会发展的是阶级斗争；军事学家说，是战争推动了社会的发展；经济学家说，是生产力的发展推动了社会的发展；科学家说，是科学技术的发展推动了社会的发展。医学科学的发展，使人类更加认识了自己，甚至有人把人体与宇宙相提并论为“内宇宙”。

水是人体这个“内宇宙”中最主要的成分，按重量计算，水约占成年男性体重的60%，成年女性体重的50%—55%。年龄愈小，体内含水比率愈高。人体所有各种组织都含有不同数量的水，如血液内为83%，骨骼内为22%，脂肪组织内为10%。水在维持肌体生命过程中起着非常重要的作用，只要有足够的饮水，人不吃食物仍可存活数周；但若没有水，数日便会死亡。水在体内功能很多，可以说一切生理功能都离不开水的参与，这种作用是没有任何其他物质可以替代的，因此目前把水列为人体必需的七种营养素之一。

水主要功能可归纳为以下四个方面：1. 主要介质。水是体内一切生理过程的生物化学变化必不可少的介质，离开水一切生化反应都无法进行，生命也就停止了；2. 运输功能。以水为主要成分的血液和组织液是人体内的“运输工具”，它们能将从食物中吸收的各种营养素运送到身体各部位的细胞，同时将细胞代谢产生的废物运送到肾脏和肺，经尿液和呼吸排出体外；3. 调节体温。水的汽化热很大，汗液中每1克水蒸发汽化时要吸收约580卡热。当气温升高或剧烈运动，身体产生的热过多时，通过汗液的蒸发可散发大量热量，从而避免体温过度升高；4. 润滑功能。水以体液的形式在身体需要活动的部位，起着润滑剂的作用。例如，泪液可减轻眼球与眼睑间的摩擦及防止眼角膜干燥，唾液可湿润咽喉，关节液可减轻骨端间的摩擦，胸、腹浆液可减轻胸腔和腹腔中内脏与胸及腹壁间的摩擦。

水是一个好界面，各种物质来摆摊，按照游戏来交换，生化反应求齐全。运载工具水最好，营养送至各细胞，新陈代谢毒打包，顺着肾肺排泄掉。剧烈运动身体热，汗流浃背饮水多，吸热蒸发调体温，水是生命保护神。人体复杂赛机器，润滑清洗是惯例，五官七窍关节里，水是润滑清洗剂。

b. **食物法**

俗话说“病从口入，祸从口出”，强烈建议血脂黏稠的朋友，特别是中青年朋友，一定要增加点在吃上面的知识，多吃些具有稀释血液功能的食物：如抑制血小板聚集、防止血栓形成的有黑木耳、洋葱、柿子椒、香菇及草莓、菠萝、柠檬等水果。说到抑制血小板聚集的话题，我有一个反面的例子，当年我的一个朋友在山东开了一家花生米的工厂，专门向欧美市场出口。有一次我到他的工厂去参观，发现所有的花生米都要脱皮，我问他为什么？他的回答让我吃了一惊。他说花生米的皮可以说是一味药，可以促进血小板生成，因此欧美食品的标准规定，花生米必须是脱皮裸体的。这里就有一个小常识要提醒大家，我们传统的五香花生米都是不脱皮穿着衣服的，吃的时候您可千万要把它的衣服剥掉，否则您吃得越多，血液中的血小板就越多。血液中血小板增多，血液的黏稠度就高。因此，举一反三，平时进口的东西要特别注意。与上面的情况相反，在食物中，也有类似阿司匹林抗凝血作用的食物，如西红柿、红葡萄、橘子、生姜等；具有调整血脂代谢、延缓动脉硬化和保健作用的水果有柚子、酸枣、刺梨、香蕉、柑橘、山楂等；具有降脂作用的有竹笋、香芹、胡萝卜、魔芋、紫菜、海带、玉米、芝麻等。蔬菜与瓜果除含有大量水分外，还有丰富的维生素C及粗纤维。维生素C能降低血脂，粗纤维可以在肠道阻止胆固醇的吸收，有利于降低血黏稠的程度。

燕麦具有降血脂和血糖的作用，牛奶中含有降胆固醇因子，将燕麦片放在牛奶或豆浆中食用，长期坚持，对降低血液黏稠度效果很好。大豆含有丰富的卵磷脂，这是一种乳化剂，能使血中胆固醇颗粒变小，并保持悬浮状态，有利于脂类透过血管壁为组织所利用，降低血中胆固醇，使血黏稠得以改善，因此建议多吃大豆。在平时的膳食中，一定少吃甜食，因为糖能升高血中的甘油三酯，也可提升血液的黏稠度，特别是中老年朋友，三餐宜清淡一些，有条件得多吃一些海鲜类食品，鱼类尤其是深海鱼中富含大量的不饱和脂肪酸，能够降低血脂的含量及血液黏稠度，从而使血液流通状态得以改善。

中国、印度、土耳其和法国被公认为世界四大美食之国。也可能是本人孤陋寡闻，好像四国中把“下水”做成美食的只有中国，而且我们还把“治大国”与厨子“烹小鲜”联系起来。那么，反过来说，就是“吃小鲜”，要拿出“治大国”的劲头来。“下水”可谓“小鲜”，南至广州，卤水大肠是道名菜冷拼，早餐中小笼屉里也少不了下水这道美味；中至北京，老字号的早点炒肝一碗里头大肠、肺头是不能少的，北京人专吃的就是这一口儿；东北人吃下水，自有独门炖吊子，味道有如东北人“二人转”的卓识。宝岛台湾，对于下水更是情有独钟，但美国牛下水进口，闹得全岛上下不宁。这里，笔者不是危言耸听，要严肃提醒全体中国的老中青朋友，动物内脏特别是猪脑、猪肚、肥肠等，最好少吃或不吃为佳。因为这些下水中含有大量胆固醇与饱和脂肪，食用之后很容易引起或加重血黏稠程度，促使动脉硬化，引起诸多与血液黏稠有关的疾病。

大量的研究结果表明，调整生活方式才是治疗高脂血症的基础。实践证明，长期坚持饮食控制及食物疗法，对预防和治疗这种病症是完全有效的。一般来说，血液黏稠度高的人，每日的能量食谱为：主食控制在250—300克，并且要粗粮细粮搭配，瘦肉、豆制品均为50—100克，鸡蛋或鸭蛋1个，乳制品250克，蔬菜500克，水果100—150克。这样既可保证身体对各种营养素的需求，也可防止血液黏稠因素的升高。为什么这样控制饮食能降低血液黏稠度呢？这是因为粗粮中含食物纤维较多，使人对糖的吸收变慢，可避免血糖一时性升高而转化成脂肪储藏起来。蔬菜中含有大量的维生素C和维生素P，各类水果含有丰富的维生素C和果酸，这些都具有降血脂、增强血管弹性以及抗血栓等作用。为此，笔者呼吁在生活水平改善的同时，更应注意合理饮食、减肥和加强体育锻炼，把过高的血清总胆固醇、低密度脂蛋白胆固醇降下来。

奉劝全体老中青，饮食一定设海关，卡住油脂胆固醇，血液黏稠释不难。倡导饮食讲绿色，素淡清香咸味弱，五谷菜蔬天天做，夕阳红里老来乐。

c. 药物法

我有一个亲戚，老头儿走的早，老太太一个人带大两儿两女。儿女们都很有出息，有IT公司的老板，有国家公务员，有大学、中学教师。去年单位检查身体，老太太血脂黏稠，尤其是甘油三酯和胆固醇比正常值高出了一倍。我和老太太讲，应该注意饮食，特别是应该少吃些甜食。老太太可不这么想，她立刻通知所有儿女，告诉他们自己的身体面临危机。儿女们知道后，纷纷赶来，每个人都买来了一大堆相关的保健品。老太太觉得她在儿女们心中还有地位，心里非常高兴，可是吃了那些保健品之后，血液黏稠度没有任何改变。我劝老太太，人有病就要去医院，结果老太太在医生的指导下药物疗法和饮食加锻炼疗法相结合，一个月见效，半年后完全正常，并不再用药。

我讲这个故事的意思，是说按照不完全统计，血液黏稠患病人群和潜在的患病者，全国高达2亿多人，这个巨大的市场一定会吸引商家。市场有一只看不见的手，有需求就有市场，有市场就有商家，有商家就有造假，有造假就有受害，药物和保健品屡屡被曝光，可受害者还是层出不穷。这里特别提醒中老年人群，出现了较明显的血黏稠症状，特别是已经患有高血压、动脉硬化、糖尿病的患者，必须及时在专科医生的指导下进行药物治疗，万不可自行其是，以免出错。

如果是年轻患者，一般只要改变生活饮食恶习，加强户外锻炼，症状很快自然消失。

血液黏稠不必愁，药物治疗是必由，医生指导很重要，千万不可自用药。自用药品有危险，不知病情深和浅，误用矢量不达效，心急怎可达目标。

d. 锻炼法

血液黏稠后节制饮食只是一种较好的方法。但如果能够更积极一些，经常参加体育锻炼，降血脂的效果会更好。据测定，较长时间的有氧锻炼，如慢跑、长距离步行和骑自行车等，比较适于降低血脂。对于健康的年轻人来说，通过加强自身保健锻炼，合理饮食，绝大多数人症状可以消失，血黏度降至正常。因为人体自身有较强的调节能力来维持血液内环境的平衡和相对稳定，使你并不产生病态表现，故一般无需特殊治疗。中老年人由于身体方面的原因，不可能像年轻人一样进行很剧烈的运动，但做一些适度的运动是必要的，如散步、慢跑、游泳、登山、打太极拳等，这样可以加速血液循环，加快体内的脂质代谢。这里要特别提示，水与运动的关系：人的体重因运动流汗一般会减少2%—3%，这时血液量会下降，明显影响人体的运动能力，所以要及时饮水。运动时要科学饮水，以少量多次为原则，同时最好饮用接近血浆渗透压的淡盐水或饮料，以保持体内水盐的平衡。对于肥胖的人来说，为了减肥，还是尽量要以水为主。

前面我讲过，我40岁时就被戴上了冠心病的帽子，血液的黏稠度高。那时我不仅在医生的指导下吃药，更在医生的劝导下开始锻炼。医生告诉我，如果你能把体重降到正常值，不但血液黏稠度会正常，而且冠心病的帽子也会不复存在。第二年春天，一天下午我到八一湖散步，看到很多人在冰还没有全部融化的湖水里游泳，正好遇见一位外国语大学日语系熟悉的老师，他刚从水里出来，裸着身子，见到我问：老安，你得什么病了吧，脸色可不大好哇。我原原本本把病情告诉他。他立刻对我说：来游冬泳啊，冬泳专治你的病。俗话说，有病乱投医，我第三天就买了泳裤、泳镜和胶帽，来到八一湖，开始游泳。说实话，大多数冬泳者都是从秋天开始，每天坚持，循序渐进而得，像我这样，临时抱佛脚，倒着游冬泳的人还真不多。从此开始，我坚持冬泳已经十几年，同时跑步，周末爬山，提出生命不止，运动不断。如今我的体重降了四十多斤，2009年度体检全部正常，医生很是夸奖。冬泳除去具有游泳的四大好处外，还有独特的功效，其一是用物理的方法使全身的毛细血管迅速收缩和扩张，可谓“血管操”，益处良多；其二，当毛细血管闭合后，体内血液循环路径缩短，大脑、脏器和各个器官得到超量充足供血，提供内部“氧吧”效应；其三，在极端的情况下挖掘了人的潜能；其四，激发人的自豪感。因此，只有冬泳的人才有体会，冬泳之后，人体轻松，心情愉快。当然冬泳是一项极端的运动，这里并没有强力推荐的意思。

运动是个宝，血脂易消耗，坚持出效果，科学更重要。提醒中老年，要过锻炼关，饮水知多少，效果会更好。

e. 物理法

人的身体有三道轴，脖子、腰和脚腕。这三道轴把人体区隔为头部、上身和腿部三个部分。头部距离心脏较近，但它是用血大户，特别是在电脑前工作的朋友，一定要注意及时活动脖子这道轴。俗话说：活动脖子这道轴，如同大轴膏上油，活动这道轴，不仅是为了自身的活络，更是为了血液供应大脑时通过顺畅。腰部是支撑身体的要害部位，是大动脉通过的地区，它需要及时的润滑和供养，因此要注意活动。经常活动腰，血脉流通好，身体如机器，一定保养好。俗话说，人老先老腿，原因是腿部的肌肉和关节是人体运动最多，承受重量最大，磨损最多的部分，静脉回流困难，因此静脉很容易变形曲张和发炎，影响血液循环，这里提醒中老年朋友，要特别关注自己腿部的健康和保养。

人的手部、耳朵和脚部，是穴位（反射区）密集区，而针对这些区域，中医总结了很多方法治疗人体的疾病。比如耳针疗法、耳朵揉搓、十指操、拍掌法等。这里本人要特别说说烫脚和足部按摩对血液循环影响的重要性。

脚部是距离心脏最遥远的地方，古语有言：“人之有脚，犹似树之有根，树枯根先竭，人老脚先衰。”血液流经脚部，特别是血液黏稠的人，血液中的杂质很容易沉积在脚部，久而成疾。因而早在几千年前，中医就很重视对双足的锻炼和保养，并运用泡脚、足部按摩（足疗）来防病治病。“一年四季沐足：春天洗脚，开阳固脱；夏天洗脚，暑理可祛；秋天洗脚，肺润肠濡；冬天洗脚，丹田湿灼。”现代科研表明，人的双脚上存在着与各脏腑器官相对应的反射区（穴位），刺激这些反射区，可以促进人体血液循环，把沉积在脚步的杂质带走排出，进而调理内分泌系统，增强人体器官机能，取得防病治病的自我保健效果。我国有一句古话：“脚是半个心脏，烫脚有益血液通畅”，“每天泡脚，消除疲劳”，“热水洗脚，胜吃补药”。

5. 通感

> **血通通感是力量，力量让人放眼量，**
> **眼量使得心胸阔，有容乃大寿命长。**

前一节总结，便通的通感是轻松，那么血通的通感是什么呢？以笔者本人的深刻体验，是力量。力量体现能量，能量是身体运动热力的释放。那么人的这种热力、能量和力量是从哪里来的呢？让我们细细说来。

如果说人的活动或者说运动，大分有三项：脑力活动和体力活动及两者混合；或说智力运动与体育运动及两者混合。人的大脑就像一部计算机，所以计算机也被称为电脑，储存的信息和运算的能力非常快。电脑的运算要看配置，配置的核心是芯片和内存，然而更重要的是电流，如果没有电流通过，再好的计算机也是一部死的机器。与计算机类比，人的大脑也有芯片运算和内存的功能，与电流相应，血流之于大脑同于电流之于电脑的重要。

我们前面涉及过，人的第一用血大户是大脑，高潮的峰值，可达到人体总血量60%。这个峰值时刻，就是人用脑子思考问题的时候。“知识就是力量”，“知识改变命运”，这都跟用脑有关，人用脑跟用血直接关联，而血液流通通畅才是根本的保障。举个例子，当下人的生存不容易，人生面临很多考试，从幼儿园开始，上小学、中学、高中，高考可能是人生最重要的大考，如同科举考试，鲤鱼跳龙门，多少人门里门外，一生由此决定。我的一位同事的女儿，平时成绩非常好，可去年高考，成绩与期望值相距甚远，发挥很不正常。在一次聊天的过程中，我为他分析他女儿考场失常的原因。“天才在于积累，聪明在于勤奋”，你女儿勤奋吗？积累如何？他的回答都是肯定的。我接着反问她，那她为什么考试失常？他说，因为紧张。我接着问他，你女儿为什么一紧张，就考试失常了呢？他瞪着眼，无言以对。我告诉他，紧张是人人都有的，但每个人的调试能力不同。人受到刺激一定紧张，想想正当花季的少年，一坐进考场，面对人生抉择能不紧张吗？人一紧张，大脑皮层刺激大脑，把单一信息夹带恐惧大量急速的传递，致使大脑高速空转运算，需要大量血液支持，这时心脏跳动加快，可由于紧张，冠状动脉发硬，血液通过受阻引起心肌缺血，心肌缺血使心脏力量不足，影响心脏的射血量。一个恶性循环状态呈现：大脑异常情况需要大量血液支持却难于得到，结果当然是轻者失常，重者晕场。这样的事情每年高考屡见不鲜。我告诉他，关键是如何解决。解决的办法有两种，一种是心理辅导，一种是现场药物预防。比如，考试前5—10分钟，口含5粒速效救心或丹参滴丸，保障血流充分供应大脑，大脑的能量一定就会释放。果不其然，他的女儿今年考的非常好，全家上下高兴得不得了，沉闷了一年的家，又充满了活力，前几天还约我去喝酒庆祝。我举这个例子，主要是强调血通的通感。想想，大学毕业，还是面临一系列的考试，真是生容易，活容易，两个加到一块，生活真不容易。

体力劳动或是体育运动，说到底都是肌肉运动，肌肉运动需要血液供应营养和氧气，激烈时当然需要更多，当肌肉运动需要血量超过供血量时，可谓耗氧运动，反之带养运动。总之，只有肌肉得到充足的血液供应，运动才会有力量。我的一位邻居，是北京一座五星级酒店的大厨，膀大腰圆。有一回在电梯里遇见，我还跟他开玩笑，“馋当厨子懒出家，爱看女人去卖花。”他回我，“文当状元武当侠，要听忽悠请专家。”前些日子，这位老兄在厨房先是浑身无力，连炒勺都举不动了，接着一身虚汗晕倒，结果住进医院，装了两个支架。我去医院看他，问他血通通感如何，他没有正面回答，而是幽默的回我一个顺口溜：一喝苦丁茶，二是拟出家，三是全素斋，四是管嘴巴。我跟他逗，一三四可行，拟出家不可。他说，拟是虚拟的拟，不是真准备。话音还没有落净，全病房的人全让他给逗乐了。其实，仔细想想，乐也是力量和自信的表现。

我这里说的只是一个引子，想大家有关血通通感的体会会更多，这里的关键是，为了血通通感的这份力量和快乐，请各位读者朋友务必保持血通。

肆

络通

人之所以生　病之所以成
气血之于体　皆于经络行

经是纵，络是横，纵横交错罩人形；
血脉走，经络通，气血脉动促运行。
艾蒿灸、银针刺，驱邪追病毒气死；
经联脏，络通腑，脏腑状况经络注。
自盘古，至如今，经络原形未现身；
再探索，求发现，哥德巴赫猜想见。

肆 络通

1. 经络

> **经是纵，络是横，纵横交错罩人形；血脉走，经络通，气血脉动促运行。艾蒿灸、银针刺，驱邪追病毒气死；经联脏，络通腑，脏腑状况经络注。自盘古，至如今，经络原形未现身；再探索，求发现，哥德巴赫猜想见。**

在我童年的记忆里，母亲产后受风，腰部腿部每到变天的时候，就痛的利害，去过很多医院，吃过不少的苦药，但就是不见功效。老话说，坐月子落下的毛病，一辈子难除。有一年，亲戚来走动，说是他们门城镇的德顺堂有一位老中医，针扎得特别好。我母亲于是到镇上的亲戚家住下，每天到德顺堂老中医家针灸，神了，半个月的功夫，病没了，再怎么阴天下雨、刮风下雪，她的腰腿都不痛了。后来，她本打算要我学中医的，但改革开放前的中国，计划经济里政治宿命的成分很高，每个人都被要求时刻准备着当“螺丝钉”，人生道路自己选择的机会和空间是很有限的，我没能学中医，这是老娘很大的遗憾。

针灸在中国几乎家喻户晓，甚至大多数人都体验过它的功效；针灸在历史的传承中，也从医学变成了一种文化，针砭时弊这个成语可谓一例。说针灸，就得说穴位，说穴位，就得非说经络不可。说经络，无论是谁，一准都得从《黄帝内经》说起。

《黄帝内经》中说："经脉者，人之所以生，病之所以成，人之所以治，病之所以起。"而经脉则"伏行分肉之间，深而不见，其浮而常见者，皆络脉也"，并有"决生死，处百病，调虚实，不可不通"的特点，故针灸"欲以微针通其经脉，调其血气，营其逆顺出入之会，令可传于后世"。这里非常强调经络"不可不通"，不通者针灸"欲以微针通其经脉，调其血气"。

经络有"决生死，处百病，调虚实，不可不通"这么重要，那么经络是什么？存在于人体何处？经络有哪些作用，又是通过什么途径实现的？说实话，老祖宗怎么发现的经络，至今还是一个谜，能留下这份珍贵的遗产给后人，是后人之福，可惜的是后人和后人的后人也没有人能说清楚。至今，尽管有关经络的研究已取得相当的成果，有了很大的进展，但无论是实验研究，还是假说论证，就其总体来说，仍处于百家争鸣的科学数据和理论学说的形成、积累阶段。有关经络的这些问题，当前仍旧是中外科学家有待研究突破的重大课题，同时更是老百姓非常想了解的奥秘。

《黄帝内经》诞生在两千五百年前，是我们祖国的第一部医学巨著。在这部典籍中，经络这个重要的概念贯穿始终。古人发现人体上有一些纵贯全身的线路，称之为经脉；又发现这些大干线上有一些分枝，在分枝上又有更细小的分枝，古人称这些分枝为络脉，经络是经脉和络脉的总称，"脉"是这种结构的总括概念。

《黄帝内经》对经络的认识是从大量的医疗实践中得来的，记载这些医疗实践的文献近年来已在马王堆帛书、张家山竹简和绵阳木人经络模型等出土文物中逐渐找到。这些早期文献主要描述了经脉系统，并涉及了三种古老的医疗手段：一个是灸法，一个是砭术（即用石头治病的一种医术），另一个就是导引术（一种古老的气功），而经脉是这三种医术施用时借助的途径。

《黄帝内经》对经络作了系统的总结，在经脉之外，增加了络脉、经别、经筋、皮部和奇经等新的概念，它们共同组成了经络系统，运行气血、平衡阴阳、濡养筋骨、滑利关节、联络脏腑和表里上下以及传递病邪等，成为古人心目中人体最重要的生理结构。随着冶炼技术的发展，古人制成了金属针，称为微针，并用微针对经脉进行治疗。《黄帝内经》分为两部书，其中之一叫做《灵枢经》，也称为《针经》，就是专门论述用微针治疗经络的著作。

近代以降，西方的解剖学传入中国，中国的医生在解剖中找不到经络，自信心受到极大的挑战。整个中国社会对中医的态度也一样，特别是西医对一些致命传染病的明确疗效，更让人们对中医失去了信心，甚至一度认为中医是一种没有根据的玄学，在汪精卫主政的南京伪政权，还曾经考虑立法废除中医。

新中国建国初期，毛泽东同志指出“中国对世界有大贡献的，我看中医是一项”，“针灸是中医里面的精华，要好好地推广、研究。”从50年代开始，经络实质的研究被列为全国自然科学发展规划的重点项目，引起了国际特别是受中华文化影响较大的国家和地区的关注。

20世纪60年代，朝鲜有一个名叫金凤汉的科学家，宣称找到了经络，并将之命名为“凤汉管”，这个发现轰动了全球医学界，也引发了各国对经络研究的兴趣，日本随即组织了大批的科学家进行经络的研究，扬言在十五年内解开经络之谜。当然，视中医为祖先遗产的中国组织了大批的科学家到朝鲜去实地学习，并加紧研究，生怕这个祖先遗产之谜被其他国家先行解开。接下来的几年，全球科学家不断要求朝鲜公布研究成果，朝鲜却始终拿不出具体的证据，最终金凤汉其人由于拿不出具体的证据而跳楼自杀，这件事就此不了了之。由此让我们想到，朝鲜半岛上的南北，前有北面的金凤汉，后有南面的黄禹锡干细胞研究伪造实验数据的丑闻，可谓一脉相承。这些年，他们面对中国的文化，没有少搞动作，端午节被抢去了，接着还要抢活字印刷，其实反过来替他们想想，因为历史文化成就的匮乏，在现代化的进程中心理的压力是蛮大的，从这个意义上说，他们的这种“进取精神”还是挺可爱的。

半个多世纪以来，国内外专家学者对经络问题进行了不懈的探索，首先遇到地问题就是古人所说的经络是否真实存在。当时，有人认为古人所说的经络就是现代解剖学中的血管，并不存在一套独立的经络系统。另一方面，国外有人声称发现了经络的实体，结果被我国学者证明是一种假象。这当中，最具实际意义的是国家科委、卫生部和国家中医药管理局“七五”经络研究项目：《十四经脉客观检测》。中国科学院生物物理所等用3种生物物理学方法，即隐性循经感传、高振动声和低阻抗，对人体十四经脉的全程进行检测，发现3种方法检测的实验经脉线互相重合，并与古经脉图谱有高度吻合，提出经脉是“多层次、多形态、多功能的立体调控系统”，证实古人发现的经脉不仅客观存在而且具有严格、精确的定位。

科学的实验证明经脉的客观存在，但这个“多层次、多形态、多功能的立体调控系统”是什么样？还是有待解决。在之后的研究和探索中，经过“八五”和“九五”两个国家级经络攀登计划项目的实施，经络研究从现象逐渐深入到本质，课题围绕着循经感传的机理、经脉脏腑相关和经脉线的理化特性三个方面展开，形成了若干个假说：神经论：认为循经感传是神经元之间兴奋传递的结果；体液论：认为中医经络中的气血指人体中的各种体液，经络是体液运行的通道，体液运动刺激神经产生循经感传；能量论：认为经络是某种物理能量与信息的传输渠道。

2. 猜想

经络论，都有道，有道可惜找不到；早有术，今有经，针灸惠及老百姓；经络道，通则行，不通就是淤塞重；经与络，纵与横，经络纵横通养生。

猜想是一种大胆浪漫的想象，预言常常把这种浪漫的想象制作成科学探索的路标，指引科学抵达实证的彼岸，这样的例子不胜枚举。2012年9月22日午夜，美国纽约曼哈顿区上空布满了一道五彩斑斓的光幕。在纽约这样的南部地区，很少有人能够看到这种极其迷人的极光现象。不过，人们欣赏美景的心情没有持续太久。几秒钟后，该地区所有电灯泡开始变暗并闪烁不定，接着光线在瞬间突然增强，灯泡变得异常明亮。随后，所有电灯全部熄灭。90秒以后，整个美国东部地区都停了电。一年后，数以百万计的美国人开始死亡，国家基础设施将变成一堆废墟。世界银行将宣布美国变成一个发展中国家。同时，欧洲、中国以及日本等地区或国家也都和美国一样，在这次灾难中苦苦挣扎。这次灾难来源于猛烈的太阳风暴，发生在距离我们1.5亿公里之外的太阳表面。上述故事听起来或许有些荒谬，一般情况下太阳不会对地球造成如此巨大的灾难。不过，美国国家科学院在2009年1月发布的一份特别报告中声称，这种灾难完全有可能会发生。这份报告中提到的太阳风，最早就是在科幻小说中最先被提出的。

作家亚瑟·C·克拉克1917年12月16日生于英格兰的索默塞

得郡。从童年起克拉克就对科学有浓厚的兴趣，曾用自制的望远镜观察月球，画月球表面图。因贫穷未能进入大学，他便到政府一个机关部门当审计员，于是有更多的闲暇时间发展对太空的爱好和探索，并加入自称英国星际学会的团体。1941年他加入皇家空军，任雷达教官，曾担任首次雷达导航降落（即G·C·A）试验负责人。服役期间，他发表了第一篇科幻小说。1945年，他在《无线电世界》杂志上发表了《地球外的转播》一文，预言了广播和电视信号可以通过卫星系统传播到全世界，令专业人士感到吃惊甚至怀疑。然而，20年后，“晨鸟”同步卫星的成功发射，证实了他的科学预言。

人体被认为是另一个宇宙，至今人们所知不超过10%。有关经络神经论、体液论、能量论等若干个假说，为人们的猜想提供了三大类型的空间。

神经论认为循经感传是神经元之间兴奋传递的结果。比之经络，科学对于人体神经系统的了解更多一些。人体的神经系统包括脑、脊髓、中枢神经系统、周围神经系统、神经中枢等。在这个金字塔式的体系中，底座也就是最基本的子系统结构单元是神经细胞，也称神经元或老百姓说的神经末梢。

神经细胞的形态是多种多样的，在细胞表面有许多突起，科学家把它分成胞体和突起两部分来观察和描述。胞体部分和身体其他部位的细胞差不多，也包括细胞膜、细胞质和细胞核等。较特殊的是神经细胞的胞浆内含有带色素的斑块，称为尼氏小体或虎斑。突起部分有两种，一种突起短而分支多，称为树状突；另一种突起往往较长且只有一个，称为轴突。不论是树状还是轴突均有传导兴奋冲动的作用，就像电线传导电流一样。轴突的结构比较复杂，外面包了一层叫髓鞘的东西，就像缠电机漆包线。神经胶质也具有非常重要的作用，它对神经细胞具有支持、营养和形成髓鞘的功能。在轴突和轴突，树状突和树状突，轴突、树状突和细胞体之间都可以通过一个叫突触的结构发生联系。突触之间有两层膜，膜间有个极小的空隙，只有在电子显微镜下才能看到。兴奋冲动从一条神经的轴突传送过来时，在突触前面的那层膜里可产生一些化学物质，如乙酷胆碱、去甲肾上腺素等，这些化学物质再释放到两层膜的空隙内，然后作用于后面的那层膜，这样便可使神经冲动沿着后面那条神经传下去。一旦人体受到外界的刺激时，神经冲动就会迅速地从一个神经细胞，通过突触这一途径，一传十、十传百……迅速传到大脑，由大脑皮层进行分析综合，再通过另外一套神经通路，把命令发送到全身，以对外界的刺激做出及时而恰当的反应。神经论认为循经感传是神经元之间兴奋传递的结果，在科学已知的前提下，这种假说无疑可以成立。这种假说没有解决经络是什么的实证，但它却无意提出经络是与神经系统构成嵌入关系、相辅相成的复调系统，犹如铁路，两条铁轨之间有枕木相连，传递和分担应力，共同承载指挥生命列车的运行。

体液论认为中医经络中的气血，是指人体中的各种体液，经络是体液运行的通道，体液运动刺激神经产生循经感传。体液论认为经络是体液运行的通道，这是一个充满无限想象的假说。就体液来说，普通人大概谁都能知道人体内的三种体液：血液、淋巴液、汗液。首先让我们把想象插上翅膀，离开人体去找寻一个近似的比拟。如果把地球比做人体，大地的内部至少也可以找到三种重要的液体，岩浆、石油等液态矿物和水。风水先生说，山有多高，水有多高，意思是说，大自然的水土保持和循环系统带有自我修复的功能，地下涵养的水，无处不在，水到则渠成。体液论的猜想，好像比神经论更进了一步，经络是体液运行的通道，体液运动刺激神经产生循经感传。这里有一个关键的词，即“通道”。通道是有形的，比如肠道、血管、神经、汗腺等，可经络是体液的信道，这个信道是有形的还是无形的呢？到目前还没有人发现它是有形的，我们姑且说它无形——在有形的管道之间的缝隙是否就是经络无形的通道呢？水到渠成，这还有待科学进一步去发现。

能量论认为经络是某种物理能量与信息的传输渠道。物理能量一般指物质做功的能力。能的基本类型有：位能、动能、热能、电能、磁能、光能、化学能和原子能等。一种能可以转化为另一种能。人体的能量主要来自食物、水和空气中的氧气，它们进入体内，经过五脏六腑的运行产生生物化学反应，营养被吸收转化为能量，进入经络这个渠道，把能量与信息传输到身体的各个部分。能量论把经络视为物理能量的传输渠道，与血液循环的功能有所矛盾，有关信息传递应该离不开神经系统。能量论另辟蹊径，有独到之处，但也有不能回避的死穴。

通过“三论”对经络的假说，让我产生一个联想，美籍华人科学家诺贝尔物理奖获得者丁肇中领导的一个科学家小组正在寻找宇宙中的暗物质，那么，人体内是否也存在着一种有如宇宙中未被发现而存在的一种由经络主导与其他生命系统构成有机关系共同运行生命的“暗物质”呢？如此，这种猜想也可以成为第四种假说：暗物质论。

3. 通用

> 系脏腑，通内外，协调全身于一概；行气血、养全身，五脏六腑净如瑾；抵病邪、卫肌体，尽职尽责有自律；经脉行，络脉动，经络行动在制衡。

a. 经络的通用，联系脏腑，沟通内外，协调组织，脉动全身。《灵枢·海论》指出：“夫十二经脉者，内属于腑脏，外络于肢节。”人体的五脏六腑、四肢百骸、五官九窍、皮肉筋骨等组织器官，之所以能保持相对的协调与统一，完成正常的生理活动，是依靠经络系统的联络沟通而实现的。经络中的经脉、经别与奇经八脉、十五络脉，纵横交错，入里出表，通上达下，联系人体各脏腑组织；经筋、皮部联系肢体筋肉皮肤；浮络和孙络联系人体各细微部分。这样，经络将人体联系成了一个有机的整体。经络的联络沟通作用，还反映在经络具有传导功能。体表感受病邪和各种刺激，可传导于脏腑；脏腑的生理功能失常，亦可反映于体表。这些都是经络联络沟通作用的具体表现。

b. 经络的通用，运行气血，供应全身，营周养育，阴阳配置。《灵枢·本藏》指出：“经脉者，所以行血气而营阴阳，濡筋骨，利关节者也。”气血是人体生命活动的物质基础，全身各组织器官只有得到气血的温养和濡润才能完成正常的生理功能。经络是人体气血运行的通道，能将营养物质输送到全身各组织脏器，使脏腑组织得以营养，筋骨得以濡润，关节得以通利。

c. 经络的通用，预警于先，报警于重，抗御病邪，保卫肌体。经络类似人的雷达系统，营气行于脉中，卫气行于脉外。经络“行血气”而使营卫之气密布周身，在内和调于五脏，洒陈于六腑，在外抗御病邪，防止内侵。外邪侵犯人体由表及里，先从皮毛开始。卫气充实于络脉，络脉散布于全身而密布于皮部，当外邪侵犯肌体时，卫气首当其冲发挥其抗御外邪、保卫肌体的屏障作用。如《素问·缪刺论》所说：“夫邪客于形也，必先舍于皮毛，留而不去，人舍于孙脉，留而不去，人舍于络脉，留而不去，人舍于经脉，内连五脏，散于肠胃。”

4. 通感

> 通感于经络，灵敏定体格，通畅无大碍，感觉是良多。经络之通感，灵敏是大盘，绩优与蓝筹，变化在上面。神经触反射，体液走运河，能量发传导，灵敏测经络。经络联脏腑，气血敏于途，病邪御关外，阴阳量企图。

我们把便通的通感定位为轻松，把血通的通感定位为力量，那么经络的通感应该定位为什么呢?

大家都看过赵本山和范伟表演的小品《卖拐》，我们抛开脍炙人口忽悠的主题，用经络的视角看赵本山和范伟装瘸的表演，人瘸了，需要拄拐，是因为经络不通所导致的身体状态。《卖拐》的深刻在于他揭示了人的精神世界和社会行为的缺失，导致了市场经济中瘸腿残疾，而现实中人的经络一旦不通，导致瘸腿残疾，轻者拄拐是必然的选择，重者半身不遂，那就得选择《卖拐》的续集——卖轮椅了。如此，它从一个相反的方向，展示了经络通感的重要性。

前面我们说到有关经络的三大假说：神经论认为循经感传是神经元之间兴奋传递的结果；体液论认为中医经络中的气血指人体中的各种体液，经络是体液运行的通道，体液运动刺激神经产生循经感传；能量论认为经络是某种物理能量与信息的传输渠道。人们已知，从脑到神经源的整个系统，其功能是全天候的感知信息、传输资讯、思考运算、记忆内存、判断决策、指挥命令、检讨回馈等。按照第一种假说的思路，经络是与神经系统构成嵌入关系、相辅相成、并行不悖的复调系统，犹如铁路，两条铁轨之间有枕木相连，传递和分担应力，共同承载指挥生命列车的运行。那么经络的通畅与神经系统的通畅不仅是同构同质的，而且灵敏是这个同构同质的构质。按照体液论地说法，经络是体液运行的通道，体液运动刺激神经产生循经感传。这里有三个有关联地问题：经络是通道；通道内有体液运动；体液运动刺激神经。简言之，经络与神经构成了互为感知的关系，这与神经论同质同构，这个同构同质的构质是灵敏。按照能量论的认为，经络是某种物理能量与信息的传输渠道。把这个假说作一个语法分解，主语是经络，谓语是渠道，传输是状语，那么这个渠道传输什么呢？是传输能量与信息。传输，传要灵敏，输要快捷，灵敏是快捷的前提与状态。

由此，三大假说得出经络的通感是灵敏。

按照中医传统地说法，“夫十二经脉者，内属于腑脏，外络于肢节”，“经脉者，所以行血气而营阴阳，濡筋骨，利关节者也。”，“夫邪客于形也，必先舍于皮毛，留而不去，人舍于孙脉，留而不去，人舍于络脉，留而不去，人舍于经脉，内连五脏，散于肠胃”，经络有三大作用：联系脏腑，运行气血，抗御病邪。打个比喻，经络之于身体和生命，很像我们头顶上的长波、中波、短波等电波。这些电波之于国家、社会和个人有如经络联系脏腑，运行气血，抗御病邪，可谓国之经络。国之经络还决定着国家媒体的传播，六大媒体即报纸、杂志、广播、电视、网络、手机，无论信息的采集，还是信息的传播，特别是广播、电视、网络、手机，国之经络系于一身，有如人体的气血运行，时刻不停，报道准确、传播快速甚至零距离，灵敏是其核心竞争力。国之经络，系于民生，纾难解困，灵敏有效，最直接、最简单的就是人人手持手机，家家通广播电视，电话早已入户，上网人数与日俱增，有了这个资讯的网络，每个人，每个家的信息接收、拥有、沟通和交流都是相当的充分，无论是火警、匪警、急救，还是购物、推销和征集，大都可以通过这个国之网络进行，其作用有如抗御病邪。身体有如国体，五脏六腑等各个器官，全身肌体的运行状态及其与外界构成的关系，都时刻反映在经络上，通则不痛，痛则不通。不通，痛时，经络则从预警到报警，进而要求手到病除。

从经络作用上总结，其通感以灵敏概括，可谓精准。

伍 通则不痛

便通通轻松　血通通力竞

络通通灵敏　三通则不痛

生命在于动，“三动”在于行，健康是根本，品质写人生。

伍 通则不痛

1. 通则

> 通则涵百法，遵从必须之，
> 若有犯行去，报应已指时。

几年前，电视上有一则药品的广告，广告语是“通则不痛，痛则不通”。该广告，两句话上下对应，像是一副小联，短短八个字，把人身体运行的状态正常与不正常说得清清楚楚。痛是因为不通，来买我的药，吃了保你通，通了，你就不痛了。很快，这句广告词便成了流行语，借以讽刺某些领域的弊端，源于不通。人的身体亦如此。

在“通则不痛”这句短语里，“通”是身体正常健康的状态，“则”当“就”讲，“不痛”就是不难受。有趣的是，把这句短语中的“通则”单独拿出来，它又具有了另外的含义，通则是适合于一般情况的规章或法则。举凡出门开车上路，每个人大概都有堵车的感受，有时堵的心急火燎，以笔者所在的北京为例，奥运会之后，沿袭了每周一个尾号不准上街一天的通则，路上好多了，除去高峰期，主要道路基本畅通。由此我们想到，什么事都是有通则的，这个通则制定得好，执行得好，落实得好，国体“通则不痛”，政体“通则不痛”，经体“通则不痛”，社体“通则不痛”，人体通则不痛。否则，则是痛则不通。

国体人体都有一体，是体就有通则。人体是一个复杂的生命系统，它有三大通则：呼吸、喝水、吃饭；劳动、活动、运动；休息、娱乐、睡觉。人体保障了这三大通则的实施，人体的三通就有了基本的保证，痛则不通可以规避，通则不痛成为现实。

人的最基本的三大需求与人体的三通密切相关。人体通与不通、痛与不痛与生命关系重大，事关生命强弱长短，自古至今，深究、考究、研究者的探索从未间断过。人体是一个复杂的生命系统，有如另外一个宇宙。人类医学科学发展到今天已经相当进步，尽管已经绘制了DNA的图谱，甚至可以克隆生命，但对于自身的了解也还不超过10%。人在生存的过程中要健康，要养生，要延长生命，企盼长生不老，古有炼丹，今有养品，仔细琢磨，在时间与实践中都已经被证明，皆可谓歧途。粗茶淡饭，勤勉节俭，气定神闲，道法自然，配置好人生的三大需求实现人体三通的常态才是正道。

2. 则一

> **粗茶淡饭净，勤勉节俭行，**
> **气定运神闲，道法出自然。**

常言道，人有三求：空气、水和食物（有人说还应该加上阳光）缺一不可。空气污染现在人人皆知，特别是城里人，要想呼吸一口新鲜的空气那可是难上加难，不到几十里外的郊野，很难享受到。于是乡村、山寨纷纷打出“氧吧”的广告，招揽生意。新鲜的空气今天已经成为稀缺的资源。想想，我们特别是城市居民，整天呼吸污染的空气和其中的浮尘，血液受到的影响可想而知，病祸无端而生，特别是血液病直线上升，血净、血通已经成为了都市人一种奢侈的企盼。大气的污染，形成地球的温室效应，地球三极南极、北极和喜马拉雅山冰盖的融化，正在影响全球气候变化，人类正在面临自身疯狂享受带来的空前灾难。以通为题，如果真的有一天，大气环流不通喽，或是私通、乱通，地球是否将变成一个疯狂的星球，继而变成与火星一样寂寥的死球呢？！地球一旦真的疯狂起来，人类的疯狂就消失了；地球死球了，人也就死球了。今天，地球上水的污染比空气的污染更为严重。我国是世界最缺水的国家之一，淡水的人均拥有量远远低于世界平均水平。然而，从北向南，黑龙江、黄河、淮河、长江、珠江五大水系和无数的湖泊湿地，尽管多数没有被严重污染，但各种大小工业废水的排放，迟早会让大自然难负其重。相信每个人都会有一些真确的感受和无奈，儿时村边清澈见底的小溪和溪水里游动的鱼儿逐渐减少了，代之而来浑浊恶臭的污水和穷凶极恶的蚊蝇，还有天上不时飘下的酸雨。我有一位同事，当年他从老家考到北京，毕业后留在京城，他每每讲到故乡，眉宇间就充满由衷的自豪，前两年暑假，他带着孩子回故乡，回来后请我去他家做客，结果让我吃了一惊。他原来的那种自豪一扫而空，代之以无限的惆怅。当天喝了点他从故乡带回来的苞谷酒，酒过三巡，他居然哭了起来，先说这苞谷酒味道不对了，不是当年他离开故乡时的味道了，然后借着酒劲，说他没有了故乡。诧异间，我问他怎么回事，他说，他们村子开办了一个造纸厂，就是我们用的手纸，结果是，山上的竹林被砍伐光了，原来一个个美丽的山包变成了和尚的脑袋，水土流失后石漠化的情况非常严重，村边的小河被污染了，鱼虾没有了，污水灌溉的稻谷有了毒，村民们得了一种奇怪的病，浑身痒痒的不成，而且有的人还有近似舞蹈症的症状。想想一个村子的人，整天挠痒痒，还有一半的人没完没了的跳舞，你说这样的景象多么的可怕。这是一个真实的故事，不是耸人听闻，如今，喝口干净的水，乡下人比城里人困难。于是乡下人就打井，浅层的地下水不够用，抽干了，被污染了，于是就打深井，老百姓殊不知200米以下的地下水是不能再生的“太空水”，抽干了就再也没有了！这里我引一首《南水北调》的歌词：北国旱，旱中原，地开裂，青苗蔫，一碗碗苦涩一心心企盼，抗旱的农家望破了天，地打穿，井水干，未曾想，地塌陷，那一年中原闹大旱，黄河水断流226天，母亲呀，黄河，您千万不能，您不能千万，千万千万……黄河水流不能断。党中央，国务院，当家人，更不安，一次次开会一回回盘算，找到了办法定下来干，调南水，到北面，搞论证，作预算。这一年工程已开战，搭桥手术润泽了中原，华夏呀，母亲，我千呼万唤，我万唤千呼，千呼万唤……神州大地画一川。这一川，是大地的搭桥手术，从大自然，大时程和大历史的高度看，南水北调也只是权宜之计。去年，我去某地出差，家人再三叮嘱，回来的时候带一些大米。当地的大米非常好。结果，我一斤都没有带。家人一个劲地埋怨，没办法，我说了实话。我去的地方名声在外，是产大米的。可我看到，灌溉水稻的水都是被污染过的，我看见这样的情景，哪里还敢买。家里人反驳我，你以为超市里买的就没有被污染吗？我只好回答，眼不见为净！眼不见为净——在庞大的超市里，琳琅满目包装精美的蔬菜、肉品、糕点、食品、饮品等等，你看见它的生长环境、生产环节和流通过程吗？光看金玉其表是看不出败絮其中的。疯牛病、禽流感、猪流感、鱼重金等等的报复，是人类贪婪疯狂所致，而三鹿所代表的人为的三氯——市场经济的下三路，不仅已经动摇了国家食品安全，而且让消费者产生了“怕井绳”的心理效应，进而沉淀为一种民族文化劣根性的潜意识。人体如果不能“三通”，生命就要受到威胁，一个民族的文化精神如果不能“三通”，受到威胁的就是人民的生存权和发展权啦！

气不净，水不净，食不净，粗茶淡饭从大环境上说，已经不复存在！从小环境上说，那是一个人生活态度的选择，前面我们都大致讲过，吃喝当前对人的三通威胁最大，怎么选择，就像看电视，遥控器在你的手上，选那种方式是每个人的自由。但在通往必由之路上的生命状态却有很大的不同，同样60岁，有的人是刚刚开始，有的人却已弱不禁风；同样是70岁，有的人身体健康，尽享郊野风情、琴棋书画，有的人却已日薄西山，卧床难动；同样是80岁，有的人鹤发童颜，尽享儿孙绕膝的天伦之乐，有的人却已撒手人寰，命归西天。怎么选，由您定。

3. 则二

生命在于动，“三动”在于行，
健康是根本，品质写人生。

人的一生有“三动”：劳动、活动、运动。人是高级动物，人比动物高级在他与动物在“动”上的差别——人的动，都是有意识、有思想、有企图、有理想、有目标、有抱负……的。劳动是人的本能，无论谁都无法不劳动，体力劳动或脑力劳动。本文这里不去讲述诠释劳动改造世界，劳动创造世界的大道理，而是要从实际出发，讲讲劳动与身心健康的关系。年轻的时候，我住一个大院的17号楼，16号楼里住着一位老红军。老红军在鼓励生育争当“英雄母亲”的年代生了七个孩子，四男三女。他让我印象最深的是，每到星期日，9点钟准时开始，把七个孩子都叫到楼下来，拔草、扫地、擦楼梯，打扫家属楼前面的院子。很快，邻近楼里的孩子也都跟着出来，参加进这项每周一次的义务劳动。后来发生了“文化大革命”，两个楼里的大人、老人们分成两派，但几乎没有没挨过整的。“文化大革命”结束，接着就是拨乱反正，改革开放，住在这两个楼里的人有的搬走了，有的人搬进来。现在那些老楼都拆了，盖起了漂亮的公寓，院子里有了花坛草地，里面住的人换了一代又一代。有一回在八一湖偶然遇到一位当年同楼的邻居，他还住在那里，说起早时的记忆，他感慨地说，大概是从“文革”结束，再也没有人下来打扫卫生了，现在有物业管理，院子楼道不干净，业主提意见，提意见不管用，有的业主就用不交物业费来挟持。说到这里，我们两位年轻的老人都有些感慨和惆怅，那天在公园里坐了很久。我问他，是不是经常来公园锻炼？他的回答让我很是震撼、记忆犹新——他告诉我，退休之后，孩子都不在身边，有一天夜里做梦，居然梦见了当年那位老红军，梦见了当年咱们楼前星期天的义务劳动，第二天醒来，我就鬼使神差的来了八一湖，来找寻那种久违的感觉，来公园里捡垃圾一举两得，又呼吸了新鲜空气，又锻炼了身体，咱这虽然比不上比尔盖茨和巴菲特拿出那么多钱来做公益事业，但这心里自觉感到很舒服。一个现代成熟的社会，公益不分多少，志工不分大小，有做就好。我讲这个故事，主要的目的不是拿过去比较现在义务劳动的事少了，批评今天的人们更注重金钱和价值交换的市场契约关系，我的目的是想讲作为一种特殊的劳动形式，义务劳动对于人的“三通”乃至身心健康有着特殊的作用，特别是中老年人。

现在的社会，变化很大，也很快，原来是组织类型单位制度的社会，党员是组织的，人是单位的，工作证介绍信是人的身份的证明，如今是社会化的管理，身份证才是身份的证明。这个变化的结果，别的不说，就说这义务劳动的事，组织的比原来少了，甚至都快绝迹了。这是进步还是退步我们不必管他，想管也管不了，但自己的事自己做主，如果您已经退休，也有时间，也有那份公益心，不妨试着自己创造一些义务劳动的机会和形式，相信不仅对您的便通、血通和络通都会有所帮助，而且还会让您的心灵像是被洗涤过一样，感到清亮、舒话。很多事都是有感而发，有关劳动的话题，因为有感，还要再说几句“题外话”。2009年的夏天不但来得早，而且来得猛，一进6月，北京创有史以来破纪录的高温天气。正值酷暑，一天我家旁边的一个建筑工地上出了一起事故，一名建筑工人中暑从脚手架上掉了下来，被急救车拉走。由此我想到，以前有关规定里似乎还有高温补助、高温保健等，如今楼盖的越来越高，好像劳保的待遇却越来越低，于是我到网上发表意见，一看网上，和我一样，要求改善工人工作条件的呼声不少，希望引起有关部门注意。人生而平等，改革到今天，执政为民嘛，应当让更多的人充分享受改革开放带来的丰硕成果，更重要的是，许多事情不能只停留在口头上、纸面上，实践是检验真理的唯一标准，我们的相关部门，早就应该用实践检验一下了，否则也许有一天，你想检验都没有机会了。

有一天，我出去办事搭出租车，与司机聊起了“份钱”高的事，司机的话让我长了很大的见识。他跟我说，您没有看见，现在开出租的，城里人很少了，大都是郊区的农民，正是“份钱”，才给我们创造了这个高收入的机会。我很是感慨，这里不讲“份钱”合理与否，是说同样一份工作，同样一份劳动，同样一份付出，同样一份收入，不同的人却有如此不同的态度。听了这话，不再言语，望着街道上拥堵的车龙和街道两旁花红柳绿的广告，心里有一种说不出的滋味，劳动创造的是怎样的一个世界，怎样的一个世界更尊重劳动呢？这个想法一直延续到晚上，晚上一条电视里的新闻更把我的想法给搅和乱了。新闻里讲，北京的一所大学发明了可以替代清洗高楼玻璃墙的机器人，要是往常，我会兴奋不已，可是这回，我怎么也兴奋不起来，我接着白天地问题在想，如果机器人代替了人工清洗高楼玻璃墙的“蜘蛛人”，那要顶替多少人的工作、劳动和生存的机会呀？那一夜，我在床上辗转反侧，久久不能入睡，一个问题苦恼着我，劳动创造了现代科技文明的世界，可为什么科技文明的现代社会有时候也不通人性地剥夺了一些人的权利呢？第二天早上，我的大便有点不畅，头有点晕，血压还算正常，于是赶紧去公园锻炼，社会的、大环境的、全人类的事情咱管不了，但自己的，小环境的，有关“内宇宙”的“三通”的事情非自己解决不可。在公园里带氧慢跑，浑身热络起来，倍感轻松，一轻松，又想到劳动，小时候，父母老师经常不断的叮咛教导，有时间多帮家里做些家务劳动，长大后没少参加义务劳动，北京的昆玉河就是义务劳动挖的，我参加了，现在老了，锻炼“三通”固然重要，但俯拾即做的公益也不可不做，想到这儿我立即俯身捡起了一个粘在地上的塑料袋，把它放进垃圾箱里，如此，我的心里立刻漂过一丝爽意。

4. 则三

> 人生很短暂，健康尤关键，
> “三息”调整好，益寿又延年。

2009年上半年，也许是因为时下经济社会发展了，楼高了，路宽了、车多了……可社会价值、社会道德却日渐削弱，于是引起网络上、电视上、平面媒体上有关简体字“爱（爱）”没有了“心”展开了一波接一波的讨论，就连国学大师季羡林都抱病参加了进来，发表意见。就我看来，如今的许多社会问题，并不是“爱”有没有“心”造成的，是什么造成的和怎么造成的一句话两句话说不清楚，并且也不是本文要说的事情，不过有一个问题留给那些讨论者，难道那些使用拼音文字的国家就没有爱了吗？我看，有的比我们做的好得多！比尔盖茨和巴菲特拿出巨资建立慈善基金会，救济穷人，就让中国的富人汗颜。笔者说起这场讨论，意思是想说“爱”是通过给予和接受来完成的。换言之，是通过活动来传递的。有一位西方的社会学家，名字我忘记了，他说过这样的一句话：人的一生是在仪式中度过的。想想是有些道理，拿我们中国人说，人刚出生要办满月、100天，上学、入队、入团、参军、入党、毕业、获奖、结婚、生子……都有仪式。仪式其实也是活动，人的社会属性是任何人都逃避不掉的，俗话说，人以群分物以类聚，从另一个侧面证明了这个道理。

活动是一个大的概念，包罗万象，我们不讲，我们要讲的是老年人退休之后，离开了工作岗位，离开了原来的公共关系，进入了一个跟原来不太一样的社会生活环境，有些人顿感寂寞，特别是那些曾经大小有过点权力的人，可能适应的时间还要更长一些。在北京，无论你进哪一所公园，老远就会听到合唱的歌声，这是喜欢唱歌的老年人自由组织的，广场旁边，插满各路教授太极拳的旗帜，很多中老年人，骑马蹲裆，气定神闲，摇手跨步，把人生推向无欲的太极；与太极相左，也有动感十足踢毽子的，几个人围成一圈，你踢过来，我踢过去，遇到机会，还要反踢出去，表演一下技巧，常常惹出一阵叫好或是欢笑。当然，也有些人愿意上老年大学，学学字画，下下围棋，这都不失为一种调剂生活的方式。用什么样的方式，参加什么样的活动，是每个人的自由，但如果您拒绝这种自由，您的精神也许会失去自由，甚至产生寂寞和疏离感。寂寞并不是平静，它恰恰是内心不平静的一种煎熬，严重者就会产生抑郁。严重的抑郁就是一种精神的疾病。以本人的实践证明，劳动特别是义务劳动是洗涤身心的圣水，交流是内心释放的方式，活动是打开郁闷的信道。当然运动，诸如跑步、游泳、爬山、骑自行车等等，更是调剂身心的有效途径。运动的好处人人知晓，这里不多说，要说的是，运动可以让人身体里产生一种酶，这种酶让人兴奋、轻松和心情愉快。

人生有“三息”：休息、娱乐、睡觉。俗话说，不会歇脚的人走不远，这和列宁说过的“不会休息的人就不会工作”是一个道理，讲的是工作与休息之间的辩证关系。一个人要想走远路，当然必须会休息，想一口气走到头的人，那他肯定也走不多远。这种交替关系是一种客观规律，人是不能违背的。只有科学地安排走一段，休息一段，才行。这里关键是科学的安排。不知道科学休息的人，有两种：一种是不休息，一种是不会休息。我来讲一个故事：一位爱美的女士买了双漂亮的鞋子，因为特别喜欢，几乎天天都穿。这双名牌皮鞋质量非常好，可是不到半年，鞋子就磨坏了。于是女士就拿去修理，她对鞋匠抱怨，还名牌呢，只穿了半年就坏了。鞋匠看了看皮鞋问，你是不是因为它既是名牌又漂亮，所以就天天穿啊？女士说，是啊！鞋匠于是笑了。女士问鞋匠，你笑什么？鞋匠说，难怪哦，由于你天天穿它，皮鞋没有得到适当的休息，所以就折寿喽。修鞋匠一边修，一边与女士聊天。他说，我过去在农村种田，种田人都知道轮种，不在同一块土地上年复一年种植同样的农作物，因为不让土地休息结果产量会越来越低。这是什么道理？很简单嘛，就是什么都得休息，就连钢筋铁骨也会疲劳的。同样是这个故事，我把它改一下：一位爱美的女士买了双漂亮的鞋子，因为特别喜欢，所以舍不得穿，放在鞋柜里。这双名牌皮鞋质量非常好，可是不到一年，鞋子就受潮变形了。于是女士就拿去修补，她对鞋匠抱怨，还说名牌呢，连穿都没有穿过就坏了。鞋匠看了看皮鞋问，你是不是因为它既是名牌又漂亮，就舍不得穿啊？女士说，是啊！鞋匠于是笑了。女士问鞋匠，你笑什么？鞋匠说，难怪哦，皮鞋是穿的，你却不穿它，总是让它休息，筋骨硬了，又受了潮，所以就折寿喽。修鞋匠一边修，一边与女士聊天。他说，我过去在农村种田，就犯过同样的错误，既然轮种是让土地休息，那我干脆就几年不种，让地彻底休息够了，结果地荒芜了。世间不管什么事，做的时候都得讲究个科学才是。修鞋匠的故事告诉了我们一个道理，休息和政策的制定是一个道理，过左过右、过激过缓、过热过冷、过紧过松都不行，适度才是硬道理。休息的方式很多，娱乐是休息的高级形式。生活是一条长河，而快乐是短暂的浪花，娱乐要素便是不断投入河流的巨石。娱乐有两种，一种是持币购买欣赏、自赏的消费性娱乐，比如去看各类演出、邀请亲朋好友卡拉OK一下等；另外一种，是没有消费性的自娱自乐，如公园里下下棋、唱唱歌、唱唱戏等。人类学家胡安·津加“人乃玩家”的观点今天得到证实。“游戏……是一项意义重大的活动，它超越了本能的需求，它赋予行动以生存之外的意义。所有的游戏都有它的意义。”人类生存正是一个不断寻求意义的过程，而娱乐，从某种意义上说，则是这个终极意义的归宿。从这个角度来说，娱乐没有传统，娱乐是一个求新求变的动态过程，是与守旧针锋相对的新势力。我们常常看到，在公园甚至街头，很多老年男女穿着花红柳绿的服装，脸上浓妆粉黛，在锣鼓的节奏中，做出挑逗性感的动作，跳起东北大秧歌；有的在公园里，自带音响，衣着考究的男女，在复杂的节奏里相拥相抱着旋转动作，跳起国标或阿根廷的探戈。有趣的是，阿根廷探戈忧伤的文化底蕴，在这里变成了娱乐的成分。这些并非所有人都能正面看待的娱乐现象，背后包裹着一种思想，汇集在一起是一种思潮，要求变革，不要保守，要求创新，不要陈规，要求发现，不要提供，这是现实生活中一个改变传统观念的过程。“娱乐性”体现着人的创造性和想象力，随时求新求变才能保持活力。保持活力是中老年人的紧迫需要，活力的减弱和丧失是身体和思想衰老的前兆。

睡眠是保持活力的基础，其质量不可忽视。然而，睡眠很少得到人们的重视，特别是年轻人。最近我的小孩在网上看到过一则消息，像是喜讯一样，立即向我发来电子邮件。信中他告诉我说，美国的科学家发明和制造出了一种药品，可以减少人的睡眠而不影响人的身体健康，并且认为，这项发明可以角逐诺贝尔医学奖。对于这种药物，我持坚决的否定态度，因为它违反了生命生理的基本法则，这等于教你自杀。于是我也给他回了电子邮件，信中我告诉他，你说的这种药物，让我想起年轻时的一位同学，他叫吴成功。在一次聚会上，他突发奇论，说睡觉浪费时间，人的一生有一半至少是三分之一的时间是在床上睡觉度过的，于是他宣布，他要拒绝睡觉，最大限度地减少睡眠时间。我们当时有几个同学跟他辩论，说你看看“睡眠”这个词，“睡”是目垂，讲的是睡觉的形态，“眠”是目民，民乃大众，目垂之睡之眠是人人都必须要的，没有例外。他听不进去，结果没有几年，就得了神经官能症，想睡都睡不着了，身体很快垮了。人的身体跨了，吃嘛嘛不香，想嘛嘛不通，说嘛嘛不顺、干嘛嘛不行……等于是废了。再后来，听说他开车过秦岭要到汉中去考察诸葛亮军需后勤的木牛流马，结果在公路上恍惚间坠下山崖，不幸西去。提起这段往事，说道吴成功的怪癖，好在他的不睡觉，不是在网吧、舞厅或麻将桌上度过的，而是“垂梁悬刺”的爆酷阅读武侠小说，意欲撰写一部新的武侠小说史。其实就大多数人来说，没有谁不清楚睡觉是每个人最为重要的休息形式，睡眠不仅仅能恢复体力和脑力，消除疲劳，完成自身修复，更重要的还在于它能保持人体的免疫能力，使人体自身能抵御疾病的侵扰。美国科学家研究发现，缺少睡眠将影响人体的免疫能力，从而使人更容易生病。研究结果表明，一个人如果减少四小时的睡眠，在第二天，他身体内部抵御外来细菌侵袭的免疫细胞的活动将大大减弱。研究人员对23名健康男子进行了试验，结果表明，这些人因清晨3时至7时没有睡眠，白天免疫细胞的活动能力减弱了28%。这些志愿人员的体内免疫力经过一次充足的睡眠之后得到了恢复。上述情况对于患有失眠症、旅行者和经常参加通宵活动的人来说，应该有所提示。那些因慢性疾病或其他原因引起的体内免疫力下降的人，如果再缺少睡眠，其免疫力将受到更大的损害。因此，确保夜间的良好睡眠，对他们显得尤为重要。香港大学的研究人员最近发现，不适当的睡眠可能会导致胃溃疡，甚至癌症。他们对两组老鼠进行了实验，其中一组老鼠在连续7天的鼓声中度日，科研人员对它们不断地击鼓，使它们每天只能有一小时的睡眠，结果研究人员在这组老鼠的胃壁上发现了肿瘤基因。英国一项研究显示，不良的睡眠习惯可能导致感冒、抑郁症、糖尿病、肥胖、中风、心脏病和癌症。此外，经常缺乏睡眠还会诱发精神错乱。睡眠专家一致认为，“极昼社会”、夜班、电视、网络甚至旅游使人们睡得越来越少。许多成年人还因健康原因，如睡眠时呼吸暂停造成睡眠质量不高，进而导致睡眠不足。不管睡眠不足的原因是什么，但结果都是一样：白天昏昏欲睡，思路不清晰，不能明确表达自己的意思，精神无法集中，动作无法协调。人们通常认为这种影响只是暂时的，好好睡上一觉后就会恢复正常。但是，越来越多的证据表明，睡眠不足的影响会累加起来，最终严重危害健康。当然，导致睡眠质量也有社会性的因素，俗话说，吃得饱，睡得着，一饱两倒；好吃不过饺子，幸福不如倒着。倒着就是躺着睡觉。我想有两重意思，一重是吃得饱，才睡得香；另外一重是潜台词，吃不饱，睡不着。吃得饱吃不饱都有社会性，如今提倡的“和谐社会”的“和”，是“口”与“禾”的组合，意思就是有饭吃，社会才能和谐。社会和谐老百姓才能睡得好、睡得香。目前，中国社会转型，贫富差距逐渐拉大，尤其是某些富者的来路多有原罪，且为富不仁，由此我想到，总是你吃饺子我喝汤不行，喝汤就是躺着也不幸福，更是睡不着。意大利经济学家帕累托的改进很重要，在一定的条件下，一部分人的收入提高，不能让另一部分人的收入减少。邓小平设计的让一部分人先富起来是有潜台词的，那就是先富起来的一部分人要有责有任，让另一部分人也尽快富起来才是，而不是让基尼系数居高不下，总是呈现出“比基尼”的警讯。如此，中国才能从中央到地方，从社会到民间都能有一个很好的健康的睡眠。

5. 不痛

痛是甬生病，通是甬在行，
但求通通通，三通解危情。

通则不痛是什么感觉？是轻松、是愉快、是幸福、是解脱……这些词都可以用来表述“不痛”，但严格地说，又都不够准确。从某种意义上说，“不痛”是不通堵了之后“痛”的感觉的比较。所以说，只有痛过的人，才知道不痛的感觉。在这段短短的绕脖子的论述里，出现了一个有趣的现象，“通”的反义词是“堵”，“痛”是没有反义词的，至少我没有找到，所以它的反义词只能用否定式的“不痛”来表示。而依此类推，“不”的反义词是“是”，但“不不”并没有“是”的意思。也许有朋友不太同意我的这个说法，那没有关系，您可以查查、想想，把它当做一个题目，练练脑子也好。

为什么“痛”没有反义词呢？

“痛”在《现代汉语词典》的注释：疾病创伤引起的难受的感觉；悲伤；尽情地。这里我们把第一注释解构发现，“痛”是“难受的感觉”，甚至可以再细解为一种“感觉”。“感觉”是客观事物的个别特性、特型、特质等在人脑中引起的反应。如苹果作用于我们的感官时，通过视觉可以感到它的颜色，通过嗅觉和味觉可以感到它的味道。感觉是最简单的心理过程，是形成各种复杂心理的基础。由此可见，感觉是抽象、无形、无度的，因此感觉没有反义词，它的反义词是“没感觉”。“痛”是“难受的感觉”，其实难受的感觉有很多种，统称为“痛”。痛是感觉的范畴，没有相对应的反义词，“不痛”和“没感觉”同理。

从“痛”到“不痛”的反义，我想到了“痛快”这个词，并有不解之处。“痛快”《现代汉语词典》注释：舒适、高兴；尽兴；爽快、直率。看了《现代汉语词典》的解释，“痛快”可以说是“不痛”的近义词，那也就是“痛”的反义，如是这里就出了一个有趣的现象：“不痛”用“不”否定“痛”，那“痛快”中的“快”是形容“痛”得“快”呢？还是“痛”的“快”过去了？当然，还有央视主持人白言松的那本书名《痛并快乐着》的解释。无论如何，舒适、高兴的感觉我们的祖先为什么用“痛快”来表示，我还是不大明白。

三通很容易让人想到海峡两岸的三通，让人联想到“南水北调”，东线、中线、西线的贯通，想到经济社会的政通、市通和融通。如此，我又想到“沟通”这个词，“通”是要有“沟渠”、“渠道”、“管道”的，俗话说，沟通沟通，不勾不通，一勾就通。看看“巫”字，上面一横是“天”，底下一横是“地”，竖着的一道是“通”，两边是“人”，能通天的“人”是“巫”。“巫”是上古的一种官职。再看看“王”，三横可谓代表“天地人”，可以通天、通地和通人的人，才可以作王。我想如果今天你是作领导的人，要特别的注意，本来是有沟、有渠、有管，理论上是通的，但是日久天长，这沟、渠、管就会因为人为和非人为的原因被堵塞，如果没有勾的意识，或根本就不想勾，那早晚你的企业是要破裂决堤泛滥成灾的，人的身体亦如此。三通对人的身体非常重要。

所以我们一定要明白一个道理：痛是甬生病，通是甬在行，虔求通通通，三通解危情。

陆 净静竞

净是排杂念　静是动平衡

竞是鸣博弈　净静竞养生

无竞不能生，竞生命中定，

大竞是包容，包容竞双赢。

陆 净静竞

1. 释净

> **净乃无暇玉，大爱示母性，**
> **黑白纯为净，静竞更高清。**

“净”是两点水和争的组合，水争求净。

净是一张白纸，净是一片相知，净是一种给予，净是一笔大智。

汉代的蔡伦发明了造纸，流传至今，仍有手工制作宣纸依旧沿袭古法，洁白无瑕，光泽柔润。有一次我到安徽讲课，从宣纸的白净和徽墨的纯黑，引论创意的博弈。黑可以创意出传说中的神化人物“墨娃”；白可以创意出传说中的神化人物“宣娘”。墨娃与宣娘之间的恋情是双方博弈的结晶，宣娘的身上留下了墨娃的深刻印迹——中国的字画由此而勃兴。墨娃与宣娘合力赶走了扰乱乡民的魔怪，经过百般的曲折与磨难，盖起了白墙黑瓦的房舍，终成眷属——婚礼上著名的乡绅巨贾挥笔写下了“安徽”二字。“安”是家中有女人才安稳、平安；“徽”是山水人文的组合，“安徽”之名和文化符号由此而来（历史上安徽来自安庆和徽州的组合）。后来的安徽人，为了缅怀墨娃与宣娘，把这种黑白的博弈，变成了一种白墙黑瓦的建筑文化，永远的保留下来，告诫今人后世，博弈是立命之本。白是白净，黑是墨纯，白不容漂，黑不拒黛，白与黑相对，但其本质都是净。黑是在白中得到充分体现的，相反白没有黑则不能体现自身的净，黑白相镜，盛衰相融，对立统一，阴阳永恒，博弈的最高境界，乃兼容双赢。

从博弈，我想到毛泽东有关贫穷的一段论述，“一张白纸，没有负担，好写最新最美的文字，好画最新最美的图画。”毛泽东的博弈把经济基础的薄弱，豪迈的比做一张白纸，而且还是洁净得没有负担的比喻，充满着东方的智慧和哲学的浪漫——穷则思变。

以“穷则思变”的理论，再回头思考“净”，其实世间没有绝对的“净”，“净”是相对于“污”而存在，如同“清”的反义是“浊”。常常人们把一汪清水比喻为净，但“净”变得越发绝对的时候，则就是“水至清则无鱼，人至察则无徒。”、“天至蓝则无雨，国至察则无民。”有时，“难得糊涂”是另外一种“相知”的“大智”，这才是当代适者心理精神追求的最高“净”界。

“难得糊涂”有些消极，人消极了也不行，那是更为深刻的“浊”。于是我在本节篇首写第三句时开始写的是“净是一种无私”，想想无私的人是没有的，这涉及一个最为基本的哲学概念：人之初性本善，还是性本恶的问题。于是就改成了“净是一种奉献”，想想“奉”是下级对上级和长辈的敬送、交付或呈献，奉献者心中一定不会干净，而有所企图，所以人们在提到奉献的时候，总要加上“无私”一词。“无私”印证了“奉献”的“有偿”性，于是我最后选择了“给予”。

世界最伟大的给予是母亲的爱，母亲的爱是最纯净的。人心之净，给予垂成，给予应该成为我们社会的核心价值追求，如此我们的社会才可能有静宜的安稳，才会有竞争力的蓄势。

2. 释静

> **静是无声界，静是无欲刚，**
> **心静自然凉，有容镇中堂。**

“静”字是“青”与“争”的组合。青出于蓝而胜于蓝，一路而争，高远者青天，通透者广宁。青天广宁，乃是从自然物理之静通达社会人文之静的诠释。树欲静而风不止，情欲了而心还痛——静乃制动，动极至静，静孕风情，情乃心青，此“静”界也。

静是一种无声，静是一种安宁，静是一种休止，静是一种心境。

“静”是安定不动，与“动”相对，是没有声响，是一种无声。声音是物体的振动，从理论上说，从地球到宇宙，动是永恒的，因此声音也是永恒的。有的声音人听不到，可是动物可以听到，仪器可以听到，这种声音可谓“超声”。从这个意义上说，声音也可以说是永恒存在的，“静”是声音存在中相对“无声”的状态。比如买房子，不要买临街的、靠铁路的、靠机场的等等，如果有条件，要买复式的或买顶层的，这样都可避免环境带来的噪音，求得有限的相对的安静。

静是一种无声，但“无声”一旦被注入社会化的意识形态，立刻就显现出哲学的意味。在我们民族的历史叙事中，反抗的话语总把“无声”强调为强烈的有声，比如“无声的抗议”，“无声胜有声”，“于无声处听惊雷”等。百家争鸣，多元互聆，取长补短，和声共赢，这才是一个社会有关“声音”的健康的状态。如果一个社会只有一种声音，而且不厌其烦，那么这个社会就会“静”得无声，实际上“地火在运行”。这种“静”，通常是“无声的抗议”，这种抗议“无声胜有声”，反抗的力量在积聚，最终预示着某种反抗的爆发，那便是“于无声处听惊雷”的真实写照。

静是一种休止。“休”是“人”像“木”一样的状态，“止”是“正”去掉上面代表天的“一”横，“正”是“地”通“天”的平衡，天塌了，即要停“止”。地籁、人籁和天籁构成了中国宗教音乐的全部，可谓“正乐”，由此，可以更为真切的了解休止的含意。休止最典型的应用是在音乐的叙事中出现的。强烈的交响戛然而止，短暂的休止。休止是强烈交响的总结留白，是呼吸，是思考，是无声的宣言，是无字之碑，是又一次开始的预示——无声胜有声。悠长舒缓的旋律渐渐弱去，犹如视镜由近及远，裹带着心中淡淡的忧伤，慢慢地模糊在极目的一抹淡绿和袅袅的烟霾里，让惆怅得到无边的慰藉——那里的森林静悄悄，休止不仅是忧伤和惆怅的病房，而且是生命再次开始的“三米板”。在进行曲中，也常常出现短促的休止，这是强化节奏和凝聚力量的策略。我们前面讲到，人的一生有“三息”，休息、娱乐和睡眠都可以说是生命过程中的休止。很多人在一起特别是有组织性的部队在经历了一场战役和和平时期非战争的救灾，完成之后都要修整。修整是集体的休止。由此可见，休止求静，静宜欲动，动静太极，竞在其中。

静是一种安宁。安宁是秩序正常，没有骚乱，是心情安定和宁静。如此，“静”被人文化、社会化和政治化了。“家”字的宝盖象形房子，房中有“豕（猪）”是“家”，这代表母系氏族社会女人把男人打猎回来的野猪驯养成了家猪。如是，家的上古概念是要有吃的，民以食为天嘛。由此，房子中有女人才“安”，有“丁”才“宁”，（繁体的寧宝盖下由心皿丁组合，丁举着装满真心的器皿祈求祭祀）“安宁”之“安全”、“安定”、“安国”好“安邦”与“宁静”、“宁日”、“宁帖”与“宁靖”最终有赖于秩序——社会秩序、心理秩序的正常。社会与人同理，通则静，静则宁，宁则安，安则荣。

乡间的晌午，太阳特别大，天像是涂了油的纸，透透的，蓝蓝的，老屋前的场院里堆满了夏收刚过的麦秸秆，旁边菜地里的蔬菜和屋前树木的阔叶在阳光里蔫得耷拉着脸，老牛卧在树阴下满嘴都是白沫的一个劲儿地倒嚼，人在午睡，只有蝉鸣一阵胜似一阵……然而，画面的意境却是乡间晌午的恬静。由此可见，静是在有声的比较下成立的。于是我们可以作这样横纵的推理，人的心境要“静”，纵向的来自“净”，横向来自“动”与“声”的比较。太阳大而青为静，牛倾卧而嘴不停，人午息而为劳动，蝉长鸣而境无声，这大概就是“静”与“动”对立统一、博弈双成的辩证关系。

静是一种心境。人的心境受喜怒哀乐的因素影响而形成、而变化。人的喜怒哀乐是外在的、社会的、人文的矛盾、斗争、冲突与理解、和解、和谐所导致的心理反应。

在物欲横流的商业社会，“人为财死、鸟为食亡”的闹剧、火爆剧、黑色幽默剧却皆为悲剧结局的事件像雨后春笋般地出现在不同的国家。它证明了一个有关“静”之“心境”的大道理，名利之欲，可肆可似，无欲之心，则静则刚。“静”之“心境”，无欲而无畏也。

有容乃大，无欲则刚，这是“静”之“心境”的来龙去脉，也是“静”之“心境”的哲学本源。

3. 释竞

> 无竞不能生，竞生命中定，
> 大竞是包容，包容竞双赢。

“竞”是“兄”与“立”的组合，“兄”三十而“立”须“竞”。竞是一种本能，竞是一种拼搏，竞是一种博弈，竞是一种包容。

俗话说，男人三十而立，“兄”在三十年的时间里为了“成家立业”，是要不断竞争的。由此可见，“竞”字带有鲜明的男权文化特征。其实今天的市场经济带给男人的压力也是非常大的，有时甚至是残酷的。原始积累阶段的市场，优胜劣汰，白刀子进去，红刀子出来，资本是血淋淋的，看看股市的红蓝曲线和众生万象，“竞”谈何容易。生命的本质就是“竞”，有人说，人的一生只有两天——出生那天和死亡那天，除此，只要你活着，你还有一口气，你便无法逃离人生的“竞”界。

竞是一种本能，竞是一种激情，竞是一种博弈，竞是一种包容。

竞是一种本能。人的生命是在父母激情的博弈中诞生的，无数的精子朝向卵子奔跑，竞争是你死我活。在娘胎的羊水里，生命要健康的发育，犹如生命在大海里竞争，十个月的时间考验生命的竞争力，“竞”是人之初的本能。《三字经》开篇，“人之初，性本善”的言论是错误的，另有反论，“人之初，性本恶、性本贪”等不正确，也不贴切，更为准确的是“人之初，性本竞”。比如说，一个母亲生了双胞胎，按照孟子地说法，两个人都面对吃奶的时候，哥哥一定谦让弟弟或强者谦让弱者，但实际的情况，一定是相反的。然而相反的结果，并不能说先吃的婴儿是“恶”的，准确的表述，应该说是“竞”。如此，人的“竞”性的本能是没有也不能用“善恶”的价值来判断的。“善恶”对人的“竞”性的判断是人在成长的过程中受到社会私欲的影响，“竞”性超出了“本能”的需求而“竞”，“竞”开始有了“善恶”的倾向。

人从出生到成人，身体的成长和智力的开发，“竞”性的本能占据着主导的地位，尽管拼搏的精神已经嵌入生活的各个方面，但无论是在旧式的私塾还是新式的学堂，实质的利益还是虚拟的利益？然而与这虚拟的利益相衔接，从古代科举，到今天的高考及毕业后的各种考试，应聘的工作、待遇、位置和地位变得非常实质起来，人生由此，特别是男人，拼搏的滋味会让你尝尽人生的甘苦与快乐。

竞是一种激情。激情的表现可以形容为拼搏。说拼搏，成人要安身立命，进而安家立业，如今的社会，竞争何其激烈，你只要想生存，不拼不行，不搏不可，此状可谓惨烈也。前一阵子我的研究所评级别，教授分为四级，其中二级一档，僧多肉少，互相拼搏的激情表现出中国当代知识分子的神勇，让人沉思之余，感到当下某些价值体系竞而无则，竞而无序。

笔者曾与一家出版社联系，要出一本书，洽谈的一位编辑是位男士，中文系硕士毕业，今年已经32岁。闲谈之中，我问他成家了吗？他回答我还在安身立命阶段。我问他，你有稳定的工作和稳定的收入，早该安家立业，想必你的父母早想抱孙子了。

他告诉我，现在的出版社已经和过去的出版社有着本质的不同，过去出版社是事业单位，人一进去就是铁饭碗，只要你做好本职的工作，论资排辈，面包总是会有的，可以说是安身立命了；现在的出版社是企业单位，员工是签了合同的，绩效考核时主任、社长要是说你不行，你就得卷铺盖卷走人。事业变企业，铁饭碗变成了瓷饭碗，过去端着饭碗是等着吃饭，现在端着饭碗是出去“要饭”，利润排在第一，编辑不但要发现好的书稿，更重要的是书出版后发行量要上的去，要赚钱才行。“安身”就是要有住处，“立命”就是要有稳定的职业。编辑告诉我，他现在刚刚买了一个90多平方米的房子，背了20年的贷款，每月要连本带利还3000多元，表面上安身了，但实际上预支了未来的时间成本，“立命”的事有了，但理论上是相当的不稳定，现在这个年纪，还得要拼搏呀！后来大家熟悉了，我知道他是有女朋友的，并且两个人同居了很长时间了，就是不结婚。再后来，他从出版社辞职，自己成立了工作室，出了几本赚钱的书，他和同居的女友也领了结婚证。再再后来，他的工作室出了一本书《竞性拼搏——从安身立命到安家立业》，主要写的就是自己竞性拼搏的历程，发行很是不错。

从上面的例子可以看出，人之初的竞性不断的发展成长，到了成年，竞性成熟为拼搏。今天在全球化、信息化和市场化环境下，一个人，一个企业，一个组织，甚至一个国家，不拼搏，就没有安身立命之地，就谈不上安家立业，更没有未来。

竞是一种博弈。古语有云，人生如戏，世事如棋。生活里的每个人，仔细想想就如同一位棋手，你我他，是大家，其中每一个人的行为，就如同在一张看不见的棋盘上布下的一个棋子，对手们相互揣摩、相互牵制，人人争赢。由此可见，世间的事无论大小，皆如棋局，对弈相搏，游戏零和。博弈，乃智慧、策略和思想的过招。设若“一盘没有下完的棋”，对弈的双方实力相当，其理性和技艺都能精确地记得自己和对手的每一步棋都是最“理性”的，甲出子的时候，为了赢棋，得仔细考虑乙的想法，而乙出子时也得考虑甲的想法，所以甲还得想到乙在想他的想法，乙当然也知道甲想到了他在想甲的想法……事实上，这种博弈的过程，普遍存在于古老的棋牌游戏里，古老的博弈的思想最终酿成现代的博弈论正是由此衍生。研究棋手或对手们“出棋”、“出招”，换句话说，就是研究人如何在错综复杂的相互影响的对弈中得出最合理的策略，这种博弈论的思想中国古已有之，我国古代的《孙子兵法》不仅是一部军事著作，而且可以说是最早的一部博弈论专著。博弈上升到论，不能不从一位匈牙利人说起，1928年匈牙利大数学家冯·诺依曼证明了博弈论的基本原理，从而宣告了博弈论的正式诞生。1944年他与经济学家奥斯卡·摩根斯特恩合作出版的巨著《博弈论与经济行为》，标志着现代系统博弈理论的初步形成。对于非合作、纯竞争型博弈，诺伊曼所解决的只有二人零和博弈——好比两个人下棋，或是打乒乓球，一个人赢一招儿，则另一个人必输一招儿，净获利为零。博弈的每一方都假设对方的所有攻略的根本目的是使自己最大限度地失利，并据此最优化自己的对策，诺伊曼从数学上证明，通过一定的线性运算，对于每一个二人零和博弈，都能够找到一个“最小最大解”。通过一定的线性运算，竞争双方以概率分布的形式随机使用某套最优策略中的各个步骤，就可以最终达到彼此盈利最大且相当。当然，其隐含的意义在于，这套最优策略并不依赖于对手在博弈中的操作。用通俗的话说，这个著名的最小最大定理所体现的基本“理性”思想是“抱最好的希望，做最坏的打算”。谈到博弈论就不能忽略博弈论天才纳什，纳什的开创性论文《n人博弈的均衡点》（1950），《非合作博弈》（1951）等等，给出了纳什均衡的概念和均衡存在定理。此外，塞尔顿、哈桑尼的研究也对博弈论发展起到推动作用。今天博弈论已发展成一门较完善的学科。2005年RobertAumann教授因研究互动决策的理论对博弈论的贡献而获得诺贝尔经济学奖。所谓互动决策，即各行动方（即局中人[player]）的决策是相互影响的，每个人在决策的时候必须将他人的决策纳入自己的决策考虑之中，当然也需要把别人对于自己的考虑也纳入考虑之中……在如此迭代考虑情形进行决策，选择最有利于自己的战略(strategy)。我的有关“竞是一种博弈”的话题似乎有点远且玄乎，其实不然，诺贝尔经济学奖获得者包罗·萨缪尔逊说：要想在现代社会做个有价值的人,你就必须对博弈论有个大致的了解。也可以这样说,要想赢得生意,不可不学博弈论;要想赢得生活,同样不可不学博弈论。实际上，博弈论在我们的工作和生活中无处不在！在工作中，你在和上司博弈，也在和下属博弈，你也同样会跟其他相关部门人员博弈；而要开展业务，你更是在和你的客户以及竞争对手博弈。在生活中，博弈仍然无处不在，它代表着一种全新的思想和分析方法，想想就连本书的“三通五净养生经”也是一种生命的博弈。

竞是一种包容。奥运会把原始的战争形态，演化成一场有着严格游戏规则的体育比赛，并在现代化的过程中提出了“更高、更快、更强”向人类自身极限挑战的口号，它涵盖了所有项目竞赛、拼搏和博弈的精神。2008年北京奥运会把奥运文化深深地植根给这座城市，鸟巢体育场是一个巨大的象征，它是家，全世界的运动员来参加比赛，犹如飞鸟回家。如是，奥运会从“更高、更快、更强”的赛事，又变成了人类回家“重在参与”的一个大Party，包容成为Party的主题。家，是物理的空间，是故乡，是老宅，是旧屋；家是精神的容器，是厚爱，是风俗，是文化。由此，可以看到，大到人类之家的奥运会，小到一个人的家，包容不仅是其中的主旨，它更是人性的一个更为高级阶段的竞性。

孙子兵法中有道“两军相争勇者胜”，由此还可以推论出两军相争强者胜、两军相争智者胜、两军相争忍者胜、两军相争容者胜。这里，勇、强、智、忍、容的依次排列的心境状态，勇是一种思想冲动的外化，强是一种实力比较的表现，智是战略战术的融会贯通，忍是抑制实力于被动中伺机的术法，容是虚怀若谷的精神境界，是以心攻心，将心比心，相互理解，双生共赢的终极大略。由此可见，容是以勇胜怯，以强胜弱，以智胜痴，以忍胜狂的升华，有容乃大。绕了一个大圈儿，原来“竞”的高级境界并非人的本能的“竞性”、也不是人必须面临的“拼搏”与“博弈”，它是人经过思想、文化、道德的修炼，进而达到的一种豁达、宽容、包容的精神境界和人生观。

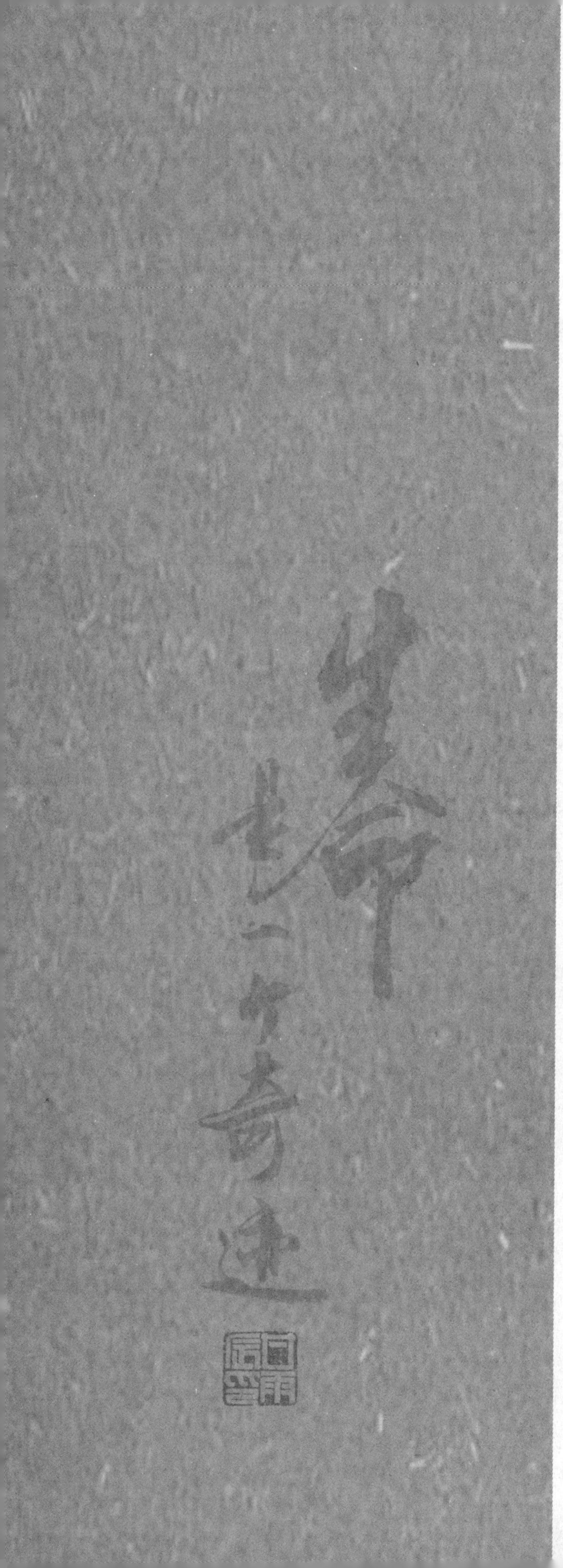

柒

身jìng

身净体自轻 躯静寻幽径
体竞行如风 净静竞养生

身净是权利，洗浴中外比，
各有长短处，大同含小异。
洗浴是文明，世风写进程，
沉淀成文化，举凡来证明：
洗尘宴远客，洗练夸笔墨，
洗礼源自洗，百洗净归一。

1. 身净

身净是权利，洗浴中外比，各有长短处，大同含小异。洗浴是文明，世风写进程，沉淀成文化，举凡来证明：洗尘宴远客，洗练夸笔墨，洗礼源自洗，百洗净归一。

新中国建国六十周年前夕，老家来人，说起家乡的变化，兴致勃勃，尤其是北京市政府对于门头沟老八区（抗日战争的根据地）经济社会发展的关注，让老百姓得到了改革成果的实惠，其中一项较大的工程是，政府投资500万为村里建设一个太阳能澡堂子，解决村里人洗澡的问题，这项惠民工程，得到百姓热烈的欢迎。电影《洗澡》有这样一个情节，在一滴水一粒黄豆的陕北，一个敦厚的老农赶着毛驴，用两驮子的黄豆换回了两桶清水，让第二天出嫁的女儿平生第一次，也可能是最后一次洗澡。女儿的母亲一边担心着下半年的口粮，一边祝福着孩子，专注地添柴草为女儿烧洗澡水。女儿小心翼翼地泡在桶里，唯恐撒出了一滴……近乎奢侈地拨弄着水。画面语言为观众提供了一种复调式的猜想：这位待嫁的女孩，此刻是对出嫁的憧憬还是感伤？是对洗澡的渴望还是对未来生活洗礼的恐惧？她噙着泪水微笑着。这让我想起这样一篇有关陕北“母亲水窖”的报道：这位和蔼可亲的老妈妈，是贾家山村的长寿母亲，当我前来探访她时，老人拉着我的手，非常激动，不停地用方言感谢着：“谢谢你们把水带到村子里来，我已经93岁了，没有想过在有生之年还可以过上有水的生活。说起一件事情，你们都不会相信的，“母亲水窖”修好后，我才第一次洗上澡。以前就连出嫁生孩子都没洗过澡!真是太谢谢你们了!有水的日子真好!”

洗澡，把身体洗干净，追求身净，对某些人来说是平常必需的、最正常不过的、很容易的事，但对于那些缺水的、缺乏条件的、没有养成好习惯的人来说，并不是一件很容易的事。如果深究，把洗浴看做是一种文化，历史发展至今，它大致有洗浴、保健和礼法三个层次。

在新石器时代晚期遗址的考古中，发现了中国最早的铜镜，这说明生活在原始文化繁荣时期的先祖已是“一沐三渥发”，学会了以金为鉴整理毛发，距今至少已有4000年以上的历史。在距今3000年前的甲骨文里，已经有“浴”、“沐”、“洗”这些字了。这些字有着各自不同的含义：“浴”是洗澡；“沐”是洗脸，“澡”是洗手洗脚。以“浴”为例，《说文解字》里说：“浴，洒（xǐ）身也”，“洒身”就是用水清洗身体。从甲骨文字形来看，它的下半部分是一个盛水的“大器皿”，上半部分像一个人站在盛水的器皿里，人的周围有四个水点，表示人在洗澡，水滴四溅，是个会意字。金文形体虽然变得繁杂了一点，但还是可以看出人站在盛水的器皿里洗澡的样子。到了小篆形体时，它由“会意字”又变成了一个左边从“水”右边“谷”（yù）声的“形声字”。楷体的结构沿袭了小篆的结构。“浴”的本义是“洗澡”，如《楚辞·渔父》中说“新浴者必振衣”，意思是说刚洗过澡的人一定要抖抖衣服上的灰尘，然后再穿上。《左传·文公十八年》里说“二人浴于池”，意思是说有两个人在水池子里面洗澡。在古代，“浴”字只表示“洗澡”。

古人之浴，首为身净。

扬州自古至今，号称中国的浴都。该城北郊西湖果树地区战国墓葬出土有直径60厘米的灰陶沐盆，以及陶匜，扬州作家王资鑫先生考证，认为这是中国沐浴史上迄今发现最早的家庭专用洗澡间。这无疑为扬州浴都的称号找到了历史久远的佐证。然而经专家考证，这些均为陶质冥器，当时实用的浴具应为铜盆、铜匜为多。匜形如葫芦瓢，是最早的洗浴用品。王资鑫先生的考证在考古专家那里虽然被纠正，但以考古专家的说法推论，墓地里的死者在阴间都不忘洗浴身净之事，活着的时候洗浴净身更自不必说了，如此扬州城洗浴的历史岂不更早。

孔子的门生曾点把洗澡看做是一种至美的人生境界加以赞赏："莫春者，春服既成，冠者五六人，童子六七人，浴乎沂，风乎舞雩，咏而归。"白居易的诗句："春寒赐浴华清池，温泉水滑洗凝脂，侍儿扶起娇无力，始是新承恩泽时。"仍留给后人对盛唐时期洗浴场景以无尽的遐想。

"浴"比之"沐"与"洗"，是身体的大净。

总体而论，中国人的洗浴观自古都是隐秘化的，直到唐代之前，没有公共浴室。为什么？因为儒学孝经明示："身体发肤受之于父母，不可示人。"到了宋代，才开始出现公共浴室。《能改斋慢录》记载："所在浴室必挂壶于门"。当时的浴室，又称为"香水行"。元末明初，由于扬州在运河上枢纽的地位，商业文明已经相当发达，据专家考证，公共浴室已拥有1000家，洗浴的公共性已经相当普遍了，有了和现代男浴室差不多的"混堂"，用大铁锅烧水，热水与大池子相通，门上还挂一块"香水行"的牌子。（扬州洗浴的公共性和瘦西湖园林的公共性是公民社会端倪，很值得研究，在此不赘）“洗三”是扬州的风俗，扬州人出生的第三天，除了送红蛋以外，压轴戏是“洗风雏”，用艾叶、花椒烧成热汤，用鸡蛋清揉擦婴儿头额和小脸，以求消毒杀菌，白嫩无疖。此可谓人生第一浴，其家人对于“身净”的诉求远远超出了“净”的范畴。崇彝《道咸以来朝野杂记》记：“三日洗儿，谓之洗三。”而到了乾隆年间，李斗《扬州画舫录》记载：“浴池之风，始于邵伯镇郭堂，后徐凝门外之张堂效之。城内张氏复于兴教寺效其制以相竞尚，由是四城内外皆然”。皆然，显示了扬州当时洗浴的盛况。清人林苏门曾深切感悟洗浴文化，并咏诗一首：“日新何必用汤盆，相对忘形总一般，刮垢无分身贵贱，临池先辨水温寒。课程我侧谁能浼，人前各尽欢。混沌一堂和气温，居然浴毕也弹冠。”课程求身净，贵贱一身光，有形无释界，忘形一池同。

近代以来，公共浴室的流行并非一帆风顺，至解放初期，据统计，扬州仅存浴室32爿。其中挂头牌的要数城中苏唱街的扬州浴室。该浴室创建于1928年，经营者无论从硬件设施还是经营范围与服务理念上都给传统的扬州浴业注入了先进的现代文明：首先是使用了锅炉、蒸汽，结束了洗浴业地锅独霸天下的局面，满足了盆汤需要；其次为防止大型工具损坏，备用了双水泵、双锅炉、双发动机；再次是新添盆汤，有官盆4个、洋盆4个、普通盆等；第四是设立雅室包厢和电话；第五设女子浴室。“金鸡未唱汤先热，旭日东升客满堂”、“共浴一池水，分享四季春”、“入浴寮感全身暖，出门顿生满面春”、“身离由水精神爽，步上瑶池气象新”、“涤旧垢以澡身，濯清泉而浴德”，透过这些洗浴的楹联，可以窥见中国洗浴文化自形而下向形而上过渡的人本精神。以扬州为例，中国洗浴现代性的转型，要说20世纪末，改革开放，中国经济社会全面发展，洗浴创新跨界，融餐饮娱乐于一体发展，已经成为第三产业中的支柱产业之一。现代“洗浴”的内涵与外延都在丰富与扩展，“浴”的功能相对淡化，“欲”的追求则日益突出，人们不再拘泥于“洗澡只是清洁身体”的观念，开始希望从洗浴中发觉更多的休闲娱乐享受甚至是保健的作用。

浴身而净，净身而轻，轻身而竞，竞健而精。

古人对于洗浴可以带来健康早有所知，并另择他法以求。《山海经. 西山经》中有记载了黄藿“浴之已疥，又可以已胕肿”。《礼记. 内侧》中记载：“头有创则沐，身有病则浴”。周朝时由“卜官”掌管、规定了一年中的五月为特定沐浴的时间，大家都以香熏草药沐浴。屈原《离骚》中的词句“治兰汤兮沐芳”，就是对民间人们在沐浴节的一种形象描述。至秦汉时代，洗浴文化已趋形成，特别是秦始皇广寻长生不老之方，更促进洗浴借鉴、吸收健身养生的方法与理念，如中医的热熬、泡足、熏疗、按摩等方法，拓宽了洗浴求健的探索；汉代张骞通使西域，特别是他第一次西域之行长达13年，并娶西域美女为妻，在与西域的交流中，汉代洗浴方式也越来越多，诸如：蒸气浴、温泉浴、冷水浴、药浴、泥浴等在上层社会普遍流行。以汉墓马王堆出土的医学帛书《五十二病方》为例，其中就有相关“泥浴”的记载。唐宋以后，约定俗成把每年五月初五这一天定为“浴兰节”。在这一天，人人进行药浴，以袪秽，预防疾病。在唐朝的《外台秘要》、《千金翼方》中记录了大量美发、乌发、熏衣、香体。在这些配方中，运用了大量的香料，除洁身、香体、防虫外，还有空气消毒的作用。唐朝以后的十六国时期，后越的国君石虎的沐浴十分讲究。他将各种香料药物，装进丝织袋中，泡在池子里。到了严冬季节，将几十条铜制的龙，每条龙重几十斤，烧红后放在池子里，使水保持在一定的温度，这种浴池，名叫“焦龙池”，又称“清婷浴室”。

说到洗浴健身，今天最流行的莫过于洗脚屋和桑拿浴。脚部是血液流经身体最远、最低的地方，血液中的杂质常会沉淀在脚底，汇聚成疾，另外脚部有很多脏器的反射区，常烫脚对于中老年人是非常有保健作用的。一来由于烫脚可以扩张脚部血管，加快血液循环，将杂质带走，另通过刺激脚部各个脏器的反射区，改善各个脏器的工作状态，调理它们之间的工作程序，达到最佳状态。桑拿浴是自北欧芬兰传入中国的一种洗浴方式，简单地说，就是让人在高温热气的木屋中把汗蒸出来，“外洗”肤，“内洗”肉，然后趁热跳入冷水池，目的是让周身扩张的血管特别是毛细血管迅速收缩。血管的扩张与收缩运动，增强血管的弹性，俗称“血管操”，是非常好的综合健身途径。桑拿浴年老体弱者不宜，特别是有心血管疾病的人更要谨慎从事，这里特别提醒。

洗浴求康乐，康乐有规则，规则是礼法，礼法自古作。

我有一次在首都机场排队等出租车，维持秩序的人为我叫来一辆，我开门正要上车，车内一股汗臭扑面而来，难忍之下我决定另换一辆，结果遭到维持秩序者的质疑。我让质疑者一闻，他立刻为我又换了一辆车。其实更让人感到尴尬的是，有时乘公车或是乘电梯，特别是一些女同胞，常被身边一些因为不洗澡而身带异味熏得直用玉手捂鼻。有一回同研究室的一位同事说起此种尴尬事，而另一位同事以气味阶层论相讽刺，结果前者义愤填膺地说，我不信因气味而被识别出是劳动者的这些人，如果他去相亲身上也会带着这种“好味道”。由此可见洗澡礼法的一些端倪。

古代，洗澡不仅是为了个人的清洁卫生，也是作为一种礼仪，一种社会公德，而共同遵守着。譬如上朝谒见、会客等等，都要先焚香洗澡，以表示虔诚和尊敬。《论语宪问》说：“孔子沐浴而朝”。孔子的政治思想是推崇礼治的，所以他严格遵守，洗好澡再去见王侯，或者去祭祀祖先和神灵。老子也很讲究卫生，《庄子·田子方》记载：有一次，孔子去见老子，正碰上老子洗澡，披着长头发，简直不像个人，把孔子吓了一大跳。

《礼记·内侧》说：“外内不共井，不共浴。”这里不仅讲了清洁卫生的原因，也涉及伦理道德方面的含义。儒家文化“有澡身而浴德，与其澡于水，宁澡于德”把“浴”之德行看得很重。据史料记载，早在商周时期，最高统治者的法典中就规定了在登基、继位、祭奠、开元等重大活动中，都要戒斋三日、沐浴更衣，“吏五日得一休沐”表明洗浴对官宦仪容仪表之重要，人对天、地之敬重。此后历朝历代莫不如此。在中国洗浴文化传统中，“沐浴而朝”与“斋戒沐浴以祀上帝”，不仅是一种隆重的礼仪，而且也是古代人的信仰与精神生活。

说到信仰与精神，傣族的泼水节可以说是中华民族保留最为完整且具规模的洗浴节了。泼水节是印度古婆罗门教的一种仪式，其洗浴净身的教义后为佛教所吸收，约在公元十二世纪末至十三世纪初经缅甸随佛教传入中国云南傣族地区。但泼水节在傣族民间传说中，不仅另有源头说法，而且时间上溯得似乎更早。传说很久以前，在傣族聚居的地区出现了一个残暴的魔王，他无恶不作，到处烧杀抢劫，弄得庄稼无收，人心不宁，民不聊生。人们受尽了他的残害，对他恨之入骨，可是谁也无法杀死他。魔王已有6个妻子，可他仍不满足，又抢来一个美丽聪明的姑娘。这7个姑娘们看到自己的同胞过着悲惨的生活，决心找到消灭恶魔的办法。聪明的姑娘们心里恨透了魔王，可表面却不露声色，装着与魔王十分要好。一天夜里，魔王从外面抢回来许多财宝和奴仆，她们趁魔王高兴不备时试探问清了用魔王头发可勒死魔王的秘密。于是，夜深人静，趁魔王睡着的时候，姑娘悄悄地拔下了魔王的一根头发，勒住魔王的脖子。顷刻间，魔王的头便滚在地下，可是头一着地，地上就燃起大火。眼看将酿成灾祸，姑娘们立即抬起魔王的头颅，大火就熄灭了。但是，魔王的头滚到哪里，哪里便发生灾难，抛到河里，河水泛滥成灾；埋在地下，到处臭气冲天，只有魔王的妻子抱着才平安无事。为免除灾难祸害百姓，姑娘们便轮流抱着魔王的头，一人抱一天。天上一天，等于地上一年，每年姑娘们轮换的日子，即傣族的新年，傣族人民怀着对姑娘们敬佩的心情，给抱头的姑娘泼一次清水，以便冲去身上的血污和成年的疲惫，作为洗污净身的一种祝福。后来，傣族人民为纪念这七位机智勇敢的妇女，就在每年的这一天互相泼水，从此不仅形成了傣族辞旧迎新的泼水节，而且把泼水节作为一个载体，寄托着傣族人感恩的情怀和待德的情操。

洗浴是全人类的文明，公元前4500年，美索不达米亚的宫殿中就设有陶土浴缸的浴室；约公元前1800年，在克里特岛上的克诺索斯皇宫中，皇后的寝宫旁就建有一座私人浴室。古代的奥林匹克运动对公共洗浴起到了至关重要的推动，由于运动的紧张和洗澡的松弛，人们发现洗浴是一件无与伦比的美妙事情。从公元前8世纪之后，希腊人就开始记载他们的洗浴文化。

洗浴的目的是为了清洁和健康。

大约从10世纪开始，从事洗浴经营的人开始多了起来，并与理发、拔火罐、疗伤的大夫、外科医生等职业结合在一起。在欧洲漫长黑暗的中世纪，宗教对于洗浴并不严苛，12世纪初，天主教本笃会孟特卡西诺修道院的医院内曾建有一个大浴池。“据猜测……朝圣者在那里洗浴，以此来乞求病体康复或天主聆听他们的请求。”文艺复兴结束了欧洲政教合一的中世纪，公民民主社会的兴起和工业革命的萌芽给欧洲人的生活观念带来了改变，人们开始回归自然，追求个人精神上的感悟，对于洗浴的认识从清洁上升到健康的层面，普遍提出浴室间是“健康绿洲”的理念。1844年在工业城市利物浦建成第一家工人公共浴池兼洗衣坊。同年英国国会提出继续修建类似的工人公共浴池设备的议案。两年后，此议案以法规的形式确定下来。1855年德国汉堡第一家洗浴堂开业，并向贫苦居民提供服务；5年后，马格德堡建立起第一家配备游泳池的澡堂。20世纪洗浴业迅速发展，从浴室设计到洗浴设备的创新都达到了前所未有的程度，社会提出“人人有权享受沐浴”口号，一位社会卫生专家指出：“总有一天，我们会达到如此境地，人们只要一天不洗澡，就有一种惭愧和不适感油然而生。”

洗浴之洗，在漫长的历史中积淀成文化，旁涉指向生活的其他领域，比如洗礼、洗尘、洗练等词根的含义等都是由此转化而来。洗礼起源于耶稣在约旦河接受过“施洗者约翰”洗礼的传说。当耶稣出水时，圣灵从天而降，落在他身上。于是基督教徒认为让新生婴儿接受圣水浸泡，可以洗去污垢和罪孽而纯洁，死后才能升入天堂。洗礼的希腊文是Baptisma，是用水洗净的形式，表示洁净的意思。这个仪式，不仅限于基督教与犹太教，其他诸宗教也有同样的解释。在旧约里，诺亚在洪水来前进入方舟，为表明借着水蒙恩得救的洗礼；以色列人离开为奴之家的埃及，进入迦南地之过程中，在云里与海里的受洗，为归入摩西之恩约得蒙救赎。在新约里提到初期的基督教会，以洗礼来说明罪人因相信耶稣为救主，而内心被圣灵洁净，罪恶得以赦免。洗礼的另外一层含义是比喻经过重大困难、斗争的锻炼和考验。洗尘，是指朋友自远方来，一路劳顿，风尘仆仆，主人通常要设宴洗尘接风。中国人把一顿佳肴当做友情的清水，让朋友的心享受沐浴的感觉。洗练，一般指语言、文字、技艺、剧情等简练利落，洗被提升到思考、言说和写作层面，喻之而净。又如洗心革面、洁身自好，又把洗浴求净上升到修身养性的伦理道德层面，以示彻底改变自己的形象。

2. 躯静

> 躯静不可忽视，噪声不是小事，污染造成疾患，病情非常难治；预防噪声重要，意识一定提高，环境决定健康，生活讲究质量。

2005年，我买了一处房子，环境很好，四个公园包围着这个楼盘，噪音不大，没想到几年的发展变化，给我带来了无尽的烦恼：首先是楼前原来的一条小街被拓宽变成干道，车辆流量大增；接着楼前不远处又架设了城际铁路，噪音变成二重的复调。于是，我开始研究防止噪音，让身居得以安静的方法，先是把原来临街的双层玻璃又加了一个双层，效果不错，接着把临街的落地阳台加装了推拉门，效果更好。但我还是很后悔，要是当初选择一个更为安静的楼盘该多好？这个想法受到了我老伴的反驳，她说老年人在太安静的环境里也不好，有点声音也不是什么坏事。我知道她这是变相地安慰我。

2009年北京市城区第一张区域噪声地图绘制完成，整个区域的噪声范围从85分贝到35分贝不等，各个区域不同的噪声等高线用各异的色块表示出来，乍看上去酷似一幅“抽象派油画”。地处高速公路附近的长带状区域已成了一条蓝色的噪音带，这表示该处噪音已至少高达75分贝；几条城市主干道附近显示为红色和紫色，这表明该区域噪声为70分贝左右；而在一些住宅小区内部为绿色和黄色相交，这表明该地段噪音值分别为40分贝左右和45

分贝左右，越靠近路边的居民楼噪声值越高。随着此项工作的推进，北京全市性的城市噪声地图将绘制完成。在不久的将来，市民可以轻松了解城市不同区域的噪声情况，选择更安静的区域择优买房将成为现实。

严格地说，随着工业化和城市化的进程，城市的噪音污染越发的严重，很多城市的工厂虽然已经搬迁，退出了城市的核心区域，但是城市建设和交通工具带来的噪音污染有时还是让人们特别是听力和神经官能敏感的人群感到重不可负。噪声就是在一定的环境里不该有的嘈杂、刺耳的声音，是指使人感到烦躁、令人讨厌的刺耳声音的统称。随着现代社会的发展，噪声已经成为影响我们生活和健康的重要环境问题，又被称为城市新公害。我有一位同事，和我的情况差不多，原来单位分的房子，不料周边大兴公共工程，各种建筑机械产生的声音，让他白天不能读书写作，夜间不能就寝入睡，无奈之下，为求身静，自己跑到远郊密云买了一处房子，并自嘲享受不了现代化带来的繁荣，只好自我流放。

那么，噪音污染能够给人造成哪些负面影响呢?

噪声对人体最直接的危害是对听力的损伤。听力损伤有急性和慢性之分。接触较强噪声，会出现耳鸣、听力下降，只要时间不长，一旦离开噪声环境后，很快就能恢复正常，称为听觉适应。如果接触强噪声的时间较长，听力下降比较明显，则离开噪声环境后，就需要几小时，甚至十几到二十几小时的时间，才能恢复正常，称为听觉疲劳。人可能都曾有过这样的经验，当你在没有任何防护的情况下进入强噪声环境，持续一段时间后会感到双耳难受，甚至会出现头痛等感觉。在离开噪声环境转到安静的场所休息一段时间后，听力就会逐渐恢复正常，头痛的症状随之消失。这种现象叫做暂时性听阈偏移，又称听觉疲劳。这种暂时性的听力下降仍属于生理范围，但可能发展成噪声性耳聋。如果人们长期在强噪声环境下工作，听觉疲劳不能得到及时恢复，且内耳器官会发生器质性病变，听力持续下降，就会造成噪声性听力损失，造成病理性改变。这种症状在早期表现为高频段听力下降。但在这个阶段，患者主观上并无异常感觉，语言听力也无影响，称为听力损伤。病程如进一步发展，听力曲线将继续下降，听力下降平均超过25分贝时，将出现语言听力异常，主观上感觉会话有困难，称为噪声性耳聋。

如果人突然处于极其强烈的噪声环境中，听觉器官会发生急剧外伤，引起鼓膜破裂出血，迷路出血，螺旋器从基底膜急性剥离，可能使人耳完全失去听力，出现爆震性耳聋。

有研究表明，噪声污染是引起老年性耳聋的一个重要原因。此外，听力的损伤也与生活的环境及从事的职业有关，如农村老年性耳聋发病率较城市为低，纺织厂工人、锻工及铁匠与同龄人相比听力损伤更多。因为噪声通过听觉器官作用于大脑中枢神经系统，以致影响到全身各个器官，故噪声除对人的听力造成损伤外，还会给人体其他系统带来危害。由于噪声的作用，会产生头痛、脑胀、耳鸣、失眠、全身疲乏无力以及记忆力减退等神经衰弱症状。长期在高噪声环境下工作的人与低噪声环境下的情况相比，高血压、动脉硬化和冠心病的发病率要高2—3倍。噪声也可导致消化系统功能紊乱，引起消化不良、食欲缺乏、恶心呕吐，使肠胃病和溃疡病发病率升高。此外，噪声对视觉器官、内分泌机能及胎儿的正常发育等方面也会产生一定影响。据有关研究统计，在高噪声中工作和生活的人，一般健康水平和对疾病的免疫力、抵抗力相对无噪声中工作和生活的人要低。

噪声对人的睡眠影响极大，人即使在睡眠中，听觉也会承受噪声的刺激。噪声会导致多梦、易惊醒、睡眠质量下降等，突然的噪声对睡眠的影响更为突出。噪声会干扰人的谈话、工作和学习。实验表明，当人受到突然而至的噪声一次性干扰，就要丧失4秒钟的思想集中。据统计，噪声会使劳动生产率降低10%—50%，随着噪声的增加，差错率就会上升。由此可见，噪声会分散人的注意力，导致反应迟钝，容易疲劳，工作效率下降，差错率上升。噪声还会掩蔽安全信号，如报警信号和车辆行驶信号等，以致造成事故。

噪声被称作看不见的敌人。通常人们用“分贝”做单位来表示噪声大小及对人的影响。噪声级在40分贝以下是比较安静的正常环境；超过50分贝就会影响睡眠和休息；超过60分贝人的生理功能会受到一定的影响；70分贝以上干扰谈话，造成心烦意乱，精神不集中，影响工作效率，甚至发生事故；90分贝以上的噪声环境，使人交谈和思维几乎不能进行，它将严重影响人们的工作和学习。长期工作或生活在噪声污染环境中的人，会严重影响听力和导致其他疾病的发生。

那么如何防止噪声污染呢?

从国家和各级政府的层面来治理噪声污染，《中华人民共和国环境噪声污染防治法》从法律角度明确了噪声的分类、各类噪声的执法主体和对噪声违法行为的处罚情形等；1996年10月29日全国人大八届二十二次常委会通过，1997年3月1日颁布实施。主要内容包括：环境噪声污染防治的监督管理，工业噪声污染防治，建筑施工噪声污染防治，交通运输噪声污染防治和社会生活噪声污染防治。该法认定环境噪声污染，是指在工业生产、建筑施工、交通运输和社会生活中所产生的环境噪声超过国家规定的环境噪声排放标准，并干扰他人正常生活、工作和学习的现象；认定噪声污染对人体有害：第一，对人的心理影响。吵闹的环境噪声，会干扰人类的思维，容易使人精神无法集中，使人产生烦躁情绪，影响工作效率，妨碍休息和睡眠等。在强噪声下，还容易掩盖交谈或者危险警报信号，分散人的注意力，导致意外事故的发生。第二，对人的生理影响。环境噪声对人的生理影响，主要是对听力的影响。人在强烈的噪声下一段时间后，会引起一定程度的听觉疲劳，听力变得迟钝，经过适当休息之后，听力会逐渐恢复。但是，如果长期在比较强烈的噪声下工作，听觉疲劳就不易恢复，并会造成内耳听觉器官发生病变，导致噪声性耳聋，这种情况通常称为职业性听力损失。据观察研究，在强噪声的影响下，可能诱发一些疾病。已经发现，长期在强噪声下工作的工人，除了耳聋外，还常常伴有头晕、头痛、神经衰弱、消化不良等症状，从而引发高血压和心血管病。更强的噪声刺激内耳腔前庭，使人头晕目眩、恶心、呕吐，还会引起眼球振动、视觉模糊以及呼吸、脉搏、血压等发生波动。

既然噪声污染有法可依，受到伤害的公众要提高法律意识，用法律保护自己和捍卫自己安静的权利。投诉和起诉的第一件事是调查分析清楚声源。噪声的种类很多，您只需确定噪声是由设备发出的，还是由人为（或者宠物）发出的。根据声源的种类选择正确的投诉渠道，如果声音来自周围邻居在生活中发出的生活噪声（例如演奏乐器、使用电器、进行锻炼、从事装修或饲养宠物等），您可以向所在地的城管部门投诉，他们是受理此项问题的法定部门。如果噪音来自工厂加工或者是建筑工地施工，建议您向所在地的环保部门投诉。如果噪声来自于服务性行业，那就要看是固定设备发出的噪声还是非固定设备发出的噪声了。一般来说，空调机、冷却设备以及饭店、酒店等在室内使用的大型音响设备都属于固定设备，而外挂或者外置的音响设备都属于非固定设备。对于固定设备产生的噪声污染问题，请向环保部门投诉；对于非固定设备产生的噪声污染问题，请向城管部门投诉。

如果您和您的邻居就噪声问题发生矛盾，建议您向社区反映问题，并接受社区的调解。如果社区无法调解或者调解无效，请您根据上面的渠道从下而上向有关部门反映问题，先是所在地的环保或者公安部门；如果问题仍然无法解决，您可以根据信访条例的规定，向市一级的部门反映问题；如果问题依然无法解决，可以选择诉讼的渠道来最终捍卫合法的环境权益。

从家庭装修技术层面防止噪声污染应该注意以下几个问题：如果您选择买房，特别是神经衰弱的人，一定要特别注意楼盘的噪声环境，同时还要兼顾该地段未来的规划，千万不能听房地产开发商的华丽推荐，以免买了之后后悔。如果您买了新房，担心噪声污染，建议您装修前特意提醒设计施工单位注意，比如墙壁可以粗糙点，选用吸音效果较好的壁纸、石棉吸音板等吸音装饰材料；将临街一面的窗子改装成“隔音窗”，如双层窗户，可以有效隔音，选用中空玻璃，隔音效果也较好，另外，装修期间可以把临街一面的墙壁加一层纸面石膏板，墙面与石膏板之间用吸音棉填充；炫目的地板、天花板、墙壁会干扰人体中枢神经系统，让人心烦意乱，也使人对噪声格外敏感，室内装饰时，对各种灯具和装饰材料的选择要格外注意光线柔和；木质家具的纤维，多孔性，能吸收噪声，购置家具时可适当考虑，装修中使用软木地板也是一种有效选择；使用布艺来消除噪声也是较为常用且有效的办法。试验表明，悬垂与平铺的织物，其吸音作用和效果是一样的，如窗帘、地毯等，窗帘的隔音作用最为明显。在卧室，为了保证宁静的休息环境，应选用质地厚实的窗帘帷幔织物以控制光线和外界噪声。

从个人技术层面防止噪声污染，建议读者采取如下办法：室内可以播放背景音乐，用悦音抵抗噪音污染；晚间休息睡觉可以考虑戴上眼罩和耳塞，现在市场上都有质量比较好的产品。

3. 体竞

> **体竞无止境，力道法先行，道法求免疫，养生靠自己。免疫强有力，百病有防御，病毒御体外，身体竞有力。**

体竞，就是身体的竞争力。身体的竞争力可以用体力、脑力和免疫力来概括：体力是基础，脑力是智库，免疫防病毒，精气擎天柱。人有精气神，力如泉水喷，大脑如芯运，免疫防毒侵。

体力是人体活动时所能付出的力量。脑力是人的记忆、分析、理解、想象、创造等能力的总和。每个人的体力、脑力由于个体条件的不同而不同，就一个人而言，每个年龄阶段，体力和脑力也是不同的，人到中年以后体力、脑力会越来越弱，除去人体自然衰老的因素，很重要的原因就是免疫力的下降。本节体竞，主要讨论免疫力。

北京人一提“非典”，可谓谈虎色变，当年的北京几乎变成了一座危机之城，救护车的笛声不时响彻大街小巷，各个单位八仙过海，为自己的员工发放预防的药品，提高人的免疫力。如今又有H1N1流感来袭，人们曾经经历过“非典”的洗礼，这次因应的心理似乎平静了许多，但时常还是可以在大街上，公园里看见戴着口罩的人。

说到“非典”和H1N1流感，我们要讨论一个问题。“非典”和H1N1流感病毒据说都是传染性非常高的病毒，可是就是在集体爆发的学校，一个班的学生，也还是有没被传染上的，得以幸免。这里就有一个问题，幸免者何以幸免？最合理的解释，就是没有被传染的人比被传染的人免疫力要强。

按照进化论的理论，数百万年来，人类生活在一个既适合生存又充满危险的环境，人类得以生存进化的同时也获得了非凡的免疫力。所以说免疫力是生物进化过程的产物。

“免疫”一词，最早见于明代医书《免疫类方》，指的是“免除疫疠”，也就是防治传染病的意思。免疫力是人体自身的防御体系和机制，是人体识别、对抗和消灭外来侵入的任何病毒、细菌等的能力；是调节、处理衰老、损伤、死亡、变性的自身细胞以及识别和处理体内突变细胞和病毒感染细胞的能力。现代免疫学认为，免疫力是人体识别和排除“异己”的生理反应。人体内执行这一功能的系统是免疫系统，这个系统的识别能力、反应能力和抗击能力构成了人体的免疫力。

免疫力是医学领域一个非常复杂的学科，这里我们不做也没有能力讨论。但是我们通常知道，人的免疫力首先是与生俱来的，然后才是后天的影响。这种后天的影响可以让与生俱来的免疫力减弱和加强。我想，大家不得病时都不会怀疑自己的免疫力有问题，可一旦经常感冒、经常腹泻等等，甚至得了大病，那才会怀疑自身的免疫一定是出了问题。

过去说，身体是革命的本钱，现在当然应该改为身体是挣钱的本钱。这里提醒大家，无论你是挣大钱的还是管大钱的，无论你是挣小钱的，还是发小钱的，总之一旦你的身体出现如下情况：经常感到疲劳，工作经常提不起精神，稍做一点事就感到累了，去医院检查也没有发现什么器质性病变，休息一段时间后就缓解了，可持续不了几天，疲劳感又出现了；感冒成了你的家常便饭，天气稍微变冷、变凉，来不及加衣服就打喷嚏，而且感冒后要经历好长一段时间才能治好；无论身体哪个部位不小心被划伤后，几天之内伤口就会红肿，甚至化脓，久久不愈；或身上特别是臀部和头部经常长小疖子；肠胃特别娇气，在外面餐馆聚会，其他人安然无恙，而自己却上吐下泻等；提醒你要特别的注意，你的免疫力在下降，如果不赶紧采取措施，说不定哪一天会出大问题。

问题来了，人的免疫力为什么会出现问题呢？

大的方面，今天工业化和现代化的环境，和人类进化定型人体免疫力时的环境已经有了很大的不同，甚至说有了本质的变化。首先说跟人体生命存在的四件大事：阳光、空气、水和食物。

上个世纪中期，我们有一句非常著名的歌词，“大海航行靠舵手，万物生长靠太阳。”有关太阳与生命万物的关系，不要我讲，我要讲的是，今天的太阳与半个世纪之前的太阳已经有了很大的差别，太阳变得越来越大了，阳光变得越来越强烈了，一年四季的分际被改变了，地球变暖了，夏天变长了。一位70多岁的老人讲，新中国成立的1949年国庆，因为怕国民党的飞机来轰炸，改在下午进行，记得当时天气很凉了，可是新中国60周年庆典的时候，北京的天气不仅人可以把阴天变成晴天，而且那天还是有点热的。

这是为什么呢？

其实太阳没有变化（相对），是人类劳动生产，工业化、现代化、城市化和生活享受化所造成的废气排放，在地球的上空形成了一个大罩子，阳光透过这个罩子照射在地球的表面，温度就升高了，道理很简单，就和农民的蔬菜大棚一个道理。要解决阳光带来和可能带来更大的危害，就是要解决节能减排、开发使用绿色能源地问题。

当全世界都在讨论地球变暖问题的时候，其实人类忽视了另外一个潜在的地球还可能“骤然”变冷的问题，因为人类排放的废气达到一定程度，地球的“三极”融化后不仅导致大气环流的改变，而且可能导致过量的水蒸气抬升，吸附在高空地球的“气罩”上，形成环球乌云，因此挡住阳光，使地球进入小冰河期。小冰河期对人类和地球生命万物的影响并不比地球暖化小。

由此看来，地球空气质量极限的破坏会带来巨大的灾难！

一提空气污染，人们自然会想到的是工厂烟筒冒出的废气、汽车、轮船、飞机等机器排放的废气、人类取暖做饭排放的废气等等，可是人很少会想到自己呼吸空气和放屁排放的二氧化碳。这似乎是个笑谈，其实我是要把话题引导到另外一个话题上去。这个话题让我想起一则说谎的笑话：那还是公社化的时代，我家乡的村里有一个很爱科学幻想的人，可他的想法总是不能被人接受，于是人们都说他是一个爱说大话、爱说谎的人。有一天，他路过村边的小河，河边上正在洗衣服的一帮村妇拿他开涮，叫他说一个谎话给她们听。于是他一本正经地说，谁有时间跟你们这些娘儿们嚼舌头，前面的山上滚下来一头牛死了，大队长正要分牛肉呢。话音没落，村妇们衣服也不洗了，纷纷拿起手边的盆子就跟着他跑，要去分牛肉。等到村妇们知道上当受骗，就围着他质问，你为什么骗我们？他反过来质问，刚才不是你们要我说谎的吗？这个笑话给我们提供了一个信息，过去人们是很少吃牛肉的，在乡下只有等到牛意外死亡，才可以吃到牛肉。如今人们生活好了，有些人三天两头吃牛排、涮肥牛。牛跟人一样，也要呼吸、放屁、排便，而且是人的数倍。现在全世界大规模的工业化养殖牛及其家畜禽类等造成的废气排放，远远高于汽车排放的污染，据有关专家统计占总排放的20%以上。所以联合国秘书长潘基文号召每周两天不吃肉。由此可见，节能减排这个概念的外延还要扩大，要从人人少吃肉甚至不吃肉做起。水和食物的污染前面我们已经讲过，在此不再赘述，人人皆知，但人人未必皆知阳光、空气、水和食物的污染变异正在减弱人的身体的免疫力。

阳光、空气、水和食物的污染不是个人可以控制的，它需要从联合国、各国政府和NGO（非政府组织）做起，影响到每一位地球村的公民。但穿衣、住房、通讯、出行直接影响人的免疫力是每个人必须认清并可以立即从自己开始做起的事，它的直接收益就是减少免疫力的丧失。

有一次我到一位成功人士家中做客，主人住的是别墅、开的车是大排量的SUV，用的是3G钛合金手机。我参观他们家后，印象最深的是衣帽间。据主人介绍，他们家夫人的衣服最多，大概要有上千件。有趣的是，一家人每天要穿什么衣服，都根据季节、气候、事项编了程序软件，由电脑决定。这让我大开眼界。我的有关穿衣、住房、通讯、出行现代化影响免疫力的话题就从我的这位朋友说起。衣服多了，免不了化纤和染料。化纤和染料都是现代工业的产物，穿在身上就有污染，对于皮肤有害，要我说，穿就穿纯棉的，最好是自然白或植物染色的。这是一些环保主义者的时尚主张，我看应该支持。房子住的要适可而止，因为身躯是有限的，房子越大，越显得人的渺小。有一次深秋，我到故宫参观，结束时已是五点，暮色中空旷的院子里只有我一个人，天上飞来一片回城的乌鸦，我的心里顿时有点发毛，心中想，当皇帝也不易，每天都要承受物理空间里渺小与巨大、权利空间里巨大与渺小、生活空间里的中心与疏离、感情空间里的中心与疏离剪刀差的折磨与蹂躏，这哪里是人过的日子，免疫力在红墙黄瓦中渐渐丧失，你看历朝历代的皇帝有几个长寿的？于是民间才有了黄泉路上无贵贱的说法，这说法说到今天，变成了“高干不如高薪，高薪不如高兴，高兴改变心情，心情改变寿命”。把话题拉回来，本人绝对不是吃不到葡萄说葡萄酸，决非嫉妒房子大的人，而是提醒房子大的人要更加注意免疫力。有一个道理是实实在在的，房子越大，装修越要材料。现在的装修材料，就是打了环保标志的，你去检测，各项污染指标也未必合格，就是合格的，也并不是没有污染，只是达到有害可控而已。所以房子越大，从某种意义上说，污染也就可能越大。再者，房子大了，电器就多，电器多了电磁污染就越大，人的免疫力就会被减弱。说到电磁污染，现在几乎无处不在，我的一位朋友买了一处房子，因为贪大贪便宜，结果上了一个大当，住进去没有一年，总是头痛恶心，到医院看过多次，病情始终不见好转，后来发现整个小区很多人自从乔迁新居后都患上了此病，于是引起大家的注意。大家先从水上找问题，经过自来水公司对水的检测，结果一切合格。后来发现，整个楼盘邻近一个广播电台的发射塔，原来全是发射塔电磁污染惹的祸。问题发现后，整个楼盘价格一落千丈，我的朋友最终赔本儿卖了房子，另外选择了新的楼盘。新来的住户号称捡了一个便宜，他是一个电器工程师，住进来后在阳台上做了一个防止电磁铁丝网。这是一个极端的例子，但一进一出，两个人都是为的防止电磁污染。电磁污染最严重的莫过于手机，今天中国手机拥有量世界第一，城市里的人几乎人手一部，有的甚至两部。手机在发射信号时电磁污染相当厉害，对人的身体影响很大，直接影响免疫力，读者要十分注意，争取做到可打可不打的电话不打，可用短信说明的绝不拨通电话，可长可短的电话一定要短，手机发射信号时尽可能不要把手机贴近耳朵，在对方接听电话的时间差里，尽量避免电磁污染。

说到行，它与免疫力关系极大。人体的免疫力在形成的过程中从来没有脱离过行走，在自然界优胜劣汰的丛林法则中，终于在一天，有一种动物直立起来，或许是被树枝上的果实所吸引，或许是要走出混沌的本能意识世界，他们从四肢着地的足行，发展成站立的步行。这便是我们人类的远祖——类人猿。从类人猿到猿人，再到原始人的发展，是一个极为漫长的过程。在这个过程中，行走的原始人逐渐制造出了石头的工具，发现了火的功用，有了结绳记事的意识等等，在无数的生命群体中脱颖而出，成为一个比其他生命群体更为高级的生命群体——人类。人类的发展到今天，别的不说，就说行走这件事，天上飞的有飞机（火箭从略），水上航行的有轮船，地上跑的有火车、汽车等等。中国人从“千里之行始于足下”发展到万里之行始于轮下的“汽车时代”，把小汽车称为“轿车”“房车”，车轮代替了步行，从固定的房子转移到行走的房子，满足了“足不出户”的同时，却丢失了“内连升”、“回力”甚至“耐克”行走的真谛，丧失了增强免疫力的机会。因此我建议，读者朋友们多多户外行走，可以骑车的绝不开车，这是一种生命的按揭，您免疫力增强了，健康就是在手的支票，购买的是生命的时间与质量。

有关影响人的免疫力的第三方面要说的是人的工作、学习、娱乐、作息。有一次过节和自己的儿子聊天，儿子非常感慨地说，他很羡慕我们这代人退而有所养的状态，不像他们这一代人，整天在压力下忙碌、焦虑，未来的保障没有着落，全要靠自己。这的确是一个社会进程的“围城”故事，有的人想出去，有的人想进来。我顿时想起20世纪70年代波兰瓦文赛领导的团结工会运动，他们要争取“出去”，结果“出去”的波兰人说出了一句人类本质劣根性的话，“最好干社会主义的活儿，拿资本主义的钱”。如今中国改革开放，社会已经从原来的“单位制度”改变成为“社会管理”，人获得了比过去更多的自由，代价就是今天的生存焦虑。我经常讲课或演讲，开篇常是从“我很焦虑”开始：

我很焦虑，我借遍了研究所图书馆里所有心理学的书籍，买遍了街头书摊命理八卦的图书，阅读之后还是没能解决我的焦虑。于是在夜深人静的时候，我不断地问自己，你有什么可焦虑的呢？你有单位发放的退休金，足以保持温饱的生活；你有中产阶级标准的房子；你有很好的妻子、儿子和孙子；甚至还有四五个双方不需要承担责任的女朋友可以来往……你为什么焦虑？

我回答不上来。于是今天我来和大家沟通交流。沟通沟通，不勾不通，一勾就通；交流交流，不交不流，一交就流。沟通交流是解决焦虑的最佳途径。

每次用此开篇，都会引起听众哄堂大笑，他们甚至忘记了最后我一再声明这是台湾作家一篇后现代小说里部分内容的改编版。而他们的笑声，正说明着这种焦虑的生存状态是现代后现代社会的普遍存在，是每个人都切身感受得到的。工作的压力大造成焦虑，学习的压力大造成焦虑，毕业后就失业造成焦虑，儿女的焦虑传导到父母，父母的焦虑传导到亲朋好友，加之媒体信息的传播，焦虑成为社会大众的语境。年轻人作息无序，有了压力去发泄、去娱乐、打电玩、泡网吧等等，在麻醉和虚拟的世界里求安慰，这是焦虑的另一面，免疫力常常会透支殆尽，让性命付出代价！

现代后现代社会，每个人的免疫力都受到挑战，那么如何保持和提高自身的免疫力呢？

阳光、空气、水和食物这些大环境影响免疫力的问题，尽管联合国、各个国家和NGO（非政府组织）都有这样那样的宣言、政策和行动纲领等等，但最终还是要落实到人头上。这些事，让我们从人人做起。衣服、住所、通讯、出行适可而止，小富即安，享受生命更为重要。工作、学习、娱乐和作息要知己知彼，择机而取，骑马找马，积蓄实力，要相信“天”乃人撑，无绝人之路。

免疫力减弱的原因很多，提高人的免疫力也是条条大路通罗马，这里提供给读者一个守则：

a. 营养均衡

营养均衡很重要，知道一定要做到；均衡筑起免疫力，偏食一定免疫糟。吃和健康有着绝对的关系，大部分人要吃东西，首先考虑是好不好吃，吃起来方不方便，最后以能不能吃饱为优先，只有少数的人会以“营养均衡”为优先。现在的都市人大部分蔬菜及水果明显摄取不足。因此，要提醒自己每餐一定要吃蔬菜水果，并且饮食多样化，不要总是吃自己爱吃的食物，这样容易造成营养的偏废。

b. 常效“三多”

喝水应该排第一，生命运动出免疫，劳逸结合多休息，“三多”增强免疫力。水是生命之源，也常被称为生命之水。多喝水可以促进体内新陈代谢，因此成人每天必须摄取大约2000—2500毫升的水分。生命在于运动，建议每天至少做三十分钟的有氧运动，例如：步行、游泳或骑自行车等。老一代的人提到休息，大都会提到“不会休息就不会工作”这句列宁的名言，现在的白领流行“睡觉睡到自然醒”。多休息可以缓解熬夜睡眠不足导致的免疫力下降。严格地说，人应该顺应人体的生理时钟，该睡觉的时候要睡觉，该起床的时候就要起床，充分的睡眠和作息，才能保持身体的免疫力，对抗病毒！拥有健康的身体，才能有充沛的免疫力对抗病毒！

c. 忌口“三少”

第一甜食要吃少，油脂少吃免疫高，佳酿少饮热筋骨，忌口“三少”要做到。食物中有一些吃多了是会降低免疫能力的，这样的食物最好少吃，否则不但会干扰免疫细胞的活力，甚至会抑制淋巴球的形成，使免疫机能受损。甜食会影响到白细胞的制造与活动，降低身体抵抗疾病的能力。因此不要因为一时的口腹之欲而赌上健康，少吃甜食这是非常划得来的！人摄取太多不良脂肪，会妨碍免疫的能力，使体内免疫细胞变得慵懒，而无法发挥功能。因此建议减少烹调用油量及高脂肪、高盐的摄取，尤其油炸的东西和肥肉尽量少吃。喝酒特别是大量饮酒、酗酒会严重的减弱各种免疫细胞的正常功能，同时也会影响肝脏以及胰脏的机能。除了酒之外，烟、咖啡等，不但会降低人体免疫力，还对人体有害，因此拒绝与这些东西绝对是有百利无一害。

d. 一日“三笑”

早晚一日三次笑，心情时刻调整好，知足感恩要常驻，人生才有东果香。“三笑”很容易让人想到《三笑姻缘》的故事：唐伯虎在苏州山塘寺游玩时，遇到无锡华太师的夫人前来进香。华夫人四个贴身丫环中的秋香，姿色艳丽，唐伯虎一见钟情。进香完毕，秋香随华夫人登船返回，唐伯虎也连忙乘小舟追赶。途中曾得秋香三笑，唐伯虎更是如醉如痴，以为秋香钟情于他，只是苦于无法接近秋香。最后终于想出一计，自己卖身进华府当书童，并逐渐赢得华府器重，后又设计，终于与秋香结成良缘。其实，按照中国的数字文化，一生二，二生三，三生万物的理论，“三笑”也可以解释为很多的笑，常常的笑。俗话说，“笑一笑，十年少，愁一愁，早白头”、“生气催人老，笑笑变年少”、“笑口常开，青春常在”。这些民间的谚语形象地说明了心理与生理健康的关系。笑，不仅有助于免疫力的提高，预防和减少某些疾病的发生，笑还可以治疗某些疾病。《黄帝内经》就指出：“喜则气和志达，荣卫通利。”说明精神乐观可使气血和畅，则生机旺盛，从而有益于身心健康。古代名医张子和用“喜胜忧”、“喜胜悲”的情绪疗法治愈了许多病人。其中有一位县令的妻子，为了减肥节食患上了厌食症，访遍名医治疗终不见效。最后请张子和，张子和切脉问诊后开出一方，请来两个化妆新奇的歌舞艺人，在病人面前歌舞，结果县令的媳妇忍不住笑了起来。张子和见此方有效，第二天又让两个舞女模仿雄鹿顶角，病人见了更是笑不可支。第三天，张子和再出一方，让县令做上一桌佳肴，找来两个饭量极大的妇人，当着他的病妻大吃大喝，并且一边吃一边夸饭菜如何香甜可口，病人见了，馋意大发，要来饭菜一起吞吃。之后，病人食欲渐增，小病大愈，不久，还生下一个胖孩子。县令感恩不尽，送匾额给张家，上题“神医张子和”。清代有一位巡抚得了重病，四处寻医问药不见起色，直到有病乱投医。某天，管家请来一位江湖医生来给他看病，把过脉后江湖医生一本正经地说，巡抚之病，非病即病，非病起于月经不调，即病源于不调月经。巡抚听后忍不住放声大笑，心情豁然开朗。巡抚问江湖医生，你何以切中此脉，言出笑方？江湖医生说，以鄙人计，天当被褥，地当铺床，问乞丐冷暖，想百姓所衷，人生百态，笑比哭强，笑一笑十年少，愁一愁白了头，笑乃良药。从此以后，每每想起江湖医生逗趣的话，巡抚都要大笑，没过多久，他的病居然痊愈。英国著名化学家法拉第，在年轻时由于工作过分紧张劳累，造成精神失调，虽经长期药物治疗，也没有多少疗效。后来，一位名医说了一句话，“一个小丑进城，胜过一打医生。”法拉第领悟到其中的奥秘。他改变了自己的生活方式，经常抽空去看马戏和喜剧，愉快的心境使他很快恢复了健康。由此可见，笑是可以提高人的免疫力，是一种愉快的治疗方法。

现代生理学研究证明，笑是一种独特的运动方式，对肌体来说是最好的体操。笑实际上就是呼吸器官、胸腔、腹部、内脏、肌肉等器官作适当的协调运动。笑对呼吸系统有良好作用，它能使肺扩张，在笑声中不自觉地进行深呼吸，清理呼吸道，使呼吸通畅；笑能增强消化液的分泌和加强消化器官的活力；笑能消除神经和精神上的紧张，调节人的心理活动，消愁解烦，振奋精神；笑能调节植物神经系统和心血管系统的功能，促进血液循环；笑能使面部颜色由于血液循环加速而变得红润；笑能增强肌体活动能力和对疾病的抵抗能力，起到某些药物所不能起到的作用；愉快的心情可影响内分泌的变化，使肾上腺分泌增加，使血糖增高，碳水化合物代谢加速，新陈代谢旺盛，因此能促进身体健康。

马克思曾说过："一种美好的心情，比十服良药更能解除心理上的疲惫和痛处。"我国50年代有人曾建议在医院里设"相声科"，用笑的艺术给一些病人进行"笑疗"。"相声科"没有建立，但今天音乐疗法正在我国兴起。据介绍，在德国，人们成立了一个"微笑联盟"，把笑作为一种体育锻炼的方式，甚至还定期举行微笑比赛，项目主要有微笑，哈哈大笑，短时间的笑，长时间的笑等。在美国，一些疗养院定时让老年阅读妙趣横生的幽默小说，欣赏讽刺取乐的连环漫画，观看逗人发笑的滑稽喜剧。在日本，为了普及微笑，有人别出心裁地成立了"微笑学校"，对人们进行笑的培训，据说报名参加培训的人十分踊跃。

由此让我们时刻牢记：笑乃心理润滑剂、笑乃心理疏通剂、笑乃心理催化剂，三剂合一免疫力。

最后附上一份增加免疫力的食谱，以供大家参考：

海苔中富含藻胆蛋白，具有降血糖、降血脂、抗肿瘤、抗衰老、预防和治疗消化性溃疡、帮助女士保持皮肤的润滑健康、清除人体内带毒性的金属，如锶和镉等多方面的生物活性，是增强人体免疫力尚好食品。

木瓜汁中含有一些可以提高免疫力和抗氧化能力的物质。

新鲜萝卜因其含有丰富的干扰素诱导剂而具有免疫作用。

大蒜和洋葱都是热性食物，对改善体质有良好的作用。大蒜中富含大蒜素，具有杀菌杀毒功能，可以有效增强免疫功能。但大蒜一定要生吃，不要怕味道，因为加热的过程中大蒜素会失去功效。洋葱也是一种天然的杀菌杀毒食物，可以有效地抵抗病毒和细菌。

香菇、猴头菇、草菇、黑木耳、银耳、百合等，都有明显增强免疫力的作用。特别是香菇中所含的香菇多糖对增强人体免疫力更有功效。

维生素C是人体不可缺少的，它可以降低毛细血管通透性，使之成为一个屏障，阻止病毒进入人体组织，保护肌体器官。维生素C含量较高的食品有绿叶蔬菜、西红柿、菜花、青椒、柑橘、草莓、猕猴桃、西瓜、葡萄等。维生素C在加热过程中会大量丢失，最好洗净生吃这些食品。

灵芝可增强人体的免疫力，这是因为灵芝含有抗癌效能的多糖体，此外，还含有丰富的锗元素。锗能加速身体的新陈代谢，延缓细胞的衰老，能通过诱导人体产生干扰素而发挥其抗癌作用。

蜂王浆能提高肌体免疫力及内分泌的调节能力，并含有防癌作用的蜂乳酸，中老年人可多加选择食用。

蜂胶是蜜蜂采集胶源植物新生腋芽分泌物和蜜蜂自身分泌物（如蜂蜡）混合而成的天然产物，含有最为丰富的黄酮类化合物及其他生物活性成分。药理及临床证明，蜂胶能有效提高人体免疫功能，克服癌症的神奇功效。长期服用还可减少成人慢性病的发生，对糖尿病、心脑血管病有改善的功效。

喝鸡汤和用各类骨头熬汤喝，能够预防感冒和流感等上呼吸道感染性疾病。这类汤中含有人体所必需的多种氨基酸，营养丰富，特别是其中所含的半胱氨酸，可以增强肌体的免疫力。

锌是人体不可缺少的微量元素，人体中许多种酶必须有锌参与才能发挥作用，锌对调节免疫功能十分重要。此外，它还有另一个功能，就是抗感染、防流感。海产品、瘦肉、粗粮和豆类食品都富含锌。

捌

食 jìng

民以食为天　食以净为甘
天天饮食净　净静竟生精

食竞不竞食，食在艺中持，
食艺酿食意，食意谒天地。
竞食变食竞，康道逐成风，
慢食酿运动，文化风渐盛。

1. 净食

> 形而下为器，器物净食必，
> 形而上为道，道法净食理。

20世纪80年代初，当时的商业部邀我写一部有关菜系的电视片《华夏菜系》，有机会到天府之国的四川考察，在重庆的一家叫“火盆景”的店吃火锅，其中一道程序让我记忆犹新。火锅里一层红油上面全是花椒，服务员将一盆吐净泥水的泥鳅倒入锅中，然后盖上盖子，加温直至开锅。主人告诉我，泥鳅入锅，水越来越热，它猛力喝锅里的水，沸水消毒，以开为净，泥鳅喝进的汤汁里外相应，味道绝佳。北方人吃正宗的重庆火锅，辣可接受且香，花椒的麻能承受者甚少。我麻辣都还行，就是热的不行。主人告诉我，吃重庆火锅，其中的目的就是要你出汗，排除湿气，内清外洗，洁身净体。其间，我与他博弈，说古代人把鸭子放入铁笼中，内置一个罐子，罐子里放满佐料汁，然后用微火熏烤铁笼，鸭子受热，猛力喝罐子里的佐料汁，汁液进入体内，火越来越旺，直至烤熟鸭子，此乃烤鸭始祖。他听后笑道，你的烤鸭与泥鳅入锅同出一辙，可谓烧烤的始祖。

本人讲述这个故事，目的是说，人类告别了“茹毛饮血”的阶段，最先是从烧烤开始的，而烧烤的发现源于自然大火烧死的野兽。这个意识一直发展到火烧消毒的运用，此处恕不赘述。湖南沅陵出土的竹简《美食方》是目前我国出土最早记载最详细的一份食谱。它将植物性饭食和动物性菜肴分别记录，烹饪操作程序详细考究。比如在记录鸡的做法时，便指出将鸡宰杀后，要用热水去毛，煮的时候要等到有香味溢出，表明熟了，才用白布包着进食。这说明，我们的祖先已经知道沸水熟食，消毒取净。宋人庄绰所著《鸡肋篇》强调："纵细民在道路，亦必饮煎水。"不得随便取水而饮，必须煮沸消毒，以防止疾病。明朝李时珍《本草纲目》强调："其城市近沟渠污水杂入（井中）者成硷，用须煎滚，停一时，硷澄乃用之。否则气味俱恶，不堪入药、食、茶、酒也。"说到水，《管子》早就说："杼井易水，所以去兹毒也。"春秋时，人们不仅注意到清洁的井水可以防止疾病，同时还注意到每隔一段时间必须淘除淤积，以保持井水的清洁不受污染。东汉刘熙《释名》说："井，清也；泉之清洁者也。""清"净和"洁"净在这里得到特别的强调。从烧烤熟食到杼井易水，再到沸水熟食，这是人类讲究食净的飞跃，而直到今天，纯净水等经过科学技术处理的水，其目的就是一个"净"字。

"净食"在中国有着悠久的历史传统，孔子在《论语·乡党》中说："鱼馁而肉败不食"、"色恶不食"、"臭恶不食"、"失饪不食"、"沽酒、市脯不食"、"不时不食"、"不撤姜食，不多食"。以上孔子提出的一些饮食原则：鱼馁肉败而腐，腐烂的肉类不可食用；色恶是食物变质的视觉征兆，不可食用；臭恶是食物变质的味觉征兆，不可食用；失饪是指做坏了的食物，不可食用；沽酒、市脯不食，是指街市上买来的酒可能对了水，肉做的不干净，所以不可食用；不时是指不到吃饭的时间不食；古人知晓，姜可祛湿解毒，因此不撤姜的食物，不可多食。有论者把孔子的这些饮食原则，上升到更为深刻的对周礼崩坏的痛惜和对理想社会秩序的追求，如此的形而上不能说没有道理，但本文更注重形而下的“净食”原则。

中国的国学，深厚庞大，宏阔磅礴，作为上层建筑，它的辐射与观照几乎无所不到，今天的提倡者有一个很大的理由，就是它与社会的发展特别是“五四”以来，已经渐行渐远。想想，还真是这么回事。孔子乃至国学中所说，都是自古皇宫贵族、官宦大夫们的事，按今天的话说，怎么也是中产阶级以上人的话语，跟老百姓的生活离得太远。平民百姓、游民斗士代表的是另外一半中国，他们的准则常常是与前者相对，抗之、解之，用之也是“临时抱佛脚”。《三字经》说“人之初，性本善”，民间就有“人为财死，鸟为食亡”；范仲淹有“居庙堂之高，则忧其民，处江湖之远，则忧其君。”“先天下之忧而忧，后天下之乐而乐。”的名言，民间有“人不为己，天诛地灭”的泛论；就说孔子“净食”的几“不食”的原则，老百姓也有“不干不净，吃了没病”的口头禅将其打破。原因何在？孔子脱离百姓，想想当时有哪一家百姓能让“鱼馁肉腐”呢？

尽管儒学乃汉学的核心，可说起讲究卫生特别是饮食卫生这点来，无论是平常的一日三餐、还是婚丧嫁娶红白喜事的族群乡宴，直到城镇都市的各式餐馆，汉族不如许多少数民族，南不如苗、傣，北不如回、鲜，相信有过类似经验的朋友一定会有深刻的体会。这是为什么呢？其中的理由很多，但以我之见，最重要的理由，是在长期的历史发展中，强大的汉族把弱小的少数民族大多追赶到蛮荒烟瘴的边陲地带，生存和发展的危机时刻威胁着他们。他们为了繁衍生息，在生活中总结了一个硬道理，净食为先，鲜食为重，净食防病，鲜食防痛。这是沉淀在他们族群中的一种集体无意识。比如我到过延边的朝鲜族人家做客，饭菜做得干净，自不必说，要说的是，他们每年初冬，都要做大量的朝鲜泡菜，以此度过漫长的冬天。看了他们洗菜制作的过程，比起我们汉族腌制咸菜，不说有天壤之别，也有千里之差。朝鲜族人的干净，特别是在吃上的讲究，很是值得我们汉人学习。说道食鲜为重，有位朋友请我到北京朝外的一家有名的西藏餐厅吃饭，期间每人上来一碗碧绿的羹状的食物。我试探着问主人，我曾经在贵州苗族的村落里见到，当地人宰杀牛后，把牛肚里的食物倒在盆里，就是这样碧绿的，大家拿食物蘸着吃，说是大鲜，而且说养胃止痛，这东西是不是就和我在贵州看见过的一样？主人说是，并且告诉我，牛吃了青草而没有中毒，说明草是非常干净的，并且经过牛的咀嚼和反刍经过消毒；再者，牛吃草而变奶，是它的胃液里有一种特殊的酶，我们吃这东西，等于食用了牛的酶。这东西不仅干净，而且养胃止痛，增强人的免疫力，这让我大吃一惊，开了眼界。回民讲究食净那是出了名的，无论是居家过日子，还是开办餐馆，无论是厨具、餐具，还是进口的东西，讲究干净那是无与伦比的，甚至令人心生敬意。有人说，回民食净和他们的宗教信仰有关，这不无道理，有文献记载，犹太教、伊斯兰教创立之前，在阿拉伯半岛就有禁食猪肉的习俗，原因是嫌猪习性不洁，肉脏。古埃及人也把猪看成为不洁和厌恶之物。古希腊历史学家希罗德在他的《历史》一书中记载在埃及、中东的所见所闻：“在埃及人的眼里，豚是一种不洁的畜类，如果一个人走路时偶然触着了一只豚，他立刻要赶到河边，穿着衣服跳到河里去，即使牧豚的人是土著的埃及人，也没有人愿意把自己的女儿嫁给他”。这说明古埃及人的主流社会对禁猪已经有了严格广泛的基础，他们不但不吃猪肉，连摸、碰猪都不行，而且更讨厌牧猪人。公元一世纪犹太教创立，为了适应当时阿拉伯地区禁养猪的习俗，把禁食猪肉当做戒律写进圣经。公元七世纪，穆罕默德创立了伊斯兰教，为了消除频繁的战争，促进在宗教信仰、风俗习惯等方面的统一，顺应了当时阿拉伯地区禁食猪肉的习惯，吸收了犹太教《旧约全书》中有关禁食猪肉的戒律，并列入《古兰经》中。《古兰经》在强调禁食猪肉的时候，也说明了在迫不得已的情况下，为了生命适当吃一点，真主是宽恕的。回民不吃猪肉是跟宗教有关，归根到底原来是跟洁净的观念有关，说来这很值得推崇。中国的回民分布很广，从海南的三亚到北部黑龙江，从大西北到东部沿海，从云贵高原到腹地省份都有回民的族群，这当中宁夏回族自治区最为集中。唐宋时期，阿拉伯和波斯的穆斯林到中国经商，也把禁食猪肉的习俗带到了中国。元代江南一带聚居的回族已形成不吃猪肉的习惯。明代开始时，由于回族穆斯林建功立业，加上明武宗时，后宫娶了“白皙而美”的回族女子，对回族在一个时期内还比较亲信，回族的风俗习惯更受到了尊重。“入乡随俗”“因地制宜”的中原文化改变了回民的很多习俗，甚至让他们失去了母语，改变了容貌和形象，然而没有让这些远道而来的民族改变的是他们“净食”的观念和信仰。

民以食为天，食以净为甘。“食以净为甘”对于每个人来说，大致分为三个部分：食用的粮食、蔬菜和肉蛋副食等要干净；做饭的炊具和吃饭的器皿要干净；吃饭的行为和方式要干净。

a. 最近到菜市，看到一位老先生，拿着一个放大镜在挑选，我就上前跟他逗，说您这可是真的落实科学发展观了。他神秘兮兮的小声告诉，这是他的一个科学发现，现在买菜要挑有虫子眼儿的。我问他为什么？他说上面农药少哇！我恍然大悟，并立刻想到孔子的教诲，三人行必有我师呀。老先生把科学发展观落实到买菜上，还可以延伸出许多话题，而我要说的真是世事风水轮流转，三十年河东三十年河西，没想到如今有虫子眼儿的菜，倒成了香饽饽。老爷子的放大镜不仅为虫子平了反，而且还大有赞赏的意思，更重要的是他为我们提出了一个新的“食净”的课题。

做饭米要淘净，菜、肉要洗净等这是常识，可是今天，菜饭要净，有很多超出百姓常识的事。现在市场上出售一种很不便宜的“有机大米”，号称没有任何污染，施用的都是有机肥料。言下之意，其他的大米是否都是“无机大米”呢？这我们大可不必深究，可如今绝大多数的大米都是使用化肥的，产量是高上去了，但味道差了且不说，化肥农药对人的身体肯定是有百害无一利的。去年我到贵州凯里的一个苗寨做客，老乡家的米饭好吃得让大家赞不绝口。那米饭色泽柔润，油光发亮，白里透青，晶莹剔透，又香又肉头又好吃。席间我跟主人讨论，这比我在北京买的“有机大米”和“奥运大米”还好吃，完全可以包装上市，进入北京、上海等一线城市的市场。于是主人给我讲了这样一个真实的故事：苗族是一个迁徙的民族，悲怆的民族，更是一个乐观的民族和享受的民族，就说这稻谷，我们吃的这种，吃是好吃，但产量低，前些年政府号召改种袁隆平的高产稻，但一直推行不下去，苗族人说，人活一辈子是来享受的，有好吃的不种为什么要种难吃的呢？苗族兄弟的话是一个提醒，科学是把双刃剑，也许更多的时候它的发展是在毁灭地球物种亿万年自然进化的习性。现在市场上还有很多转基因食品，我想这些食品不是好吃不好吃的问题，而是对人身体到底是有多少危害的问题。看看我们今天食用的蔬菜、水果和粮食，大都已经没有了原来的味道，很多人都夸张的把它们叫“化学蔬菜”、“树脂水果”、“塑料米”等。科学是毁灭自然的，家禽家畜的大规模养殖，饲料掺入了很多化学成分，而且是填鸭式的催肥，这样的肉蛋非但不好吃，家禽家畜已经开始对人类反扑：你不是用科学来整我吗？那我也以其人之道还治其人之身，用超越科学的方法整整人类，禽流感、疯牛病、猪流感等只是刚刚开个小头！这不是耸人听闻的警告，因为“食净”的危机和隐性的危害可能比我们想象的还要大得多。

有一次我从菜市路过，发现摆着的韭菜又粗又绿，特别好，于是买回一捆包饺子，不想吃后上吐下泻，跑到医院看医生，医生诊断为食物中毒，还打了吊针。有回看电视，节目里农科院的专家介绍，有的菜农在韭菜的根部施用一种毒性很强的农药和肥料，食用前洗不干净很容易中毒，这让我恍然大悟，原来我吃韭菜上吐下泻是农药中毒。这位专家还特别强调，很多人有一个误区，把买回的蔬菜放在水里浸泡，稀释上面的农药，其实这样的危害更大，因为农药稀释在水里，很容易渗入蔬菜的肉里去。他还在节目里提醒大家，有些蔬菜要尽量少吃或不吃，比如菜市场里卖的豆芽，很多都是用尿素和更廉价的化学制剂发的。

想想我们每天的生活，有关“食净”的问题防不胜防，原以为只要把米淘干净，把菜洗干净，把肉洗干净等，基本上就解决了食净的问题，现在看来，隐形“食净”的问题更值得重视。

b. “中国”的英译名china，意思就是瓷器。中国是瓷器古国、大国，瓷器最早、最重要的用处是吃饭用的器皿，后来才慢慢发展成为用于陈设的艺术品。中国的“鼎”是用来煮食用的，后来发展出来锅，炒菜或做饭。中国也是灶发明最早的国家，从三足鼎立下面起火，到骆驼鞍的炉灶，这是一个飞跃，如今的乡间农家，仍然可以看到历史久远灶具的影子。历史走到今天，炉灶已经变成了燃气灶，电烤箱，电磁炉，太阳能灶、微波炉等等，原始形态的铁锅基本已经退出厨房的舞台，电饭煲、不粘锅等已经成为大众的首选，尽管餐具也有不锈钢、树脂、塑料等材质做的，但瓷器作为餐具的主体，至今未被撼动。

俗话说，柴米油盐酱醋茶，问道寻常百姓家，锅碗瓢勺交响曲，健康饮食净为佳。老辈子大户人家，大的其中之一就是要看这家的家庭主妇，俗话说多少年的媳妇熬成婆嘛。那么当了婆婆的女人如何挑选、看待好调教新过门的媳妇，这就是进厨房“一看具，二看戏”。“一看具”意思就是看厨房的灶台、锅碗瓢勺擦洗得干净不干净；“二看戏”意思就是看你做饭炒菜的手艺如何，手底下的活茬利索不利索。如今，这些世俗风气似乎早已退去，年轻一代人早已走出老一代“不干不净，吃了没病”的恶习，讲究饮食卫生已经蔚然成风，以北京为例，当年“非典”的肆虐至今叫人不寒而栗，今天又有H1N1流感来袭，做饭、吃饭，要把厨具、餐具洗净消毒已是常识和生活的必然。然而，真的让人担心的，可能是外表光鲜洁净，内里却包含着让人看不见、摸不着、更不净的种种科学的电磁辐射和微波污染。

以当前最受诟病的微波炉为例，它既快又方便，经济实惠，是现代快节奏生活的理想烹饪工具。有专家不断警告，使用微波炉是饮食最大的污染，最大的不干净，它对人体健康的危害绝对不可小视。微波炉为什么危害人体健康，本文从略，大家可以到网络上去看，此处关键是把它的危害罗列出来，以醒众人。第一，微波食品会产生新的有毒甚至致癌的化合物；第二，食物的营养价值严重流失；第三，当你吃微波食品时，身体内产生一定的变化。这些食物容易导致癌症，荷尔蒙失调，淋巴和消化系统紊乱，血液和免疫力异常，情绪低落，永久性脑损伤，甚至还有心脏病。也许有人说，我工作很忙，使用一下没有多大关系。这里我做一个比喻，你把一只青蛙放进一口开着大火的热锅时，因为烫，它会立刻蹦走，但如果你用一根蜡烛慢慢燃烧加温，刚开始时，青蛙并不觉得烫，开始可能还感觉挺舒服，但等到它觉得热了想跳走时，脚已经被热锅黏住了，再也无法跳走了。告诉你朋友，微波炉就像那根蜡烛，使用它的人就像那只青蛙，什么时候会被黏住，或许是十或二十年之后，但迟早是要被黏住的。这个残酷的比喻，听起来有点让人毛骨悚然，但我还是要再提醒读者另外一件事，那就是消毒柜的使用。据了解，消毒柜在工作时，普遍采用紫外线或臭氧杀菌，超龄服役的消毒柜密闭性会逐年减弱，发生泄漏，而人们尤其是儿童和老年人吸入过量臭氧，会严重刺激呼吸道，造成咽喉肿痛、胸闷咳嗽，引发支气管炎和肺气肿，此外臭氧还会造成人的神经中毒、头晕头痛、视力下降、记忆力衰退，破坏人体皮肤中的维生素E，致使皮肤起皱、出现黑斑等。我们常说，聪明反被聪明误，换句话说，我们要特别注意，有时科学也被科学误，居家过日子也要落实科学发展观才行！

c. 小时候跟着大人走亲戚，或是自己家里接待客人，吃饭前饭桌旁边总要放上一盆水，盆是黄铜的盆，水是清澈的水，盆架上的盒子里放着洋胰子，架子上搭着一条崭新的白毛巾。小时候就是觉得新鲜，平常大人说“不干不净，吃了没病”，怎么客人们、大人们吃大餐反而要“又干又净”呢？后来慢慢长大了，大人们老了，我也有机会上桌和老人们一样用洋胰子洗手，用新白毛手巾擦手了，这时我想到，饭前洗手是讲究卫生，而此时饭前洗手更有仪式性和礼节性的成分。这被后来我的一个重要发现所证实。

一次去参观文物展览，展览中有几件称作“匜”和“盘”的青铜器格外引人注目，讲解员讲解说，这种一头有柄，一头是流口的器具是古人用来洗手的工具，仆人把“匜”中的水倒出，进餐者接水洗手，洗过手的水落到下面接着的盘子里。由于当时人主要用手抓饭，所以非常注意手的卫生，饭前洗手不但是一种习惯，更是一种礼仪规定。《吕氏春秋》中也有说：“临饮食，必蠲洁。”据介绍，这种洗手工具最早出现于西周中期，距今大约有两千五百多年。也许就是从那时开始，贵族讲究卫生和好的文明饮食习惯影响到民间，成为中国人讲究饮食卫生的时尚，乃至今天老百姓还流传着“饭前洗手，饭后漱口”的口头禅。今天，无论你是乘坐飞机，还是去酒店餐厅，餐前都会有消毒纸巾送上来，此既是让客人餐前消毒，也有提醒您饭前洗手的意思。当前，中国人“饭前洗手”的饮食卫生的问题解决的比较好，这可能与经济增长，条件改善有关，也有专家说，历史上经历过大的疫情苦难的民族相比之下更注重卫生文化，比如北京曾经经历“非典”和正在面临的H1N1流感，强调洗手消毒、戴口罩等会深刻的留在今天小孩子们的印象里，沉淀成意识，进而形成一种新型的卫生文化。

说到文化，我有一个发现和总结，可谓“牙签文化”。读者可能都有这样的经验，亲朋好友聚餐或是某种公务的宴请，餐后总有一些人要剔牙。剔牙者多是大人和老者，因为他们的牙或已有老化松动，其间有塞了纤维。有些人习惯用指甲剔，很是不雅，让人笑话，有人单手用牙签剔，此比用指甲剔的人略显文雅，还有人用一手拿牙签剔牙，另外一只手捂着嘴，藏拙示雅。除此，高级的饭店准备的牙签是装在小袋里的，有的头上还蘸着药，总之剔牙是为了“口净”。我本人在外吃饭很少剔牙，大多的情况是去卫生间去漱口，然后嚼一粒木糖醇的口香糖。在家里，每次吃完饭必定刷牙，让口里尽可能的干净。这样养成习惯的结果，就是牙齿保持的比较好。牙齿好，吃嘛嘛香，身体健康。

说到“口净”，中西方饮食文化比较，西方的分餐制比我们中餐的“混餐制”更强调“口净”。一般人认为，中国传统的餐饮方式是“混餐制”，它体现了中国文化中“和”与“礼”这些核心理念，让餐者吃的同时也享受到文化的熏陶。但这的确有一个很大的弊端，在大家共享一席美食的时候，也捎带了因进餐者“津液交流”而引起健康卫生方面的隐忧。据有些考古专家和文化学者介绍，古代时，中国人也是分餐的，长沙马王堆出土的一套精美的餐具，一个托盘之上放置了一只杯子，大小6只碗，而其间只放了一双筷子。专家指出，可以肯定这是供一个人进食之用，进餐时将食物按人数分配，盛在这些器皿当中。席地而坐这句成语，早已被壁画所证明，人们吃饭，将芦席铺在屋内，人跪席或坐席而食，主食菜肴都摆放在席前或木案上，一人一案，各吃各食的情景就是一个证明。专家指出，其实“混食制”的传统在中国并不古老，仅有1000多年的历史，在唐代之前采用的都是分餐制。历史发展到今天，也许是中外交流的增加，也许是经济发展文化进步所至，也许是卫生健康的诉求日渐紧迫，总之“混餐制”在当下聚餐或宴会中渐渐消失，“分餐制”大行正道，且不说“自助餐”作为分餐制的主体已经普遍流行，就是传统的中餐宴会，时下讲究的也已由服务员席间破菜分发，要么在菜肴中放置公筷或公勺，以避免口液的交叉。

总结此节：形而下为器，器净食自必，形而上为道，道净食成理。

2. 食静

> 食静先感恩，天粮仁政勤，
> 吃相崇态静，恩政相三重。

食静，这个标题，望文生义，是指吃饭时人的状态，读者朋友一看，肯定立刻会想到孔子的“吃不言，睡不语”这句名言，但以我个人的观点，人吃饭时“态”度中的“静”，有大中小之三层之分。大静，是每当吃饭时心中的感恩；中静是从小家到国家有关对吃的态度；小静才是人吃饭时的状态，也就是平时我们说的吃相。这正可谓：食静先感恩，天粮仁政勤，吃相崇态静，恩政相三重。

中国字“吃”是“口”与“乞”的组合，“口”是象形吃饭的嘴，“乞”是象形跪着的人，于是“口”与“乞”组合成的“吃”可以派生出好几个意思：口的乞求；乞求的口；吃不忘感恩上苍；吃不忘虔诚省思。中文“人口”一词英文是“Population”，只是“人数”的意思，但西方人同理（宗教意义的），饭前要划十字，说“阿门”，同样是虔诚的感恩。中文把“人数”的意思，特别强调为“口”——即强调了民以食为天的问题和人口越多吃得越多的含义。我们的祖先将这种感谢上苍的思想和强烈的危机意识注入文字中，文化的标示性中带有明显的警示成分，爱惜粮食，勤俭持家变成一种永恒的期许。

讲一个孔子爱惜粮食的故事：一天，孔子应邀到一位贵族家中做客。客厅里，每个人面前都摆放着“五果”，寿桃居中。桃子的旁边还放着一盘黍米。孔子拿起一个桃子，用手把桃毛抹去，然后放到嘴边吃。他的举动引起前来参加宴会的许多贵族的嘲笑——在当时，贵族家里吃桃，是要用手抓起黍米，用黍米把桃毛擦掉才能吃的。否则，将被视为没有贵族修养，翻译成现在的意思，是“露怯”。孔子见状，泰然自若，面对一位贵族无理的提问，他告诉在座的大家，黍米是粮食，不可费也。“吃”和对“吃”的态度乃至延伸出来的价值观在孔子的言论中普遍存在，他主张“君子食无求饱”，鄙视饱食终日，无所事事的人。他追求饮食“饭蔬食，饮水，其肱而枕之，乐亦在其中矣。”简朴而平凡的生活。他对于“士志于道，而耻恶衣恶食者，未足与议也”，采取批评排斥的态度。而对于家境贫寒、箪食瓢饮、居住陋巷、好学不倦的弟子颜回，则以“贤哉回也!”大加称赞。孔子把有关“吃”的伦理社会经验最终上升到政治的层面，总结为“国以民为本，民以食为天”。

天——至高无上，把吃的问题当做“至高无上”的问题对待，可谓天道。毛泽东和孔子一样，一生创造了许多易于传播的至理名言，“手中有粮，心中不慌”就是其中之一。粮食给了中国人太多深刻的回忆，老百姓说“别拿豆包不当干粮（里外都是粮食）”，强调粮食的珍贵，囤积要囤粮食，买东西最重要的是买粮，原来毛泽东的话是从老百姓“家中有粮，心中不慌”那儿得来的。在中国历代对老百姓的实物科税中，都是以兑“禾”就是粮食来完成的，到了新中国成立，名为“公粮”，后来不知是哪位经济学家的创造，用于市场调剂买卖的粮食叫“商品粮”，今天粮食已经完全“商品”化了，但是粮食在历届中央政府的战略思考中，“天粮”的意识一刻也没有松懈。

有关“态静”的第三个层次，才是吃相。孔子强调“食不言，寝不语”，老百姓把它通俗为“吃不言，睡不语”，意思就是吃饭时不要说话，睡觉时也不要言语。“吃不言，睡不语”更多强调的是礼仪，孔子注重礼仪，“克己复礼”是他人生价值的终极目标。因此在他有关饮食的言论中对于“礼”的追求和诠释几乎无处不在。《论语·乡党》云：“祭于公，不宿肉，祭肉不出三日。出三日不食之矣。”为国君祭祀后分得的肉食，必须当天吃完，不能留到次日。家中祭祀祖先用过的肉，超过三天就不吃了。“乡人饮酒，杖者出，斯出矣。”意思就是乡亲们一起喝酒，散席的时候一定要让老人长者先走。

说来有趣，孔子教导普通人家吃饭的时候不能说话，可贵族和王者吃饭时候的规矩他没有讲，至少我们知道，无论是古代的皇宫贵族，还是今日的国宴，吃饭必须要有动静，古代黄帝宫廷大宴，群臣跪拜，磕首忠言，百官陪宴，听乐观舞，羽衣霓裳。今天国宴，首脑讲话，举杯共勉，军乐声声，舞乐翩翩。很有意思，自古至今，小家吃饭要不言求静，大家即国家吃饭却反其道而行之。这其中有一个道理，无论大家还是小家，凡仪式性的“吃”，不仅不需要求静，反而要求动，求隆重，求声势。想想还真是这么回事，中国人一出生，从办满月到过生日，从升学到成人，从结婚到生子，仪式一个连着一个，哪一个也离不开吃。至此，似乎吃有餐宴之分。餐，一日三餐，就是自己人没有仪式性的普通的吃饭，束行求静的规矩虽有孔氏古语，但今天由于社会的变迁和生活形态的变化，它早已被肢解，没有人再奉行此道；宴，是请别人吃饭吃酒，它与前者的区别在于“请别人”，不但“吃饭”，而且还要“吃酒”，进而衍生出某种仪式性。由此可见，吃相在吃的“态静”中越来越显得次要，而感恩、虔诚和天粮之思，才是永恒不变“食静”的大态。

3. 食竞

> **竞食变食竞，健康视为重，**
> **慢食变运动，文化视为重。**

今天六十岁以上的老年人，大都会有年轻时“吃大伙”的经历。“吃大伙”，就是各种形式的集体吃饭，比如插队的知青点，部队的连队，工程作业的工地等。“吃大伙”一般是菜每人定量一份，饭随便吃管饱；“吃大伙”一定竞食，大家比赛着吃饭。那是一个壮观的场面，有人从筐箩里盛饭，把饭盛到碗里，压的实实的，碗口上面堆得尖尖的，像座小山，有人与之正好相反，第一次只盛半碗，让人大惑不解。我当年吃大伙，由于性格使然，抢不过别人，最后总是落个没能吃饱饭。后来一位伙伴告诉我，让我看看他为什么第一次只盛半碗？原来目的是要最快的吃完碗里的半碗饭，第二次再盛，要盛结结实实的一碗。我恍然大悟，他的“食竞”居然如此的有智慧。如是，我联想到苏东坡在《东坡志林》中讲的故事：“有两个穷书生相互谈论起自己的志向。一个说：‘我平生感到不足的是，唯有吃饭和睡觉二事。以后如果得志，一定要吃饱了便睡，睡足了再吃。’另一位说：‘我与你不同，我是吃了再吃，吃了再吃哪有工夫睡觉啊？’最近我来庐山，听说马道士擅长睡觉，于睡中得到妙道真谛，但我觉得还是不如那位穷书生，从吃饭中得到的真谛。”中国历史上是一个饥饿的民族，无论从个人、家庭，还是到社会国家广义上的历史，“食竞”在中国饮食文化中是一个非常独特的现象。

有学者认为，自从盘古开天地，三皇五帝到今天，改革开放以来别的不说，就说这物质的丰富特别是吃的东西，历史上就是盛唐也不行。

“食竞”在中国是一道奇特的风景，第一道风景是公费请吃或吃请，以行政计，从村民委员会到北京各部委，天天宴会天天竞食；第二道风景是商业宴请或商业请宴，以所有制形式计，从民营私企、三资、独资到集体、国有大型企业，他们吃遍全国，全国遍吃，竞食天天，天天竞食；第三道风景是民间餐会与会餐，从同学会、校友会、同乡会等到民间社团，从婚丧嫁娶到氏族祭奠，竞吃是最重要的一个仪式；第四道风景是家家户户的一日三餐，餐桌上的丰盛几乎是天天过年，竞食是健康意识与美食的博弈。终于，举国上下的竞食，吃出了举国上下健康危机，肥胖症、血脂症、糖尿病、血压高等等吃出来的疾病与日俱增，并且不断年轻化、低龄化，兄弟间三十而立的“竞”，让“食”给腐蚀得危机四伏。于是，社会开始反思和节制，今天竞食的现象与本质已经和正在发生根本的变化，健康饮食正在成为时尚——竞食变成了食竞，两个字一颠倒，意思大不相同，竞食是比着赛的吃，食竞是比着赛的讲究吃什么、怎么吃、吃多少才能吃出健康来。

吃什么？本来中国老百姓总结的挺好：“吃五谷杂粮，保身体健康。”意思我理解就是：五谷是粮食的总称，杂粮强调多样性，五谷杂粮还有原生态有机食品的意思。原生便通，通则生津，津生不枯，人乃康福。如今市场上粮食、副食、蔬菜和水果等等，应有尽有，吃什么我们以“三通”为例抛砖引玉：便通吃糙粮色米，如红米、黑米、黄米、红豆、黑豆、黄豆、绿豆、荞麦面、莜麦面，红薯等；便通吃绿纤维菜，民间有“三天不吃青，肚里冒火星”的说法，意思就是吃菜少很容易上火，通便去火吃蔬菜，民间有“绿菜穿肠过，带走腹中火”，就我本人的经验，竹笋、芹菜以及茎叶中空的蔬菜、萝卜、土豆、木瓜、山药、藕、木耳、蘑菇等都有独到的通便作用。便通血通，有关专家建议在诸多食品中多吃玉米、西红柿、苹果、海带、大蒜、洋葱、茄子等食品，它们均有疏通血管的作用。说到这里，我突然想到，“一方水土养一方人”这句陈年老话，中国之大，东西南北，气候不同，物产不同，其实吃什么不仅要因地制宜，在当下物流发达的今天，知识比方法更重要，实践比理论更重要，每个人都可以选择自己的健康食品。

怎么吃？这里讨论的不是烹饪的技术，而是吃的基本形式和方法论的问题。狼吞虎咽是一种吃法，细嚼慢咽是另外一种吃法。孔子在《论语·乡党》说：“食不厌精，脍不厌细。”主张吃饭时，食品尽可能做得精细，烹制时，肉要切得细致。因为老年人的牙齿不好，肠胃的消化功能也大大减弱，食物做得太粗糙，肉不切细，杂筋连刀，炒不熟煮不烂，便咬不动嚼不碎，会引起消化不良症。孔子晚年坚持细嚼慢咽这一“食竞”的原则，是他长寿的根本保证。

其实，细嚼慢咽还有品尝美食的含义。仔细想想，也只有美食，才会让人细嚼慢咽。细嚼慢咽的食竞，吃饱的目的并不重要，享受过程和讲求健康才是真正的目的。我有一位朋友，前些年应邀前往匈牙利参加索罗斯（匈牙利裔）举办的金融投资研讨班。研讨班结束那天，主办方邀请大家乘船沿多瑙河游览，船靠上一个小镇，才不到下午五点钟，小镇上的商铺都已打烊了，不再做生意，其中很多小镇上的人已经在家院里的桌子上摆上了食品和红酒，准备享受美食了。陪同介绍，这里的人特别会享受生活，每天晚餐家人和朋友聚在一起，喝酒、唱歌、聊天，可谓吃喝玩乐尽情享受，平常这样的晚餐要进行几个小时。这让我联想到我们中国人宴席上总说的一句客套话“请慢用”、“慢慢吃”，同时还联想到另一位朋友在意大利旅游时发生的一个故事：在一个偏远海边小镇的餐馆里，侍者拿来菜单，我打开一看，首页上画着一只拿着刀叉的蜗牛，文字（英文）大意是说，本餐厅加入推广慢食运动（SlowFood），反对快餐，希望大家放慢用餐的速度，以悠闲的心情享受一顿美好的晚餐。让我朋友惊讶的不是慢食运动本身，而是慢食运动发展的触角居然能够延伸到这样偏远的小镇。这不仅说明该运动文化传播的速度与它的要义Slow完全相悖，而且更让人产生对慢食运动非要深入了解一下不可的欲望。

要说这项运动，它有一个标志性的事件与人物。1986年的一天，意大利美食专栏作家和社会活动家卡洛·佩特里尼从罗马的“西班牙广场”路过，突然看到几十名学生一字排开，坐在麦当劳门口的地上，津津有味地大嚼汉堡，享受快餐垃圾食品给他们带来的快乐。这幅画面让卡洛·佩特里尼大为震惊，他感到美国快餐文化的大行其道不仅破坏了欧洲人的饮食文化，关键是有碍人的身体健康。于是，他不久后就向世人发出呼吁：“即使在最繁忙的时候，也不要忘记家乡的美食”，慢食运动由此兴起。追踪慢食运动的文化根源，它起源于意大利的一个叫做布拉的小镇，最初的宗旨是保护优质的地方性食品和美食带来的快乐以及推动一种慢节奏的生活。其实这样的生活样态，在整个地中海沿岸地区甚至整个欧洲都很盛行。它是农业社会文明中贵族化生活形态延伸到工业社会而得到进一步普及的优秀遗存。慢食运动的命名是对现在世界上快速蔓延的快餐食品针锋相对的反应，它提倡一种始于餐桌的不着急的生活方式。所谓慢食，不止是“慢慢吃”，它还包含“珍惜传统、领悟食材，用感情体会食物的温度”的态度，要吃当地土地所生产的食物，要吃原材料是优良的好食材，要吃按当地风土习惯所生产制造的食物。慢食运动的理念提倡建立及开发种子银行，以保护本地食品系统中的传统且特有的蔬果；发展及保护当地的传统美食，使之延续并发扬光大；继承及发扬当地传统食品，包括食谱及制作方法；组织小规模的生产流程（包括屠宰场及季节性食品）；组织各种倡导本地美食的活动；倡导美食的品位；传播有关快餐的危害、有关商业化农业及大型畜牧业的缺点、有关单一作物及依赖少数基因组的危险性；扶持小型家庭式农场并发展相关策略；游说政府将有机农业包括在农业政策中；反对政府拨款给遗传工程；反对使用农药；向学生及囚犯教授园艺；鼓励良知消费。在慢食运动的影响下，有数据显示，在欧洲，尤其在德国，购买有机食品的消费者远远大于美国。

慢食发展成运动，其倡导普世的终极关怀，让人越发觉得有点像绿党的意识形态，从这一点上说，它让你慢食的同时，还让你的大脑不能慢的动起来。回到本节的话题，没想到绕来绕去，居然从“竞食”绕到“食竞”，最后落到了一个“慢食”的概念上来。这真应了那句老话：观念不变，原地打转，观念一变，希望无限。

吃和吃的态度，乃至吃出来的文化，东西方确实有些不同。吃在中国人的生活中有着极其重要的地位，人们往往吃了上顿盘算下顿；如果经济许可的话，总是设法要在吃上搞出点新花样来。这一点与基督教文化，特别是新教文化不同。例如英国人就把吃饭看成很随便的事情。他们把吃与身体的关系比喻煤与蒸汽机的关系，毫无诗意！（王学泰《吃在国人生活中的地位》）林语堂在其《中国人》中说："英国人所感兴趣的是怎么保持身体的健康与结实。比如多吃点保卫尔牛肉汁，从而抵抗感冒的侵袭，并节省医药费。"在美国人的"文化潜意识中对过分强调'吃'存在着一种恐惧感。在清教徒文化的深层，恍惚隐约地意识到：贪食是一个人不会得救的外在行为密码。"（孙隆基《中国文化的深层结构》）而中国人则堂而皇之的以"口"——"进口"、"出口"、"进出口"面对世界。

与西方食文化在文化中的地位不同，饮食文化在中国文化中占有极其重要的地位。这不仅因为我们有着无数的美肴佳馔，有着优雅舒适的进食方式及其与此相关的各种享受。而且也因为饮食文化以各种形式向其他文化领域渗透，中国精神文化的许多方面都与饮食有着千丝万缕的联系，大到治国之道，小到人际往来，举凡哲学、政治学、伦理学、军事学、医学以至艺术理论、文学批评等无不向饮食文化借鉴。近代满汉全席和宫廷御宴，乃至四大菜系、八大菜系……构成了中国烹饪大国的不可动摇的地位，世称"食不落国"。

食不落国走过百年，满汉全席和宫廷御宴，最终走到了市场。无论是颐和园里的"听鹂馆"，还是北海公园里的"仿膳”，昔日皇家的宴厅，今日已经变成对外营业的餐厅。普通人走进去，品尝“栗子面小窝头”和“烧饼加肉沫”——物质的极大丰富和社会平等的意识，百年的变化已尽在“咀嚼”中。公众总是对公众人物的饮食表示出极大的兴趣，对于领袖食谱的神秘性更不待言，甚至想方设法要亲自品尝一番。于是，毛泽东的厨师开办了“毛家饭店”，蒋介石、蒋经国的厨师在湖南长沙开了“彭园”。两家餐馆，是否“原始”食单已不重要，重要的是公众、食客的好奇心已使那里的生意日渐红火。

从清皇登基的庆宴，到新中国开国的国宴。无论宴席上的菜肴何等精致，食在这样的宴会上已经显得并不重要了，重要的是那宴会的形式和那形式所承载的政治内含。观其宴，知其欣，以此论，古今皆，凡宴之典，故理如斯，食不在物，意在其肆。前者是君王入主，后者是人民当权，同是一个“食”的形式，食者的更迭，反映了历史的巨变。

食竞不竞食，食在艺中持，食艺酿食意，食意谒天地。竞食变食竞，康道逐成风，慢食酿运动，文化风渐盛。

玖

事 jìng

干事先求净　行事静为风

事竞和为贵　净静竞易成

人生无人不干事，后人创业拜先师，

雏鹰四力作参照，四力融合起大势。

玖

事 jìng

1. 事净

> **事净净在容，容者心在明，明者怀天下，诸事讲双赢。**
>
> **人之初世私欲强，学习工作求成长，三人行事有长短，强弱互补成纲常。人之社会遇事多，伦理道义是规则，遵规守则不能错，有容乃大天地阔。**

芸芸众生不管大小高低、强弱贵贱，只要活着都得干事；干事就会碰到名利与义序、义序与名利的矛盾冲突；寻找解决干事名利义序之间矛盾冲突的求净价值法则。

中国有一句俗话：“拍马屁拍到马蹄上——挨踢有因。”下面的一则故事就是如此：有一个评估机构，评估出“世界杂交水稻之父”袁隆平身价1000亿元。袁隆平知道有人用钱的价值来评估自己，而且价值千亿，不但没觉得这是抬举自己，反而有点生气。他说:“用财富衡量科学家的价值太低级、太庸俗。”“钱是要的，因为要生活，但君子爱财取之有道；钱是拿来用的，该用则用，不挥霍、不浪费，不小气、不吝啬。”表面上看这件事，评估机构有点热脸贴到了袁隆平的冷屁股，但仔细想想，分析分析，该机构干事的动机值得怀疑，可谓动机不纯，干事不净。

80岁的袁隆平面对金钱和荣誉没有头脑发热，而是冷静的设定下一个目标，90岁时争取实现超级稻亩产1000公斤。这个目标很具体，但对于袁老来说确是一个追求的理想。温家宝同志激励大学生“仰望星空”，说的是人要有理想追求；比尔·盖茨聚天下之财以利天下之行，乃天下追求理想的大者典范。

袁隆平的故事一举三题：芸芸众生不管大小高低、强弱贵贱，只要活着都得干事；干事就会碰到名利与义序、义序与名利的矛盾冲突；寻找解决干事名利义序之间矛盾冲突的求净价值法则。

a. 干事

“文化大革命”中一批乌托邦的红卫兵有句很有名的口号，叫“活着干，死了算”，这和中国游民社会中帮会文化的口号“不干白不干，干了就是赚”一脉相承。尽管这两则口号都有些负面，但它们都从一个极端的视角，说明了人活着都得为生存干事。

有人说，世界上的东西，大可分为两类，一是“物”，二是“事”。有文章从汉字“六法”论“物”论“事”，说“物”可以象形，而“事”则无形可像。我不是文字专家，但就事论事看“事”字，先要来说“串”。“串”可以由结绳记事的象形而来，不用多说，谁都可以看出它的象形性，由“串”看“事”，“事”即有形，我想“事”不仅与“串”有形近之处，而且它是对“串”形意的一种发展。“事”的一竖勾穿“串”起了三个“物象”：一横可视为天下的范围，扁口即可视为地理范畴，也可看做“口”，人要吃饭，天下头等大事，再下面是一个横着的三头叉子，即是刀枪剑戟斧钺钩叉的“叉”，也是农用的“杈”。从“事”的“口”与“叉”，又让我想到“国”，繁体的“國”字就是用“戈”争夺人口和土地，划分势力范围。由此可见，“事”不仅从结绳记事的“串”而来，而且有“意”天下所有的“事”，不外乎为食而做，为利而争，终而出义，以义分利。

从个人到社会，从企业到市场，从政党到国家，从民族到世界，天下无不干事，因此可谓无事不天下。这里笔者从个体出发，把人要干事分为三个层次：私事、公事和善事。

人的私事很多，贯穿一生。但要在人的衣食住行、吃喝玩乐、婚丧嫁娶和事业成败中厘析出一个脉络，现代社会无论男女第一件要事是成事。成事先要成人。现在中国也有成人节。成人之前德智体全面成长、学习都是为了成人。

一个人成人了，也就是说你有了一定的本事。本事除去人的本能之外，更强调后天的知识、技能与能力，这种知识、技能和能力是学习锻炼出来的。学是干事，学要努力刻苦，孔子说“学而时习之，不亦乐乎？”古有悬梁锥刺的故事，即“学而不倦，习而不乱”；今有“天才在于积累，聪明在于勤奋”的名言。学，民间有“干到老学到老”的谚语，学界有“要想追赶时代变，人生不断要充电”的警语。如今市场经济、社会化管理，竞争异常激烈，人力资源市场化：有本事才能有位置，有位置才能真干事，干成事才能干大事，干大事才能有优势——优胜劣汰的丛林法则把人的地位排列出三六九等，你的位置由你决定。

学习——长本事有三重境界：

第一重是净，是要真心好学、虚心求学、诚心学习。真心学习是人的本能，没有人不要学习，不学习就不能生存；虚心学习是学习应有的态度，不耻下问，三人行必有我师，山外有山，天外有天，势外有势，人外有人；诚心学习是人生观，学习至学问，连学代问，学海无涯，学无止境，诚心学习乃人生基本哲学。

第二重是静，追求学习的状态，状态是通过方法来实现的，通常说，方法比知识更重要，比如说三观四法：宏观、中观和微观；横向、纵向、环向和矢向。又如逆向、类型和信息论、系统论、控制论等都是常用的方法论。这里举一个类型法的例子，我这个年龄的人，童年时代只有过年过节才有机会吃肉，吃鸡更是难得的喜事。那时吃鸡多是把一只鸡切成鸡块炖食，奢侈的把鸡胸切成丁，炒宫爆鸡丁或把柴鸡剁成小块爆炒，俗话说鸡吃骨头鱼吃刺由此而来。设若一只鸡可以卖10块钱，10只鸡100块钱，而今天类型法，吃鸡已经分类有鸡胸、鸡翅（尾翅、中翅、根翅）鸡腿（鸡爪、中腿、大腿）、鸡头、鸡脖子、鸡脆骨、鸡架子、鸡心等等，这样一分类，价格各有贵贱，消费者各取所需，结果10只鸡卖了180块钱，分类不仅让人看到了每个类型的真正价值，对于实物分类后的局部类型有一个透彻的认识，和各个局部之间的关系，乃至关系之间的逻辑秩序，而且还派生出一种有效的商业模式。所以说干事要讲究方法，俗话说“巧干不流汗，蛮干腿砸断”就是说的这个道理。

第三重是竞，竞争和竞赛，在彼此和众人构成的人事社会关系中，我具有超过别人的本领和能力。然而当代社会，竞争力在两军相争勇者胜、强者胜、智者胜、忍者胜、容者胜、仁者胜中，“容”与“仁”双赢多赢的目标才是最高的境界。

成人有本事之后就要干事，干事如今可以是给自己干事、给别人如参加工作给企业干事、考公务员给国家干事。干事有成有败，一般说，男人三十而立，意思就是要干事有成，如今城市女性白领，与男性比肩，差不多也是如此。

一说给自己干事：给自己干事，莫过于创业。创业百项千方，条条大路通罗马。但真的干起来，非常的不易。概括来说，“雏鹰理论”的“四力”是创业的基本要素，缺一不可。什么是“雏鹰理论”呢？说在一个高高的山崖上，有一窝五只雏鹰破壳而出，他们的爸爸妈妈每天都去给他们抓食吃，五只雏鹰长得很快，羽翼渐渐丰满，其中一只雏鹰很有“魄力”，胆子很大，趁着爸爸妈妈不在的时候，就从山崖上的窝里跳出去，学着爸爸妈妈的样子要展开翅膀在蓝天上飞翔，结果坠落下去摔死了。爸爸妈妈回来后告诉剩下的雏鹰，一只雄鹰是要有“魄力”的，但光有魄力是不够的，它还要有飞翔的实力。过了一段时间，剩下的四只雏鹰渐渐长大，爸爸妈妈教他们飞翔，其中一只怎么也不敢展开翅膀离开山崖，他也许是没有胆量，也许是没有实力，爸爸妈妈决定放弃他，这只雏鹰最后被饿死在了山崖上。爸爸妈妈告诉三只飞翔的雏鹰，要想作一只合格的雄鹰，没有魄力、没有实力是不行的。你们三个注意听，现在你们要成功的生存下去，还需要雄鹰特别的眼力。眼力就是看你们能不能发现陆地上奔跑的兔子、鼹鼠，天上飞的鸟类等食物。你发现不了，没有食物吃就要挨饿；有时不是你的能力问题，而是食物本来就短缺，这种情况下，挨饿考验你们的耐力。爸爸妈妈带着三只剩下来的小鹰，夜訇昼出，三天过去了还是没有抓到食物，一只小鹰掉队了，坠落了。爸爸妈妈跟剩下的两只小鹰说，你们两个要生存下去，耐力达到极限的时候，要知道“省力”，要多滑翔。突然四只雄鹰同时发现了一只草原上奔跑的兔子，爸爸妈妈故意不去俯冲，让两只小鹰生命中第一次去捕获猎物。两只小鹰抓住了兔子，来到一个山崖。爸爸、妈妈问他们，你们为什么不吃，两只小鹰异口同声地说，让爸爸妈妈先吃。这个所谓的“雏鹰理论”的故事讲了创业者必须具备的“四力”，即实力、魄力、眼力和耐力，四力缺一不可。光有实力没有魄力，你不敢创业，光有魄力没有实力，蛮干即死。有了实力和魄力，没有眼力，发现不了项目、市场和核心技术，实力和魄力最终形成不了耐力，失败是不可避免的。有眼力，但缺乏耐力，结果可能是望梅未能止渴的悲剧。

实力、魄力、眼力和耐力，是创业者的最基本的条件。如果再认真的分析，实力包括资本的实力、知本的实力、领导的实力、文化的实力；眼力包括发现的能力、创新的能力、转化的能力、对冲的能力；魄力包括决策的能力、传导的能力、博弈的能力、放弃的能力；耐力包括意志坚定力、危机意识力、修正方向力、公共关系力等。当然创业之后还需要解决诸多问题，在此不赘。

文到此处，突然冒出一个想法：养生养生，前提是生，有生才可养，如果连生都困难，何以养之？这里“生”是一个复杂且宽泛的话题，但干事是生的前提，干事有成，“生”才是实在的。但人生苦短，干成什么样的事，干成多么大的事才是……一不小心，我自己要把自己带进一个人生哲学思辨的壕沟里去，趁着还没有掉进去，赶紧就此打住。

总之：人生无人不干事，后人创业拜先师，雏鹰四力作参照，四力融合起大势。

二说给别人干事：按照今天的说法，就是求职。现在职场很大，选择的机会很宽、很多，但按照所有制形式分类，可分国有、集体、个体、独资、合资五类，但无论哪种类型，一经上市，形态和资本的构成即有了本质的变化。这里不是讨论所有制的形式和资本市场，而是要讨论在中国社会转型期间，个体的人要进入职场干事，应该具有怎样的能力或者说应该怎样处理职场面临的种种难题。笔者从人的智商、财商和情商切入。

智商主要是指人的智力指数，俗话说就是聪明的程度。上小学的时候，我记得有一位同学很特别，大家考试成绩都很好的时候，他的成绩一般，大家考试遇到难题成绩普遍不好的时候，他的成绩肯定鹤立鸡群，记得有一次老师在黑板上写下一连串数字：

12345678910，问大家这些数字相加等于多少？老师的话音还没有落定，这位同学回答说得55。老师问他，你为什么这样快就算出来了？他说，10个数字对头相加，正好是5个11。等到了中学，一次物理老师问大家，冬天就要过去了，天气越来越暖和了，有一天我路过车道沟，发现了一个有趣的现象，整条运河的冰还都没有解冻，为什么桥下见不到阳光的冰反而已经融化了？这个生活中常见的物理问题把全班同学都给问住了，只有这位同学站起来回答。他说太阳对于地面照射释放的热能是相对等值的，而接受热能的地面，由于界面物质的不同热能吸收的结果产生不同。一般冰面对阳光产生反射，吸收热能减少，而整个桥面是黑色的沥青的路面，在阳光下吸热的道理就和太阳能板一个道理，是最大值的。路面吸收的热能通过桥的柱子传导到冰面，桥下冰面接受的热能远高于一般冰面，见不到阳光的桥下冰面先于其他冰面融化就是这个道理。物理老师当着全班的面朝他伸出大拇指，说他智商超群，后来没有多久，他就被选送去了科技大的少年班了。

财商是指理财的能力，特别是投资收益能力。我讲一个犹太人理财的故事，说有一位犹太商人带着千万美元的票据到纽约去谈生意。来到纽约，他走进一家银行，在柜台前询问这里是否办理贷款业务？银行职员心里想，这不是明知故问吗，但还是热情地告诉犹太商人可以贷款。犹太商人接着问，最高和最低的贷款数额。银行职员心里有些不耐烦了，但还是耐心地告诉犹太商人，只要你符合贷款的条件，上不封顶，下……10美元也可以贷。犹太商人拿出自己的票据作抵押，贷款100美元。办完了手续，银行职员问犹太商人，为了100美元贷款，你为什么作这么复杂的贷款手续？犹太商人告诉银行职员，我来纽约办事，贷款100美元的利息远远低于我在银行租一个保险箱存放票据的费用。犹太商人的回答让银行职员大吃一惊，从心里佩服犹太商人的财商。

情商主要是指人在情绪、情感、意志、耐受挫折等方面的品质。李开复这个名字在中国IT业几乎家喻户晓，至今他清晰地记得，当年在卡内基·梅隆大学，导师罗杰·瑞迪对他的帮助。罗杰·瑞迪是美国总统特别顾问委员会信息委员会的成员，也是“图灵奖”获得者。作为科学家，他并非全知全能，但他知道怎样去看待一个自己不懂的领域，知道怎样用一些最困难的问题去激励学生的热情和想象力。在计算机语音识别的研究过程中，李开复对导师主张的方法产生了怀疑，打算采用其他的方法试试。于是，一个世界级顶尖大师和他还没毕业的学生有了分歧。罗杰·瑞迪最后说：“我不同意你的看法，但我可以支持你。”正是导师的这个情商至上的态度，影响了李开复至今的创业。讲一个情商反面的例子：我有一位年轻的朋友，研究生毕业，很有才气，创意力也好，可他先后供职好几个大的文化公司，工作期限没有超过一年的。我有幸与他合作过一次，是他请我去开一个文化项目的策划会，会上我的发言引起了与会者的关注，午饭后他所在公司的另一个部门的负责人邀请我过几天也到他的部门开个策划会，我答应了。令人没有想到，我的这位朋友当天晚上给我打电话，要我不要去开那个策划会，他认为我是他的资源，对方要邀请首先要通过他。我只好找了一个理由，推掉了那次座谈会，并劝导这位年轻的朋友，对方是你公司的另一个部门，换一个角度，你要是主动协助他们请我去帮他们，那你在公司不就海阔天空了吗。他不能接受这样的意见，在别的项目上又犯了同样的错误，结果好几个部门的领导一同到公司董事长那里去告他，说他根本上损害了公司的文化和利益，结果他被迫离开。

以往认为，一个人干事能否取得成功，在一生中取得成就，智力水平是第一重要的，即智商越高，取得成就的可能性就越大；而财商高的人，做生意、当老板，进而成为银行家、金融家、投资家的可能更高。但由于现阶段中国社会转型所导致生产关系的变化以及计划生育后独生子女渐渐成为主导社会的主体，现在人力资源的专家和心理学家普遍认为，情商水平的高低对一个人能否取得成功也有着重大的影响作用，有时其作用甚至要超过智商和财商水平。很多智商、财商都很高的人，非常自我、自负、自恋、自重……以自我为中心，很难跟自己的上下级和左右同僚搞好关系，于是智商、财商在“关系”中受到遮蔽，成功的概率大大地减低。

情商是外来的概念，在中国文化中，“情”在《说文解字》中被解释为：“人之阴气有欲者，从心，青声。”徐愫注释为“发于本心谓之情”。如此，情乃人的本质需要，是人的内在动力。“商”《说文解字》中被解释为“从外知内也。”《中华大字典》注释为：“一数除以不为零的数的结果。”如此，商是一种反映人或某事物的已经确定的质量。情商是人的本质需要，是人的内在动力和已经确定的质量。情商在当代“干事”的状态里是“三商”最为重要的“一商”。

情商水平高的人具有如下的特点：社交能力强，外向而愉快，不易陷入恐惧或伤感，对事业较投入，为人正直，富于同情心，情感生活较丰富但不逾矩，无论是独处还是与许多人在一起时都能怡然自得。专家认为，一个人是否具有较高的情商，和童年时期的教育培养有着密切的关系。因此，培养情商应从小开始。当然专家们还认为，成人的情商也是可以调整、协调、控制达到相对和谐的水平的。

情商与调控包括以下几个方面的内容：

认识自己，认识自身的情绪，成为自己生活的主宰；

调控自己，协调情感的曲线，妥善管理自己的情绪；

充实自己，激励自我的意志，走出生命中的低潮，重新出发；

认知他人，同理情绪的起伏，与他人建立正常沟通交流的基础；

理解关系，善于公关的语境，强化人际关系的管理，提高领导和管理能力。

“三商”中智商高的人适合于科学与艺术，财商高的人适合做金融家和企业家，情商高的人适合当政治家和外交家，普通人求职要想进得去，待得住，干得好，升得快，以我拙见，“三商”中现在情商是第一的。

三说给公家干事：能干公事者，必是公务员。公务员有小有大，小者小权，大者大权。权就是秤砣，一个拥有秤砣的人就是拥有权力和权利的人。“三个代表”，“以人为本、执政为民”的“科学发展观”讲得很清楚，“民”是根本，但我们的很多官员早把这个根本抛到脑后，有新民谣描绘当今某些官员：“忘了根本，亲近资本，权钱交易，满足私欲”。

范仲淹《岳阳楼记》中说：居庙堂之上，则忧其民；处江湖之远，则忧其君。先天下之忧而忧，后天下之乐而乐。

民间俗话有：当一天和尚撞一天钟。

毛泽东说：为人民服务。

邓小平说：我是中国人民的儿子。

至于今天的公务员，法规守则一大堆，关键在于“清正廉洁”“正大光明”。

为官如何清正廉洁？其实这是一道政治小儿科的问题，制度与监督，惩治与预防四面互涉。

最后回到个人，干公事清正廉洁是基本之道。

本文说过了给自己干事，给别人干事，给公家干事，想来想去从养生出发，还应该说说一件最自私的事和一件最公益的事。

最自私的事莫过于个人亲事。亲事就是婚事，婚事是人私事里的大事。恋爱、订婚、结婚都是仪式。仪式都是外在的，结婚的根本目的是房事，也可以看做仪式的内在。就像小说《大红灯笼高高挂》中的挂灯笼，是仪式，办房事才是真事。说到房事，从达尔文的进化论到汉米尔顿的生衍论，只有人——这个高级动物把性交中的快乐提升出来，当做日常生活最重要的组成部分，让繁衍退居边陲，把快乐当做主体，而其他的动物，生存和衍生才是最最重要的。社会学里一个有名的案例，英国约克郡的一个小镇，宁静而祥和，人们遵从着日出而作日落而息的古老传统，突然有一天，以蒸汽机为标志的英国工业革命的浪潮吹到这里，一条铁路通过小镇。自从这条路修通，小镇几年里发生了变化，其中最大的变化就是人口的出生率明显的上升了。社会学家得出结论，因为夜间火车通过，噪声吵醒了熟睡的夫妻。夫妻醒后，办房事的概率增高，出生率上升找到了原因。这个社会学的案例，从一个侧面印证了人类房事的快乐原则。我再举出这个原则一个反证的例子，我的一位老朋友，最近很烦闷，实在憋不住了才告诉我，他的儿子刚刚到欧洲旅行结婚回来，本来是件高兴的事，没有想到回来女方就提出要离婚，儿子居然也没有反对。女方很懂事，所有结婚的费用承担一半。这让我的朋友更是纳闷，结果让他的妻子一语道破，一准是儿子的性无能。朋友恍然大悟，又无可奈何，有权利、有实力、有关系、有爱心，儿子的什么事他都可以代替，唯独这件事他无能为力。无奈中他与我交流，我告诉他，让你儿子去检查，心理生理有无问题，如果这两样有问题，都可以治疗，经过检查和治疗如果认定是先天性和器质性的，不管你和你夫人多么的愧疚也于事无补，那真是没辙的事。

绕了一个大圈，我是要讲无论男女，房事要净。

第一净，是房事要讲究卫生，双方不因房事而病，特别是不正当的房事更要“防事”。

第二净，是房事要双赢，不能以一己之快而忘乎对方之乐。

第三净，是房事不奢，房事防事。正常夫妻的房事姑且不论，看看中纪委的一个统计，90%落马的官员都有包养之事。包养是干的出轨之事，此种干事大不净也。

第四净，房事乃大事快事，放纵与控制均属不智，科学合理的配置才是盛事。

有关房事，现代社会，科技发展，伦理纲常，点到为止。

最公益的事就是慈善的事。四川汶川地震，人人捐款，致使现在很多款项还存在民政部，变成了公款。这是善事。台湾“八八水灾”大陆人民踊跃捐款，虽然受捐者好像并不怎么领情，但捐献者事出于心，心乃善安。有关国难大灾，捐助语境和正义冲动让人常常逐流从善，这就是所谓的时代大潮，做一两件好事、善事并不难，难的是在和平的年代，平常的时期能关注社会弱势群体，扶老携幼，从点滴做起，不断的做好事、善事影响社会，让我们的社会更温暖。

公益、义工、善事不是什么难事，不是什么高深的事，人人都可以做，只要你做，你的心就会涌过一股清流暖意，你就会感到愉快，就会感到生之意义。

此乃：人生在世必干事，干事前提是非知，为得生计和为贵，公益从善无私持；人生苦短贵自在，自在前提求青白，悠然南山种松柏，无心插柳绿一排。

b. 冲突

干事就会面临矛盾和冲突。

前几年，北京有一家非常有名的餐馆“九头鸟”，由于它服务大众的定位和规模化的烹饪路径，发展很快，整个京城建立了好几家分店。随着规模的扩大和利润的上升，分配出现了问题。问题不是出现在员工与老板之间，而是出现在老板与老板之间。有趣的是，据说这家餐厅是父女合开的，矛盾起于父女之间的利润分配还是支配不得而知，但最终从矛盾走向冲突、直到分裂是一个事实。后来父亲分出来，又以同样的经营策略，开办了“九头鹰”餐馆，效益也相当不错。知情人说，在自然界里鹰捕食鸟，父亲的餐馆起名“九头鹰”就是意在有朝一日吃掉“九头鸟”。几年过去了，“九头鹰”是否兼并了“九头鸟”笔者不得而知，但两间餐馆早已被更为与时俱进的餐饮业者的品牌所遮蔽，这是一个事实。

本节用“九头鸟”和“九头鹰”的故事开篇，意思是说，人是生活在利益关系中的，小到家庭，纵向的父母儿女，上下延伸祖父母孙男代女，横向的亲家两系，环向的亲朋好友，乃至社会关系、工作关系。在这张复杂庞大的关系中，情感由利益而生，利益处理不好就会产生矛盾，矛盾处理不好就会产生冲突，冲突解决不好就要诉诸法律，法律判决不服就会被强制执行，有时候因为一口气，轻者气出一身病，重者能够要了命。命都没了，还养什么生？道理谁都懂，但遇上事，冲突有时还是难免的。

社会是人的，人是社会的，在当今社会，无论你是个人还是企业，无论你是政府还是非政府组织，你的行为、运营、诉求和权力的行使等等的成败都充满着矛盾与冲突。兄弟姐妹之间、同事同僚之间、资本合伙之间、企业上下之间、企业市场之间、企业政府之间、各级政府之间、各国政府之间等，小自家事、私事，大至公事、国事，一般说，矛盾起于利益，波及情感；情感激化矛盾，最终酿制冲突，普天莫不如此。

我讲三个有关冲突的不同例子：

王安公司的故事

1986年前后，王安公司达到了它的鼎盛时期，在美国《幸福》杂志所排列的500家大企业中名列146位，而王安本人，也以20亿美元的个人财富跻身美国十大富豪之列。

然而，幸运并非总是眷顾王安公司。在20世纪80年代末期，几乎与王安患上绝症的同时，王安公司也由于一连串的重大失误，由兴盛走向衰退。是什么使一个强大而繁荣的电脑帝国在短短的五六年中崩溃了呢?

首先是王安未能急流勇退，推出新人。晚年的王安失去了蓬勃向上的进取精神，在经营上故步自封，判断力趋向迟钝，使公司失去了原有的日新月异的优势，当IBM等公司致力发展个人电脑之际，王安却不听下属劝告，拒绝开发这类产品。当电脑行业向更开放、更工业化、标准化的方向发展时，王安却坚持自己老一套的专有的生产线，并对客户加收高额的软件费用，与客户之间发生了利益冲突，结果客户大量流失

王安公司像许多华人企业一样，延续传统的家族管理方式，任人唯亲，造成用人不当。1986年11月，王安不顾众多董事和部属的反对，任命36岁表现不佳的儿子王烈为公司总裁，令董事会大失所望，一些追随王安多年的高层管理人员愤然离去，公司元气大伤。

王安在与科技飞速发展的时代冲突、与客户之间的利益冲突、家族管理与现代管理的三大冲突中失去博弈力，最终倒闭。

王永庆遗产风波：

台湾“经营之神”王永庆病逝后，根据《福布斯》杂志调查，他身后留有约2222亿元遗产，但这笔庞大遗产至今仍未处理。王永庆的长子王文洋发表声明表示，“我的家族需要答案，且整个程序必须是明白、精确与公平。”“对我而言，最让我父亲及他的一生感到荣耀的事情，就是尽力追求遗产调查程序的完全公开化。”并已向美国新泽西地方法院提出申请，要求法官公布王永庆遗产总额，并指定他担任遗产管理人。根据法律，王永庆的元配王月兰可以首先主张夫妻剩余财产分配，分得一半遗产，也就是1111亿元，这部分不必课征遗产税，之后剩余的一半则须课征50%遗产税，课完税后的555.5亿元，再由王月兰和王永庆的十名子女(由于王永庆三房李宝珠与前夫所生的女儿王瑞纪已被王永庆办理认养，依法具财产继承权)均分剩下的555.5亿元。依此计算，王文洋个人可分得50.5亿元遗产。但目前正进行认祖

官司的罗文源“四房”三姐弟，若经法院判定确为王永庆亲生，则连同罗家三姐弟在内，每人可分得39.7亿元遗产。若王月兰确实收养王文洋，而王文洋又是王月兰唯一继承人，在王月兰去世后，她从王永庆处取得的庞大财产，将全部由王文洋继承。

王家遗产的继承可谓典型的中国式的家事冲突。其中此案涉及原配妻子、亲生子女、非亲生子女和婚外子女等复杂的继承遗产的矛盾和冲突。王永庆被誉为企业经营之神，但他对身后事的经营却不算成功，从神降为了平常的人。

洛克菲勒家族六代不衰的传奇：

提及近现代乃至当代美国史，人们难以避开这个家族的姓氏：标准石油公司、洛克菲勒基金会、大通银行、现代艺术博物馆、洛克菲勒中心、芝加哥大学、洛克菲勒大学，还有令美利坚合众国悲伤的在“9·11”中倾倒的双塔。

因为种种情感矛盾与利益冲突，中国有句老话，说“富不过三代”，但是洛克菲勒家族发展到现在已经是第六代了，依然如日中天、独“富”天下。

有关洛克菲勒家族面对矛盾和解决冲突的故事几乎俯拾即是，笔者这里仅举一个最不显眼的例子：洛克菲勒在家里搞了一套虚拟的市场经济，称他的妻子为“总经理”，要求孩子们认真记账。孩子们靠做家务来挣零花钱：打苍蝇2分钱，削铅笔1角钱，练琴每小时5分钱，修复花瓶则能挣1元钱，一天不吃糖可得2分钱，第二天还不吃奖励1角钱，每拔出菜地里10根杂草可以挣到1分钱，唯一的男孩小约翰劈柴的报酬是每小时1角5分钱，保持院里小路干净每天是1角钱，洛克菲勒为自己能把孩子培养成小小的家务劳动力感到很得意，他曾指着13岁的女儿对别人说：“这个小姑娘已经开始挣钱了，你根本想象不到她是怎么挣的。我听说煤气用得仔细，费用就可以降下来，便告诉她，每月从目前的账单上节约下来的钱都归她。于是她每天晚上四处转悠，看到没有人在用的煤气灯，就去把它关小一点儿。”这个例子可以说是洛克菲勒教育孩子从小用劳动在“市场赚钱”的实践，但笔者引用这个故事，目的却是洛克菲勒是在教孩子们干事的时候制造了矛盾，同时也制定了利益的规则，规避了冲突的发生。

游戏规则是防止干事发生矛盾和解决利益冲突的有效途径。

经历了一个多世纪的洛克菲勒家族，仍在续写着辉煌的历史，约翰·D·洛克菲勒的后代们没有整天躲在房间中计划如何守住自己的财富，不让金钱落入别人口袋，而是积极地参与文化、卫生与慈善事业，怀着富有的负罪感将大量的资金用来建立各种基金，投资大学、医院，让整个社会分享他们的财富。

在以上的三个例子中，笔者刻意选择了一个“冲突起于利益”的方向，王安因为“利益”制定了有利于儿子的规则，因而与公司内部和外部产生冲突，最后败走麦城；王永庆一生经营，经营一生，然而驾鹤西去，却把矛盾留给了后代，让利益的冲突正在进行；洛克菲勒的英明在于他把利益规则、信托制度、公益精神与公信原则编制成家族成长的规则摇篮，让成长中“冲突起于利益”的芒种在规则中受到抑制。三个故事中反映的三种不同的价值规则产生完全不同的三种结果，谁优谁劣是不言而喻的。

一个人干事，一个企业干事，一个组织干事，一个国家干事，没有矛盾、没有冲突是不可能的，问题是你如何去化解矛盾，解决冲突，从陈旧的求胜价值观过渡到双赢多赢的价值体系里来。但说说容易，做起来难，笔者写到此时，正值哥本哈根会议召开，看看所有参与的国家政要，特别是欧美发达国家，面对全人类生存危机的大事，什么普世的价值、人权的思想、民主的力量、责任的神圣等等，“刀枪入库，马下南山”都被一己或集团的利益所替代，而表现出来的“智慧”，大都是破坏甚至颠覆原有《京都议定书》和《巴厘路线图》的原则，意欲从新制定有利于自己的游戏规则。

此乃人性之恶，未来祸之大焉。

从“跑题”中回来，干事要有规矩，没有规矩不成方圆。可是在目前社会转型和市场经济初期阶段的中国，无论从个人到家庭，还是从企业到政府，很多时候干事既忘记了“没有规矩不成方圆”的传统，也对市场经济就是契约经济、法制经济的现代游戏规则视而不见，因而常常干事矛盾缠身，冲突不断，官司不断，胜诉败诉不断，生气不断……关键是忘记了规则。从人生的意义上说，干事忘记规则就是人生忘记了养生——问问自己“生”的本质和意义，相信自会另有一番思考——当然求助宗教是一种歧途。

今天走在街上，无论男女，胳膊腕上带着佛珠、脖子上挂着十字的人很多，但就我所见，真信者凤毛麟角，和西方基督教忏悔相悖，中国人多是有事“临时抱佛脚”。更可憎的是，许多人今天信奉宗教有两个极其恶质的表现：一是拿宗教当护身，求得心净达静一隅；二是拿宗教当做对付别人的武器。看看那些老板在孔庙里身着汉服朝拜孔子的样式，真让人不齿他们传统的不懂五伦之义，现代的不懂公信公益，现实的不懂邓小平改革开放的深意，先富起来要帮助后面还没有富裕起来的大多数！

回到个人，个人可能发生冲突的场域不外三个：

家庭的冲突：夫妻之间、子女之间、父母之间等等，俗话说，清官难断家务事，但再复杂，也不外乎情感、伦理、孝道、利益等，如何处理这些问题，是一道世界性的难题，历史与现实，外来与本土，皇亲与贵族，草根与百姓都是如此，解决矛盾与冲突的路径是利益规则下的理性与妥协。

朋友的冲突：中国人有一句家喻户晓的俗语：在家靠父母，出外靠朋友。朋友是什么？是彼此间有交情的人。"交情"构成彼此的关系——"交"是交往，一起做事，然后产生"情"——交情让彼此成为朋友，这种关系的时间延伸，可以累叠成"世交"，传给后代。朋友是中国传统伦理关系"五伦"（君臣、父子、兄弟、夫妻、朋友）中的一种，而且是最后的一层伦理关系。这种农业文明的伦理关系，在现实的中国被带进现代社会和市场经济，朋友间的利益冲突，常常导致现代人对于"朋友"关系的质疑，甚至颠覆到"警惕朋友"的地步——现代社会和市场经济崇尚法制与契约——法制与契约才是现代社会和市场经济运行的本质，在这个意义上说，朋友的情感状态与合作行为需要现代性的重新定位。

合作的冲突：合作要有法律承认的契约、协议与合同，大到国家有宪法，中到政党有章程，小到个人有口头协议和文本合同，按规则办事规避矛盾与冲突，矛盾冲突发生一定是有一方违反了规则。用规则解决冲突是理性的途径，然而从古老的历史到今天的现实，用较量、战争、制裁等办法解决矛盾和冲突的选择，虽然受到越来越多的制约，但仍然没有被放弃。为什么？人类——民族——宗教——国家——政党——家族——人——要问自己！

中国古语：有容乃大，无欲则刚。人做到有容的境界，许多矛盾和冲突都不难解决。用老百姓的话说，就是退一步海阔天空。但以笔者浅见，人要做仁者才是最高的境界，孔子的思想仁者爱人，人人都作仁者，大家互爱，大爱无疆。“仁”——“二”“人”之间的关系以“仁”构建，你仁我，我仁他，大家一起仁大家，如是彼此相仁则具有原始朴素的“生而平等”“平等互仁”的思想。

此乃：生而性本恶，干事冲突多，仁出孔子策，万事贵在和；有容德乃大，仁心装天下，礼让任天堂，养生有康庄。

c. 规则

北京有个“义利”品牌的面包很有名，小时候只知道这个牌子的面包好吃，但“义利”是个什么意思从来没有想过，想也不明白。计划经济的时代几乎把这种“义利”的关系压缩到了无可作用的水平，因而严重影响了生产力的发展。现在是市场经济，想起当年“义利”品牌的创业者很是值得敬仰，因为他把市场与商业的规则当做自己创办企业的准则，这实在是让人佩服。

光绪三十二年，也就是公元1906年，一位名叫詹姆斯·尼尔的苏格兰人远渡重洋从英国来到上海创世界，此人原是英国轮船上的司厨，按照中国人的话说，“白案”的手艺不错，于是他就在南京路摆设了一个小摊位，自制自销苏格兰风味的点心、面包。詹姆斯·尼尔在南京路设的摊位就在英商福利公司附近。英商福利公司在外商中算得上是老字号，早在1886年之前已有相当规模。詹姆斯晚间做，白天卖，虽然工作辛苦，但是生意不错。租界里的洋人都很喜欢他烤制的点心、面包，夸奖味道正宗。福利公司的老板看中了他的才干，特聘他来经营公司的食品部。一个食品品牌的传奇由此开始，詹姆斯雄心勃勃地先在上海四川北路租房，后又买下了4500平方米的地皮，建厂房、购机器，他引用中国传统的“先义后利”的儒家思想，结合他自己名字的谐音，为新企业命名“义利洋行”。“义利”以其口味地道、新鲜优质的产品，灵活周到、配套便利的服务，在租界享有盛誉，在上海声名鹊起，到20世纪20年代已成为江南著名的食品企业。1946年,上海实业家倪家玺收购义利洋行，更名为义利食品公司，成为民族资本企业。1950年冬，为满足首都北京发展的需要，以倪家玺为首的公司骨干带领部分员工及设备将义利公司迁移至北京，建立了公私合营的北京义利食品股份有限公司。

笔者以“义利”的故事开篇，意在讲述人在干事的一生中是在关系中度过的：孔子把这种关系界定为“君臣、父子、兄弟、夫妻和朋友”，处理这五种关系中的原则是“仁、义、礼、智、信”。孔子和他的追随者所总结的关系和处理这些关系的规则限于他们所处的时代有其局限性，其中最为突出的两点，一是他们界定的关系是“熟人的关系”，而“陌生人的关系”涉及甚少，二是他们提出的规则多属于“道德层面”，而“权益层面”涉及不多。今天的中国国学热、孔子热，如是，我们力图把古代贤者们界定的关系和处理这种关系的规则现代化、谱系化，也许可以找到处理今天我们在干事过程中所遇到的矛盾与冲突的办法和解脱日常生活焦虑与迷茫的路径。

现代人的关系大致可以类型为：公民与国家、成员与家庭、个人与社会。一个人如果能够正确处理这三大关系，基本可以规避一生可能遇到的矛盾和冲突。

公民与国家

在传统的中国文化里，个人之于国家，按照孔子“君臣”的政治逻辑，民为子，可谓子民。如是，中国上古、古代经济社会的发展，导致了中国人从家庭到宗族，进而积淀出了宗法的传统社会政治文化，并导致中央集权的统治模式，而长久沁入、主导国家政治文化的DNA是顺理成章的路径。印度的情况与中国有着相当的差别，她的种姓文化延续至今，即便是社会政治引进了民主制度，种姓文化的劣根依然能与民主政体的新芽并存，真可谓一道政治文化的奇观。古希腊和古罗马的城邦时期，最早出现了“公民”的称呼，这是最早的具有制度性的民主政治的雏形。古罗马曾经颁布过“市民法”，也就是公民法，用以调整罗马市民之间的关系。西方资产阶级革命胜利以后，公民的概念被重新提出，各国宪法普遍地使用了公民的概念。从其性质上来看，公民具有自然属性和法律属性两个方面。公民的自然属性反映出公民首先是基于自然生理规律出生和存在的生命体。公民的法律属性是指公民作为一个法律概念，以一个国家的成员的身份，参与社会活动、享受权利和承担义务。世界各国法律通常会订定公民的政治权利，规定国家与个人之间的关系，指定国家不应干涉及侵害某些个人行为，但视各国国情规定而不同，常见的公民自由包括居住及迁徙自由，言论自由，讲学、著作及出版自由，秘密通讯自由，宗教信仰自由，思想及良知自由，集会结社自由，婚姻自由，罢工自由、私生活不受侵犯的权利，国家出入境自由，拥有财产自由等等。我国宪法订有“公民的基本权利与义务”一章，作为一名中国公民在与国家的关系中，以宪法为准绳是正确的法律途径。因此在现阶段的中国，落实宪法赋予公民权利的工作仍然任重道远。一种倾向不能掩盖另外的一种倾向，在大部分公民权利没有得到充分保障的同时，有权、有钱的另外一部分公民较少承担公民的义务，进而让基尼系数增长至橙色的区间，导致社会的紧张。当然，世界上大奸大恶的人只占少数，超凡入圣的人也不多，绝大部分是平凡的人，先照顾自己的利益再思考国家社会问题，所以追求利益是人的天性。但你若是掌握权力的人和有着发财“原罪”的人，只有懂得照顾到他人的利益才能抓住周围的人对你的信任。

成员与家庭

中新社旧金山2009年12月17日电：美国《科学》杂志将“2009年度最重大发现”荣誉授予迄今发现的最古老原始人骨骼“阿尔迪”(Ardi)。发表在当年10月2日《科学》杂志的阿尔迪研究，发现了440万年前生活在非洲埃塞俄比亚的女性原始人骨骼，这是迄今为止人类所知最古老的原始人遗骸。以加州大学伯克利分校人类进化研究中心主任蒂姆·怀特教授为共同负责人的研究团队，成员包括十一个国家的人类学家、考古学家和地质学家。他们在十七年间将数以千计的骨骼化石碎片拼凑、组装并加以分析，并把她命名为“阿尔迪”。阿尔迪的骨盆和腿骨帮助科学家了解她如何行走，她的部分头盖骨重新呈现了她的大脑尺寸，部分下颚和完整的牙则显示了她如何咀嚼进食。阿尔迪的研究最重大之处在于，科学界此前一直假定，人与黑猩猩最后一个共同祖先具有众多与黑猩猩相似的特征，例如它也许还像黑猩猩一样采取四肢着地的方式行走。但“阿尔迪”的研究颠覆了这一假定。怀特教授和他的团队认为，“阿尔迪”既不是黑猩猩，也不是人类，她非常接近黑猩猩和人类的共同祖先。科学家表示，这个重要发现将有助于了解远古时代的生活以及人类最早阶段的进化过程。美国《时代》周刊也同时将“阿尔迪”的发现列为当年十大科学发现。

这样一个新闻，让笔者浮想联翩，人类的发展从蒙昧走向文明的路径与归宿——以中国为例，从氏族群居到血缘家庭，再到宗族和宗法，家庭至今是一个社会最小的细胞，然而随着经济社会的发展，家庭这个社会的细胞在不断的分裂，四代、三代同堂的大家族已经不复存在。探讨家庭恩怨情仇的巨著浩瀚如山，从莎士比亚到托尔斯泰，从曹雪芹到巴金……最终还是“清官难断家务事”。人类最后的归宿与形态是什么？我不知道。但我知道，在现阶段中国式的普通家庭，你作为一个成员，在时间的流程中不断的转换角色，你只有担当好每个角色，才可能规避一些家庭的矛盾和冲突。但每一个历史阶段都有每一个历史阶段的特点，如今的欧美多有“大小孩”，意思是早已成年的男女，难于立足社会，结果仍旧离不开父母，谓之“大小孩”。无独有偶，中国出现“啃老族”，而且是大面积存在，这不能不让人担心，除去个体的原因，我们要问，是不是当今社会也出现了一些问题呀？

俗话说，观念不变，原地打转，观念一变，希望无限，人要让自己的生命更健康、更快乐，一些传统陈旧的观念必须改变。

我辈老年人也曾作过儿女，与现在的儿女孙辈只差一两代人，但是情况大不相同：我辈60年前出生的年代，父母赶上学习苏联要做英雄母亲的时代，生的越多越英雄，毛泽东错批了一个马寅初，中国多生了几亿人；而现在的年轻人，多赶上了计划生育的时代，独生子女占多数。多兄弟姐妹和独生子女的家庭环境、经济环境和心理环境有很大区别，前者更注重他人与自己构成的关系，进而决定生活的准则，后者更注意自我的存在，以我为中心的生活准则是生活常态所奠定的。我辈出生的时候，国家施行计划经济，统购统销政策下主要生活资料都由票证控制，物质相对匮乏，政治运动频繁，每个人的政治生命风险很大，时常因为一句话不当而变成阶级异己分子，今天的年轻人与我辈不同，国家施行市场经济，以经济建设为中心，物质极大丰富，政治运动萎缩到极端的意识形态，已经没有了市场，国家的管理形式也从原有的单位制度过渡到社会化的管理，社会开放正在走向多元的时代，每个人选择工作和生活的自由越来越大，但社会竞争也越来越激烈，年轻人的压力也越来越大——上有老，下有小，背房贷，压弯腰。我辈出生的时代，按照工业浪潮的说法，中国充其量也就是从第一向第二过渡，而现在，中国正在从第三向第四挺进，甚至已经观五，于是今天的年轻人无论从观念到手段都比他们的父辈先进得多。

但据我观察，它并没有改变东方人亘古未变的价值系统：儿女对父母的索求是无限的，孝顺是有限的；父母对儿女的给予是无限的，索要的孝顺是简单的——这是一个不断轮替的“亲情与责任”的人性法则，每个人都会被轮替。不过我这里以我的立场告诉年轻一代，今天的父辈未必需要太多的物质关怀，更多的是父亲、母亲生日和节日的问候与祝福，仅此而已。

个人与社会

一个人很好理解，两个人简体字是“从”，有跟随的意思，三个人是“众”，“众”就是社会。俗话说，一个和尚担水吃，两个和尚抬水吃，三个和尚没水吃，所以毛泽东说凡有人的地方，就有左中右，按照我的现在的解释，就是凡有人的地方，就有不同的价值观。据说有一位智者和他的弟子坐在城楼上望着街上熙熙攘攘的人流，智者问他的弟子，你说这么多忙忙碌碌的人，他们都是为什么呢？弟子语塞，一时不知如何回答。智者说，我看他们大可以分为两种人，不是为名，便是为利。弟子有悟，随智者说，不管他们是为名还是为利，名利一体，先要讲“义”，无“义”之名利，一定会乱序。乱序而得之名利者恶，不可持也。回到题旨，个人与社会是一个很大的观念范畴，但无论这个概念多么的大，多么的复杂，古往今来，分久必合，合久必分，“义”与“利”的关系始终是主导这种关系的主轴。

繁体的“义”是个会意字，从我，从羊。“我”是兵器，也表示仪仗；“羊”表祭牲。义的本义：正义；合宜的道德、行为或道理。一般指公正合宜的道德、道理或行为。“义者，宜也。”《释名》：“义，宜也。裁制事物，使各宜也。”《说文》:“义，己之威仪也。从我、羊。(注)臣铉等曰：与善同意，故从羊。”《周官》注：“仪作义，古皆音俄。”“义”是儒家五德：仁、义、礼、智、信之一。儒家注重要与身边的人建立一种和谐的关系。孔子的中心思想为“仁”，孟子的中心思想为“义”。孟子说：“义，人之正路也。”荀子说：“夫义者，所以限禁人之为恶与奸者也。”西汉董仲舒认为，“仁、义、礼、智、信”五常之道是处理人际关系的基本法则。在老百姓那里，“义”的规则被比喻为“先君子后小人”，到了现代的法制社会，又被比喻为“儿子打他爹，公事公办”。

义，是中国传统文化中所讲的一种道德规范，也是禁约人们行为的准则。中国人崇信孔子为文圣，崇信关羽为武圣，庙堂数目相当。商人把“仁中取利真君子，义内求财大丈夫”的商人统称为儒商。然而在现实中，一个非常有趣的现象是，商家祭拜关羽远胜过祭拜孔子，这是为什么呢?

原来敬奉关羽，是把关羽作为义利观的精神偶像。

建安五年（公元200年），刘备兵败投袁绍，关羽被曹操所俘，曹操礼遇甚厚，拜为偏将军，封为汉寿亭侯，但关羽身在曹营心在汉，“降汉不降曹”；为报曹操知遇之恩，他策马千万众之中，杀颜良，诛文丑，解曹军白马之围；曹操更加喜爱关公，派关羽同乡张辽劝说，关羽说；“我知道曹公对我很好，但我受刘备厚恩，立誓生死与共，绝不能背叛于他。”曹操听罢也无可奈何。以后关羽打听到刘备下落，拜书告辞曹操，“千里走单骑”，“过五关斩六将”，终于找到刘备。

“义”成了关羽的化身。

有趣的是，从文圣孔孟的仁义，到武圣关羽的忠义，义在中国社会始终没有占据行为的主导地位，只是停留在信念和期望之中，甚至拿它作为一种保护自己和进攻他人的武器。虽然也有历代朝政的倡导，士人的追捧和商贾等的所谓信奉，但无论如何也没有发展成为现代社会的价值取向和伦理实践，以致直到今天的市场经济社会，诚信仍然是难以企及的目标。

那么这是为什么呢?

大毛病出在孔孟，孔子把整个的社会关系定位为君臣、父子、夫妻、兄弟和朋友，“义”即规则已经被他定死：臣从君，子从父，妻从夫，弟从兄，朋友彼此从大。这“义”不分对错，不分先进与落后，不分正义与邪恶，误导了社会两千多年。再说孟子，他把人性定为本善，这是一个哲学的错误和人文的误导，人的本性虽然不能用与善相对的恶来定位，但人性本“欲”，进而“私”，“私欲”乃人的本性是历史所证明了的。人性本善这一定位，向内堵住了人探索内心世界的途径，因此中国缺少了近现代类似罗梭、尼采、弗洛伊德等那样的思想家，向外堵住了探索自然的途径，“天道”“阴阳”的迷经成了一道精神的高墙与沟壑，中国缺少达芬奇、米开朗基罗、拉斐尔“文艺复兴三杰”和向达尔文、牛顿那样的科学家。

2. 事静

事静静在行，行事看品行；
品行欲修正，万事皆于诚。

毛泽东有一句名言，一个人做点好事并不难，难的是一辈子做好事。学习老人家这句话，用在“事静”上，可谓一个人做好事并不难，难的是做好事不留名，此乃“事静”的第一层含义。进而推之，一个人勤勤恳恳、默默无闻、谦虚谨慎、身体力行、行事不张扬、不张狂的工作作风所形成特定的行事风格，可谓“事静”，此乃第二层含义。第三层含义可谓行事求道，诸如慧能六祖将佛教中国化之禅学——禅智大静。

a. 事不留名

上海某电视台推出了一个“海派清口”，该节目把幽默和讽刺新闻化、社会化，受到观众的欢迎，这让人感到中国社会的一种变化，节目的大胆和官方的忍受度都在双向提升。然而，笔者对讽刺雷锋，特别是讽刺雷锋做好事不留名却全都记在日记里这一点感到特别的反感。中国的传统里，逝者为大，入土为安，雷锋已因公牺牲，拿一位逝者开涮，破了孝道之界；做好事不留名，这是人性的普世价值，雷锋的这种价值观今天连美国人都在学习，节目将其颠覆，又没有传达出新的更好的社会价值取向，而原有的价值在受众的一片笑声中被消解！这是今天我们社会的一种病态——价值焦虑与文化迷失。

笔者从批评讽刺雷锋这个反向的例子入手，意在强烈的指出“做好事不留名”是健康社会的一种优质的价值取向。

当前，无论是传统社会的还是现代民主社会的优秀价值观，均受到排斥，权力主导的价值观充斥社会的每一个层面和角落，权力的寻租和寻租的权力成为流行文化，教育不平等，机会不平等，分配不公平，社会保障不健全……在这样的社会样态下，社会价值体系的重构已经成为未来社会发展一个重要的课题。

当然，我们并不否认重大自然灾害中所反映出来的优质社会价值观，但请注意，特殊的重大的灾难事件所激发出来的“正义冲动”，并不能反映一个社会常态的价值。一个常态的、主动积极的社会和谐才是一个社会健康发展的重要指标。在这样一个指标体系里，自觉的做对他人、对社会有益的事而不取名利，让志愿者的志愿行为变成一种社会文化，得到社会的肯定与支持，如此，我们社会正面的价值体系才会逐渐地建立起来。

虽然目前我们的社会很焦虑，价值体系多元而无优系，甚至有人认为如今已是礼崩乐坏，怀念计划体制和阶级斗争的时代，这是笔者无论如何也不能苟同的。想想那个时代，腐败表现在集权和思想上，一是大运动套小运动，无数的人因为莫须有的原因被打成种种莫须有的罪名，株连九族，永无宁日。想想那些整人的人的精神奢侈与腐败，令人发指，于是有学者研究，今天权力的腐败是过去精神腐败的外化，不无道理；二是表现在牺牲全民的福祉成全一个人的主义试验，总路线、大跃进和人民公社的历史已经证明了这一点，与那个时代相比，今天还是有了很大进步的。

事静，一个社会优质的价值取向与建构是一个复杂的工程，但再复杂也有规律可循。

下面我们举个例子：

“香港之子”黄福荣的事迹感召无数人。民政事务局局长曾德成以“无私奉献蕴于香港价值观”为题撰文，直言香港义工黄福荣于青海大地震中表现出的无私奉献精神，在香港亦处处可见。无论是上一辈香港人为家庭默默耕耘、百般忍耐，对亲友及邻里尽力而为，或是不同慈善团体、社会人士和义工，均展现无私奉献的精神，这精神可以说是香港的传统价值观之一。“无私奉献”的确可以作为黄福荣事迹和他一生的概括。如果不是在这场大灾难中迸发出生命最后的绚丽和悲壮，可能不会有太多人知道“阿福”人格的伟大：“可以说，他没有多大能量，多大影响力。他是个货车司机，不可以对需要救援的人提供太多物质支持。可是他愿意为有需要的人提供自己仅有的援助，有时可能不过是一个亲切的微笑，一个温暖的拥抱，还有在关键时刻奋力搬开几块石头，伸手作一个及时的牵拉，而这打开了一条生路。从绝对量来说，这真的不算什么，但这很具体的显示出，什么叫做无私奉献。”上一辈香港人，可以说是无私奉献的样板。他们的奉献或许主要限于家庭之内，但当有需要时，对内地亲友、街坊邻里的支持、照顾，一样是力所能及、尽力而为。当国家出现危难，更是义不容辞。几十年来，香港社会发生了非常深刻的变化，连家庭结构也大大改变了，以前的大家庭分割为一个个核心小家庭。但香港社会在潜移默化中保留着上一代的无私奉献精神，这样的精神，可以说是香港的传统价值观之一。如果只有个人奋斗，而没有无私关爱，就不成为香港社会。

新华网2010年4月13日讯：经中央同意，为进一步推进出访礼宾改革，今后中国领导人出访时，将简化驻外使领馆组织迎送活动相关安排。此项改革已赢得了广大网友的高度评价和支持。国家领导人出访礼宾改革的深层意义还在于，它对国内各级地方领导具有积极的榜样作用，能促使国内各级领导在今后的检查、指导工作中轻车简从，简化程序，节省人力、物力、财力，并提高工作效率。愿此事静之效益得以有效传播，成为各级领导的启示，以身作则、贴近实际，在今后的工作中尽可能做到简化程序，让亲民、务实、高效的工作作风蔚然成风。

求事静，在品行，品行正，国道盛；上梁正，下梁栋，栋梁映，檩椽并；领导正，公众从，众星虹，粉丝拱；国道盛，民风正，邪道冥，人道宏。

b.行风求静

“事静”的第二个层面，笔者把它设定为一个人做事的风格，就是做人要谦虚谨慎，低调不张扬，踏踏实实。“宾致网”是中国较有影响的商务关系网之一，在该网对10万名白领所做的一项调查中显示：大部分会员表示拒绝和避免与目中无人，妄自尊大的人交往。

这让笔者想到了美国开国元勋之一的富兰克林。

富兰克林年轻时，是一个骄傲自大的人，言行不可一世，处处咄咄逼人。有一次他去一位老前辈的家中做客，昂首挺胸走进一座低矮的小茅屋，一进门，“嘭”的一声，他的额头撞在门框上，青肿了一大块。老前辈笑着出来迎接说：“很痛吧？你知道吗？这是你今天来拜访我最大的收获。一个人要想洞明世事，练达人情，就必须时刻记住低头。你想想看，你那不肯尊重他人意见，事事都自以为是的行为，结果将使你怎样呢？人家受了你几次这种难堪后，谁也不愿意再听你那一味矜夸骄傲的言论了。你的朋友们将一一远避于你，免得受了一肚子冤枉气，这样你从此将不能交到好朋友，也不能从别人那里获得半点学识。何况你现在所知道的事情，老实说，还只是有限得很，根本不管用。”富兰克林听了这一番话，大受感动，深知自己过去的错误，决意从此改正，处事待人变得谦恭和婉，时时慎防有损别人的尊严。不久，他便成为到处受人欢迎爱戴的人了，最终成为美国历史上最有影响的领袖人物之一!

中国近现代最伟大的人物要数毛泽东。

延安时期，毛泽东同志就要求全党同志“当老实人，讲老实话，做老实事”。所谓老实人，就是认认真真干事、兢兢业业工作，淳厚朴实做人。所谓老实人，就是那些不圆滑，不张扬，人前人后做事一个样，做人做事实实在在，为人厚道，勤勤恳恳，任劳任怨。老实人不会去刻意的伪装，花言巧语或玩弄手段。孔子说“三人行必有我师”。生活中每个人都应该认清这一点：切不可妄自尊大。

当今社会，不管与人相处，还是做任何事情，只要稍有点处理不当或到处张扬，就会招致不少麻烦。轻则，工作不愉快；重则，影响职业生涯。因此，与人相处，做任何事情，关键是要做事不张扬，为人学会低调！

学会低调做人，做事不张扬,就要不喧闹、不矫揉、不造作、不故作呻吟、不假惺惺、不卷进是非、不招人嫌、不招人嫉，即使你认为自己满腹才华，能力比别人强，也要学会藏锋。低调做人，遇事不张扬,就是用平和的心态来看待世间的一切，修炼到此种境界，为人便能善始善终，既可以让人在卑微时安贫乐道，豁达大度，也可以让人在显赫时持盈若亏，不骄不狂。低调做人，行事不张狂，是一种品格，一种姿态，一种风度，一种修养，一种胸襟，一种智慧，一种谋略，是做人做事的最佳姿态。欲成事者必要宽容于人，进而为人们所悦纳、所赞赏、所钦佩，这正是人能立世的根基。做事不张扬，不仅可以保护自己、融入人群，与人们和谐相处，也可以让人暗蓄力量、悄然潜行，在不显山不露水中成就事业。

文到此处，笔者想到有关的两个成语：息事宁人和韬光养晦。

息事宁人就是平息事物的纷争，使民得以安宁。《后汉书·章帝纪》载："其令有司，罪非殊死且勿案验，及吏人条书相告不得听受，冀以息事宁人，敬奉天气。"这个成语的语义发展到现代，其义已从古义官不扰民衍生为从中调解、使争端平息，彼此相安；在争端中自行让步，减少麻烦。息事宁人在当今的职场和人际交往中已经成为一个行事共识的通则：第一，对人友善是为人处世的基本态度，当然也是职场的通行证。俗话说"善有善报恶有恶报"，对人友善的不断坚持，有可能为你赢得很多宝贵的财富。第二，尊重别人是与人相处最基本的礼貌，只有尊重别人，才能设身处地地为别人着想，这自然也能博得大家对你的好感。身处底层的人会努力上进，身居高位的人也曾经身处底层。所以，当今社会大家在行事中要懂得用尊重和尊严对待身边的每一个人。第三，要善于与人沟通交流。沟通交流，互相了解可以避免矛盾和障碍，所以，培养有效的沟通交流的能力，你就能得到你真正需要的东西，同时不仅不侵害到别人，而且也为对方带来信息。反之，如果你不懂得行事中首先考虑与人为善，不懂得礼貌，发生矛盾不善于与对方沟通交流，不善于采取息事宁人的态度和策略，不注意细节的处理，这很容易激怒别人。如果这个人是你的领导，你或许就会被解雇，如果这个人是你的同事，你或许也会因此失去一份支持。

注意，息事宁人也是行事求静的一种风格。

"韬光养晦"，又作"韬光用晦""韬光隐晦"，"韬光"是把声名才华掩饰起来；"养晦"，即隐居待时。南朝人萧统讲"圣人韬光，贤人遁世”。我国古代有《六韬》、《三略》的兵书，纵论用兵之计、之谋、之策、之略，韬光养晦便是要义。《三国演义》“曹操煮酒论英雄，关公骗城斩车胄”可谓之一：玄德也防曹操谋害，就下处后园种菜，亲自浇灌，以为韬晦之计。关、张两人曰：“兄不留心天下大事，而学小人之事，何也？”玄德曰：“此非二弟所知也”。两人乃不复言。一日，曹操摆下酒筵来试探刘备的野心，问刘备天下有哪些英雄，刘备列举了当时叱咤风云的一些人名，就是不提自己。操以手指玄德，后自指曰：“今天下英雄，唯使君与操耳。”玄德闻言，吃了一惊，手中所执匙箸，不觉落于地下。时正值天雨将至，雷声大作。玄德乃从容俯首拾箸曰：“一震之威，乃至于此。”操笑曰：“丈夫亦畏雷乎？”玄德曰：“圣人迅雷风烈必变，安得不畏？”将闻言失箸缘故，轻轻掩饰过了。操遂不疑玄德。温故知新，在改革开放中，邓小平把韬光养晦应用到国家外交的战略上，1989年9月4日，邓小平在同中央几位负责同志分析当时的国际形势时指出：“对于国际局势，概括起来就是三句话：第一句话，冷静观察；第二句话，稳住阵脚；第三句话，沉着应付”。“我们千万不要当头，这是一个根本国策。”概言之，就是要“韬光养晦”。邓小平“韬光养晦”的外交战略，是把古代中国军事谋略思想运用于当代中国外交的一种“积极防御”战略，是卧薪尝胆、利用和平、抓住时机、发展自己、由弱变强的必由之路和取胜之道，是极具匠心和深谋远虑的。

韬光是隐藏自己的光芒，养晦是处在一个相对不显眼的位置。它和低调近似，也是一种优秀的策略。

社会发展，人往高处走，水往低处流，优胜劣汰，丛林法则，弱肉强食。在自然界中，当相对弱小的动物受到强大对手的攻击时，它往往会以假死来蒙骗敌人、保护自己。同样，韬光养晦实际上也是一种类似假死的行为。人类社会和动物界一样处在竞争的状态，由于人比动物更聪明，这种竞争也更加复杂和残酷！为了维续生存，每一个人都有自己独特的生存本领，韬光养晦便是其中之一。古语“伴君如伴虎”，如前所说，曹操就是一个极其多疑而没有安全感的人，为了防止别人暗杀自己，他连给他盖被的侍卫也杀了，且说：“吾梦中好杀人！”韬光养晦的原始要旨就是鄙人向对方表示最大的敬畏与尊崇，忠诚和善意，无私与无欲，让对方放下戒备而求平安生存，古今中外莫不如此。由于当代权贵老板大有行事不净、不静、不精、不敬，心有余悸，生性好疑，安全感失，迷信人治！在其身边相对弱小的群体为了保护自己，韬光养晦的生存艺术因境而弘。

在现代社会和市场经济的社会环境下，有时强者、权者、钱者、名者也会选择韬光养晦作为自己行事的策略。一般来说，强势群体强在有权、有钱、有名、有势，处在比较优越的位置，受人关注，应酬多多。一个人如果没有安静思考的时间，长期处在指挥、领导、周旋、应付的状态，久而久之，思维方式、价值观念、智慧知识甚至健康精力都会受到严重影响！韬光养晦就是要求处在强者、权者、钱者、名者位置的人，避开焦点，避开应酬，回到比较隐蔽的位置，修身养性、恢复精力，勤于反思、不断调整，拓展自己，积蓄力量，让强而知弱，权而知衡，钱而知贫，名而知善。

总体观之，韬光养晦强弱通用，然则目的与手段有所区别。

行事静风状，低调不张狂，为人求双解，品行是榜样。息事宁人始，胸怀有大志，宽容待万物，天地行静事。易经谦卦词，谦卑赢人慈，韬光养晦司，甘愿居于次。事静是品格，格调起大卓，美德要传承，风尚泽大国。

c.禅智大静

慧能幼年丧父，家境贫寒，过早挑起生活的重担，饱尝人间冷暖与世事辛酸。然而，母爱的无私，伙伴的友谊，自然的灵动，让他获得了超越他人的仁爱体验，开始对人生的价值和生命的真谛进行思考与探索；作为一个樵夫，在与大自然的接触中，他敏感地体验、领悟到自然法则的律动——禅智大静。所谓禅智大静，就是生活的真实，自然的真谛，就是悲悯众生、超越苦难，就是自我解脱、解脱众生。

慧能二十二岁偶听《金刚经》开悟，毅然告别老母，北去黄梅向五祖弘忍求法。黄梅是大唐初期中国禅学的中心，也是禅风嬗变的策源地。弘忍一见慧能，师徒心契。然而，慧能少年时期的伙伴陈阿四（影空）已在这里作了知客，再加上德高望重的神秀上座深得众僧敬重，所以，慧能只能被安排在碓房舂米。八个月之后，弘忍要选择接班人，众望所归的神秀作了一首偈子：身是菩提树，心如明镜台，时时勤拂拭，勿使惹尘埃。慧能认为他尚未明心见性，于是也作了一首：菩提本无树，明镜亦非台，本来无一物，何处惹尘埃。

正是这首偈子，弘忍舍弃神秀，将衣钵传给了慧能。慧能得到了禅宗的法脉衣钵，成为禅宗第六代祖师。

五祖弘忍吩咐他连夜下山，离开了黄梅东山寺。与此同时，人品孤俊、道德高尚的神秀也离开了寺院，独自到湖北当阳玉泉山，离群索居，潜隐修行。慧能下山不久，惠明与影空（陈阿四）带着满腔怒火的众僧追赶慧能，意欲夺回法脉衣钵。慧能返回曹溪之后，在乡绅拥戴下住进宝林古寺，为民众传禅解惑。

数月之后，影空等人为争夺衣钵，追踪寻找到了宝林寺，在一个风高月黑的夜晚，他们放火烧了宝林古寺，妄图烧死慧能。慧能以“灭尽定”的禅定功夫躲过劫难，却被迫隐藏在深山老林，混迹于猎人之中。十五年之后，在广州法性寺，两位僧人因风幡之动而争论，一位居士语出惊人：“不是风动，不是幡动，而是两位师父的心动。”这位不同凡响的居士，就是慧能。

东土耶，西土耶，菩提圣树灵根不二；风动焉，幡动焉，禅宗法要一脉相传。于是，风幡之动，六祖归位——慧能在法性寺正式出家受戒。与此同时，神秀经过长期苦行，在当阳山渐修禅要，悟透禅关，在众多弟子推动下住持玉泉寺，开始授徒弘法。一年之后，慧能第三次回到了曹溪，住持宝林寺，弘扬禅智大静的法理。

六祖顿悟，神秀渐修，一南一北，交相辉映，共同将禅宗推向了前所未有的高峰。久视元年（公元700年），武则天派遣特使，将神秀迎入京城，竟然不顾君臣之别，跪倒在神秀膝下。神秀被推为两京法主，三帝国师。然而，他却推美慧能，说：南方有能禅师，承忍大师衣法，此乃正焉。于是，武则天派遣专使，邀请慧能晋京。慧能深知禅宗的生命源泉在普通民众和山林自然之中，以老病为由，婉拒皇家诏请，然却答应了韶州百姓的要求，到大梵寺为他们演说佛法《六祖坛经》。唐玄宗先天二年（公元713年）八月三日，慧能圆寂，肉身不腐，坛经不朽，其思想影响，至今不竭。

从达摩面壁，到六祖顿悟成佛，禅智大静的思想不仅改变了慧能、神秀以及后来千百万禅僧的命运与汉传佛教格局的变化，更为重要的是它标志着印度佛教中国化的完成。

本节以慧能六祖为例，诠释禅智大静，要义在静。

禅为“禅那”的简称，是巴利语Jhāna的音译，梵语

Dhy ā na的简称，汉语意译为“思维修”或“静虑”，也有译为“弃恶”或“功德丛林”者。出自《奥义书》，为印度教术语，为“六支瑜伽”的第三支、“八支瑜伽”的第七支，是修习瑜伽的高级阶段。后为佛教所吸收，为“三无漏学”与“六度”之一，是佛教禅宗的一种修持方法，其中有祖师禅与佛祖禅（如来禅、清净禅）的区别。

禅的定义为禅那、静虑，即缘境系念、大心正审、沉思静虑。

禅那与禅定可视为同义词，但是两者的分别在于，禅那的范围窄而禅定的范围宽。禅那专指色界以上的四禅境界，而欲界诸定因智慧狭小，不能称为禅。《大智度论》卷二十八“四禅亦名禅，亦名定，除四禅，诸余定亦名定，亦名三昧，不名为禅”。因为佛陀与其弟子多以四禅力证入涅槃，所以四禅又称根本定（dhyana-maula）。

《六祖坛经·坐禅品第五》：“外离相即禅，内不乱即定。外禅内定，是为禅定。”“禅定者，外在无住无染的活用是禅，心内清楚明了的安住是定，所谓外禅内定，就是禅定一如。对外，面对五欲六尘、世间生死诸相能不动心，就是禅；对内，心里面了无贪爱染着，就是定。参究禅定，那就如暗室放光了！”

禅的意义就是在定中产生无上的智慧，以无上的智慧来印证，证明一切事物的真如实相的智慧，这叫做禅。

《心经》中“行深般若波罗蜜多时，照见五蕴皆空，度一切苦厄”，所谓“行深”，就是禅定、深定。观自在菩萨在禅定中发现，当五蕴皆空——也就是“无我”的时候，一切的烦恼与痛苦就解脱了，观自在菩萨就是在定中得到这个清净的大智慧而证得大自在成就。

禅学，是佛教的一种思想，其大意是放弃用已有的知识、逻辑来解决问题。认为真正最为容易且最为有效的方法是直接用源于自我内心的感悟来解决问题，寻回并证入自性。其理论认为这种方法不受任何知识、任何逻辑、任何常理所束缚，是真正源自于自我（你自己）的，所以也是最适合解决自我（你自己）的问题的。也就是说可以把禅学理解为是一种最为简单也是最为有效地解决问题的方法。禅是无，禅是有，禅是实，禅是虚，禅是天地万物！少林十八罗汉潘国静曰，禅乃悟也，静也。即“悟”“静”生慧。

梁启超《少年中国说》：“少年智则国智。”智乃国质。智为聪明，见识。首先把“智”视为道德规范、道德品质或道德情操来使用的，是伟大的思想家孔子。他把“智”与“仁”、“勇”两个道德规范并举，定位为君子之道，即所谓“知（智）者不惑，仁者不忧，勇者不惧。”《荀子》引《孟子》“智生于忧患。”在儒家思想史上，孟子第一次以“仁义礼智”四德并提。他从行为的节制和形式的修饰、道德的认知和意志的保障等意义上确立了礼与智在道德体系中的不可或缺的位置。最终，仁义礼智四位一体，相依互补，恰成一个完整的范畴系统，构建为人道的全部蕴涵。到了汉代，儒家“五常”（仁义礼智信）确立，“智”位列其中。在儒家的道德规范体系中，“智”是最基本最重要的组成部分，也是儒家理想人格的重要品质之一，被视为“三达德”、“四德”及“五常”之一。

佛教术语中的“智”，是指人们普遍具有的辨认事物、判断是非善恶的能力或认识，进而将这种能力上升到人类终极关怀。佛家的智慧是站在人生之外，用超人的眼光识别人世间的种种假象，揭示出人生悲剧性的根源，把人的灵魂引入一个纤尘不染、像莲花一样洁净的清凉世界——涅槃世界。在佛家的眼中，人们苦苦执着的现实世界，是一个假象的世界、悲苦的世界，人类用自己的心智为自己建造了痛苦与烦恼的世界，佛经千头万绪，都是为了引导世人从假象世界进入“大地与我同根，万物与我一体”的极乐世界，达到物我两忘、心与道冥、洗尽尘滓、处处皆春的诗性境界。佛家智慧，忍让超脱，视世间万难为无物，不怨天，不尤人，从自然，呈本性。菩提本非树，明镜亦非台，本来无一物，何处落尘埃。佛家智慧，行之于官场，则忍者无敌。勾践之忍，忍得“三千越甲再吞吴”的霸业；刘备一忍，三分天下得其一；冯道忍让做官永不倒。佛家智慧，行之于政治，帝王也为佛而狂。武则天和朱元璋，一对厚黑天霸，一个是尼姑一个是和尚。梁武帝萧衍，不做君王做法王；顺治帝福临，不爱江山爱吾佛。大江流日月，佛性度众生，到了近代，国运和社会的变迁让佛学的智慧更加世俗化和实用化。弘一法师这么说：有才而性缓定属大才，有智而气和斯为大智；处逆境心需用开拓法，处顺境心要用收敛法；以冰霜之操自励则品日清高，以穹隆之量容人则德日广大；以切磋之谊取友则学问日精，以慎重之行利生则道风日远；居处必先精勤乃能闻暇，凡事务求停妥然后逍遥；只是心不放肆便无过差，只是心不怠忽便无逸志；行欲徐而稳立欲定而恭，坐欲端而正声欲低而和；凡为外所胜者皆内不足，凡为邪所夺者皆正不足；意粗性燥一事无成，心平气和千祥骈集；天欲祸人先以微福骄之，天欲福人先以微祸警之；对失意人莫谈得意事，处得意日莫忘失意时；缓事宜急干敏则有功，急事宜缓办忙则多错；以前种种譬如昨日死，以后种种譬如今日生。此乃一证。

道家的智慧是围绕着“道”实现的。所谓“道可道，非常道；名可名，非常名”，是作为理论的抽象而非经验而存在的，是不能由实证手段有所把握而只能由哲学智慧所参透的。实有性、运动性和自然性是其基本的属性。所谓实有性，是说道虽然超形绝象，不可感知，但却“惚兮恍兮，其中有象；恍兮惚兮，其中有物”（《老子》第二十一章），即使将其称之为“无”、“无名”，它也“无所不在”（《庄子·知北游》）。所谓运动性，它“独立不改，周行而不殆”（《老子》第二十五章），在推动事物变化时表现出相反相成的矛盾状态和返本复初的循环运动的规律性。所谓自然性，是说道演化为天地万物的过程完全以其自性、自因和自身所具有的力能为向度，它生养万物而不私有，成就万事而不持功，自然无为而无不为，其本身即内含在各种具体存在者之中。道家道论的实质，不像西方早期哲学那样提出一套自然哲学体系，也不像中国儒、墨诸家那样为社会、政治和人生作一番设计，而是从道生万物的循环与大化流行中获得一种超越性、玄思性和否定性的功能体会，从而为人类的安身立命提供了一种深沉的生存智慧。

本节《禅智大静》用慧能的故事切入，进而从儒、释、道三个不同的视角，诠“智”释“静”，此乃抛砖引玉，企盼智慧的读者在万象和乱象的现实中，诸事先求静：小静心自明，中静神自通，大静承天下，禅定定心境。

3. 事竞

> 事竞大求强，专精更上档，
> 欲求百年盛，透绝最理想。

俗话说，天下没有免费的午餐。从达尔文的进化论到汉密尔顿的生存论，自然的丛林法则和人文的优胜劣汰是任何一个生命体都无法逃避的——生容易，活容易，生活不容易。因为生活中充满了"事竞"——竞争——尤其是市场商场、职场官场上"白刀子进去红刀子出来"与弱肉强食恶性竞争的普遍存在。这让一个人、一个族群、一个政党、一个民族乃至国家在行事的竞争中形成独特的文化风格和优质的差异性。

这里我们先来聆听一位犹太裔以色列籍华人"事竞"的故事：

1992年，当我辗转回到以色列的时候，13岁的老大、12岁的老二和10岁的小女儿都还暂时留在中国。选择在那时回到以色列，完全是穷途末路：我的父亲是犹太人，二战时逃亡到上海，并在那儿生下了我。母亲在我很小的时候就抛弃了我们，12岁那年父亲去世，我就成了孤儿。长大后，我在上海铜厂当体力女工。结婚生下3个孩子后，丈夫离我们而去。留在上海，满眼都是痛苦的回忆。正好那时中以正式建交，怀着一种逃避的心情，我成为了第一批回到以色列的犹太后裔。

初到以色列的日子，比想象中要困难许多。我不懂得那里的语言(父亲教的古希伯来语早已不在以色列使用)，不懂得移民优惠政策(新移民可以有一笔安家费)。在特拉维夫的大街上，我压根不知道怎样才能生存下去。我从上海带去的积蓄只能维持3个月的生活开支，我必须找到赚钱的办法，还要早日把孩子接到我身边。

我苦攻希伯来语，学最基本的生活语言，然后，我在路边摆了个投资最小的小摊卖春卷。以色列的官方货币是谢克尔，1谢克尔兑换人民币2块钱，更小的币值是雅戈洛，1谢克尔等于100雅戈洛。我的春卷小摊，每天能赚到十来个谢克尔。

当我的小摊生意慢慢稳定下来以后，1993年5月，我把3个孩子都接到了以色列。孩子们初到以色列的时候，受到了不少邻居们的责难。以前在国内时，我一直秉承再苦不能苦孩子的原则，到了以色列以后，我依旧做着我合格的中国式妈妈：我把孩子们送去学校读书，他们上学的时候我卖春卷。到了下午放学的时候，他们就来春卷摊，我停止营业，在小炉子上面给他们做馄饨下面条。

一天，当3个孩子围坐在小炉子旁边等我做饭的时候，邻居过来训斥老大：“你已经是大孩子了，你应该学会去帮助你的母亲，而不是在这看着母亲忙碌，自己就像废物一样。”然后，邻居转过头训斥我：“不要把那种落后的中国式教育带到以色列来，别以为生了孩子你就是母亲……”邻居的话很伤人，我和老大都很难受，回家后，我安慰老大：“没事的，妈妈能撑住，我喜欢照顾你们。”可是，老大说：“也许，她说得没错。妈妈，让我试着去照顾弟弟妹妹吧……”第二天是祈祷日，孩子们中午就放学了。来到我的小摊，老大坐在我旁边，学着我的样子把做好的春卷皮包上馅，卷成成品，然后入油锅去炸。他的动作一开始有些笨拙，但是后来越来越熟练……老大身上的转变大得连我自己都想不到，除了帮我做春卷，他还提出由他们带着做好的春卷去学校卖给同学。每天早上，他和弟弟妹妹每人带20个春卷去学校，放学回来的时候，会把每人卖春卷收入的10谢克尔全部上交给我。我觉得很心酸，让他们小小年龄就要担起生活的担子。可是，他们没有表现出我想象的那种委屈，他们说他们慢慢开始喜欢这种赚钱的感觉了。

邻居太太经常来跟我聊天，告诉我正规的犹太家庭应该如何运作，应该如何教育孩子：犹太人从来不觉得赚钱是一个需要到达一定年龄才能开展的活动，与中国的“教育从娃娃抓起”一样，他们始终觉得“赚钱从娃娃抓起”才是最好的教育方式。邻居太太告诉我，在犹太家庭没有免费的食物和照顾，任何东西都是有价格的，每个孩子都必须学会赚钱，才能获得自己需要的一切。我觉得这样的教育手段比较残酷，不是那么容易接受。但是，孩子们在学校也被灌输着这样的理念。他们比我更容易地接受了这种犹太法则。于是，我决定改变以前在国内对孩子们的习惯，试着培养他们成为犹太人。

首先，我们家确立了有偿生活机制，家里的任何东西都不再无偿使用，包括我这个母亲提供的餐食和服务。在家吃一顿饭，需要支付给我100雅戈洛的成本费用，洗一次衣服需要支付50雅戈洛……在收取费用的同时，我给予他们赚钱的机会，我以每个春卷30雅戈洛的价格给他们，他们带到学校后，可以自行加价出售，利润部分可自由支配。

第一天下午回来以后，我得知3个孩子卖春卷的方式竟然截然不同：老三比较老实，按照老价钱，50雅戈洛一个零售，赚到了400雅戈洛；老二则使用了批发手段，40雅戈洛一个直接将春卷全部卖给了学校餐厅，尽管只200雅戈洛的利润，但他告诉我餐厅同意每天让他送100个春卷去；老大的方式比较出人意料，他在学校举办了一个“带你走进中国”的讲座，由他主讲中国国内的见闻，讲座噱头就在于可免费品尝美味的中国春卷，但是需要买入场券，每人10雅戈洛，每个春卷都被他精心分割成了10份，他接待了200个听众，入场券收入2000雅戈洛，在上缴学校500雅戈洛的场地费用后，利润1500雅戈洛。

除了老三的方法在我意料以内之外，老大和老二的经营方式都超出了我的想象。我真的没有料到，只在短短数日之间，以前只会黏着我撒娇的孩子就摇身一变成了精明的小犹太商人。他们的学业并没有因此受到任何影响，为了琢磨出更多更新颖的赚钱方法，他们很努力地去学习和思考——老师授课的内容很对他们胃口，因为没有奉献精神之类的说教。

老师问过他们这样一个问题：“当遭到异教徒的袭击，必须逃命的时候，你会带着什么逃走？”对于这个问题，回答“钱”或“宝石”是不对的。这是因为，无论是钱还是宝石，一旦被夺走就会完全失去。正确的答案是“教育”。与财物不同，只要人活，教育就不可能被别人夺走。他们很赞赏老师说的这么一句话：“如果你想将来成为富翁，就学好眼前的东西，它们将来都会大有用处的……”当老大在法律课上学习了移民法后，他告诉我像我们这样的家庭应该可以去移民局领取安家费。我半信半疑去了，结果一下领回了6000谢克尔的安家费，这对我们一家来说可是一笔了不得的财产。然后，老大跟我说因为他给我提供了信息，我应该付给他10%的酬金。我犹豫很久，终于决定把600谢克尔这笔大钱给他，他拿到钱后，给我和弟弟妹妹都买了很漂亮的礼物，剩下的钱，他说他会拿去变成更多的钱。老大用这笔酬金邮购了一批在国内很便宜的文具，然后去学校进行售卖，利润再投入继续进货，1年以后他户头上的金额就已经超过了2000谢克尔。尽管老大很会赚钱，但在实际上，老二比他更领会犹太法则的精髓——犹太人共同的一点是，从事那些不用投入本钱的行业，从事其他人不做的、无须花钱和投资的工作。当老大在利用国内的资源赚钱的时候，老二也在如此做着，不过，他赚的是不需要成本的精神领域的利润——老二以他14岁的年龄和文笔，竟然在报纸上开设了自己的专栏，专门介绍上海的风土人情，每周交稿2篇，每篇1000字，每月8000雅戈洛。老三是女孩子，因为比较矜持，也没有展露出赚钱方面的才能，但是我在她身上欣慰地看到了犹太人对生活的乐观和优雅。她学会了煮茶和做点心，每天晚上，她会精心煮一壶红茶，配上她自创的口味不同的点心，一家人围坐边吃边聊天——老三的点心有点中西合璧的味道，两个哥哥都很喜欢。

不过，这些点心不是免费的，两个哥哥支付的点心费用，刨开成本和每天需要交给我的费用外，老三也能活得很滋润。当我们家的资金越来越丰富的时候，我们一家4口合资开办了我们家的中国餐厅。我占40%股份、老大30%、老二20%、老三10%。当我们家的餐厅越来越有名气的时候，我也引起了很多关注。当我获得拉宾的接见后，我成了以色列的名人。此时的我已经完全掌握了希伯来文，再加上我的母语中文，我最后被以色列国家钻石公司邀请担任驻中国首席代表。

当我回国任职的时候，孩子们也跟随我一起回到了中国，有了中国孩子作为比较对象之后，我方才发觉我的孩子成长得比我想象的还要优秀——在回国之前，每个孩子都去购买了很多以色列产的物品。

回国之后，老师来找我了，她说我的孩子在校园推销来自以色列的商品，从饰品到民族服装甚至到子弹壳无所不有，她建议我好好管教一下孩子。我告诉她，我无权干涉我孩子的行为，这是他赚取他们学费的方式——因为，我已经不再负责他们的所有学习费用。老师的眼睛顿时瞪得大大的，她理解不了像我这样月薪5000美元的母亲竟然会不给孩子学费。我请她品尝一下女儿做的在家售价2块钱一个的小点心，微笑着告诉她："这是我的孩子在以色列生活几年以来，学会犹太法则的产物，我相信他们将来都会成为优秀的人才……"。

在随后的高考中，老大进入了旅游高等专科学校，他说他要成为专业的旅游人才，然后去以色列开办自己的旅游公司，垄断经营中国游；第二年，老二考入上海外国语学院，他说他的理想是当一个作家，在不需任何投资和奉献的前提下赚取利润；老三说她会去学中国厨艺，当一个顶级的糕点师，然后去开办全以色列最好的糕点店……

回国以后，我发觉很多中国父母都活在一种左右摇摆的矛盾心态中，既希望自己的孩子将来能成为大富翁，却又似乎害怕孩子过早地沉迷于金钱——就好像既希望孩子将来能有个幸福的家庭，却又害怕孩子现在会早恋一样。这是一种典型的叶公好龙——犹太人用敲击金币的声音迎接孩子的出世，赚钱是他们人生的终极目标，至于教育、学习都是为了达到这个目标必须经历的过程——而中国的父母，哪怕心中憧憬无比，但却从来不肯挑明这个话题。这句话很难说吗？其实只是简单的一句："孩子，我想当一个富豪的妈妈!"

以色列是一个悲怆的民族，从"走出埃及"到"二战后建国”，再到今天，生存的困境让他们的“事竞”意识成为全体民族的集体无意识，这便是他们与其他民族相比的优质差异性。我再来讲述一个美国犹太人的故事：

一位犹太老板到纽约办事，身上带有价值千万的票据。来到纽约，他首先走进一家银行，来到柜台，他问里面的职员，你们的银行可以贷款吗？里面的职员听了他的问话觉得很奇怪，但还是认真的回答，是的，可以。犹太老板继续问，小额贷款最低可以贷款多少？里面的职员回答，100美元都可以。犹太老板非常正式严肃地说，那请你给我做一个贷款1000美元的手续。职员对犹太老板说，请出示你的身份证，我查一下你的信用等级。犹太老板不急不慢地说，不用查，我的信用很好，接着他从皮包里取出一个大信封，递给职员，然后说，这里面有1000万的票据，是否可以做抵押。银行职员把票据拿出来看过之后说，当然可以。犹太老板对职员说，那请你给我办手续吧。办完手续后，职员不解地问，先生，您为什么不把票据租一个保险箱呢？犹太老板笑笑说，租一个保险箱的费用远远高于我贷款1000美元的利息。听罢，银行职员惊讶地张着嘴，两只眼睛瞪得圆圆的，望着犹太老人闪身走出银行的转门。

两个“事竞”的例子，申论出一个道理，做事不可半途而废，一定要做到，做成，成乃最低标准；做事切不可贪大，知己知彼，做强才是立命之本；山外有山，人外有人，做事到强，只是一个初级水准，要把事做专做精，才可再上一层楼；其实世间诸事，专者、精者比比皆是，只有把事做透、做绝才是领锋天下的最高境界，比如大型客机制造业的波音、空客；汽车界的奔驰、宝马；IT界的微软、苹果；软饮料的可口可乐、百事可乐；

快餐业的麦当劳、肯德基……

如果把上面的“事竞”比做“竞事”中比较“硬”的一类，下面读者可以看看同一件事发生在不同文化的语境中的后果，这也许会为您今后的“事竞”提供一个有趣有效的参考。

日本的一家公司要招聘10名员工，经过一番严格的面试，公司从三百多应征者中选出了10位佼佼者。发榜这天，一个叫水原的青年看见榜上没有自己的名字，悲痛欲死，回到家中便要切腹自杀，幸好亲人及时抢救，水原没有死成。正当水原悲伤之时，从公司却传来好消息：水原的成绩原是名列前茅的，只是由于计算机的错误导致了水原的落选。正当水原一家人欣喜若狂之时，从公司又传来消息：水原被公司除名了。原因很简单，公司老板说:如此小的挫折都受不了，这样的人在公司是成不了什么大事的。

同样的事发生在美国，一家公司要招聘10名员工，经过一番严格的面试，公司从三百多应征者中选出了10位佼佼者。发榜这天，一个叫汤姆的青年看见榜上没有自己的名字，悲痛欲死，回到家中便要举枪自尽，幸好亲人及时抢救，汤姆没有死成，正当汤姆悲伤之时，从公司却传来好消息：汤姆的成绩原是名列前茅的，只是由于计算机的错误导致了汤姆的落选。正当汤姆一家人欣喜若狂之时，美国各大州的知名律师都来到汤姆的家中，他们千方百计鼓动汤姆到法院告这家公司，声称需支付巨额的精神赔偿，并自告奋勇充当汤姆的律师。

同样的事发生在德国，一家公司要招聘10名员工，经过一番严格的面试，公司从三百多应征者中选出了10位佼佼者。发榜这天，一个叫萧恩的青年看见榜上没有自己的名字，悲痛欲死，回到家中便要跳河自杀，幸好亲人及时抢救，萧恩没有死成。正当萧恩悲伤之时，从公司却传来好消息：萧恩的成绩原是名列前茅的，只是由于计算机的错误导致了萧恩的落选。正当萧恩欣喜若狂之时，萧恩的父母却坚决反对自己的儿子进入这家公司。他们的理由不容置疑：这家公司作业效率如此差劲，进入这家公司对儿子的前途毫无益处。

同样的事发生在我国台湾，一家公司要招聘10名员工，经过一番严格的面试，公司从三百多应征者中选出了10位佼佼者。发榜这天，一位名叫俊杰的青年看见榜上没有自己的名字，悲痛欲死，回到家中便要喝药自杀，幸好亲人及时抢救，俊杰没有死成。正当俊杰悲伤之时，从公司却传来好消息：俊杰的成绩原是名列前茅的，只是由于计算机的错误导致了俊杰的落选。正当俊杰欣喜若狂之时，媒体大幅报导此事，并邀请俊杰参加各种CALLIN评论及节目，综艺节目，全台舆论热烈讨论计算机为何会出错，是否有黑道介入或官商勾结，反对党更进一步提出“总统下台、以示负责”的要求，至于俊杰到底有没有去该公司上班，根本没有人关心。

同样的事发生在中国大陆，一家公司要招聘10名员工，经过一番严格的面试，公司从三百多应征者中选出了10位佼佼者。发榜这天，一位名叫志强的青年看见榜上没有自己的名字，悲痛欲死，回到家中便要悬梁自尽，幸好亲人及时抢救，志强没有死成。正当志强悲伤之时，从公司却传来好消息：志强的成绩原是名列前茅的，只是由于计算机的错误导致了志强的落选。正当志强欣喜若狂之时，志强的父母来到公司，一看到公司的老板，便跪了下来，他们含泪地说，真多亏您救了我儿子，我们家世世代代感谢你的大恩大德！

西方的主流宗教说，生而原罪，一辈子干事竟事洗刷出生的罪孽；东方人的主流文化说，生而有幸，一辈子干事竞事人不为己天诛地灭。同出于“己”，认知差矣，今日之中国富人，原罪于不耻，可公益者少矣，内怒外嘲。就在笔者写到此处之时，深圳富士康这家否认“血汗工厂”的工厂，让超度的神明失灵，让老板郭台铭亲自领略了血腥的“又一跳”。这个事件昭示一个简单道理：事竞先于净，干净心才静，大静禅智涌，净事方事竞。

拾

财 jìng

爱财取有道　财经净为高

静是财制动　竟是理财盛

国若财不净，民本经不行，
官若财不净，公信敲警钟；
商若财不净，市场道不正，
学若财不净，国魂得大病，
民若财不净，社会已中风！
古有驱邪散，今有正风丹，
时不我待势，救治在当前。

1. 财净

> 国若财不净，民本经不行，官若财不净，公信敲警钟；商若财不净，市场道不正；学若财不净，国魂得大病；民若财不净，社会已中风！君子爱财，取之有道。有道之财，纯净大净。

中国古训：君子爱财，取之有道。有道之财，净也。

就在笔者写“财净”这一节的时候，媒体上出现两个截然不同的例子：一个是正在受到公众挞伐的能把“吃出来的病再吃回去”的张悟本。张悟本喝绿豆汤、吃白萝卜和长条茄子的食疗从2000元挂号，到“悟本堂”关门，其中的原因，可谓财道不净。古训“君子爱财，取之以道”，这个“道”，决不可“旁门左道”、“歪门邪道”，否则毙之，张悟本的事例便是典型道不正者。

另外一例是华山独臂挑夫自食其力，拒绝乞讨的故事：

20年前，何天武妻子重病去世给他留下巨额的债务和两个年幼的孩子。为了挣钱养家，他来到河南平顶山挖煤，一次事故中断裂的钢丝绳斩断了他的左胳膊。他只拿到4200元赔偿金，无奈返家。回家后他花了一年多的时间在荒山上平出几亩土地，可眼看就要收获时，一场洪水将汗水和希望全冲垮了。当时，亲戚朋友们出主意让老何以残疾人的身份去乞讨，何天武拒绝了亲戚朋友的建议，他有自己做人的原则：“人格要是丢了，买不回来！”他只得拖着残臂再次走上打工路。在遭遇了无数屈辱被当成“残废”拒之门外后，独臂的他，坚守着“决不下跪乞讨”的底线来到华山，当了一名挑夫。“其他什么路都没有了，我只有来到华山。”回顾当年，48岁的何天武说。自古华山一条路，抬头是悬崖峭壁，低头是深沟险壑，路窄的地方只能一个人经过，脚步要精确到一厘一分……老何每天背负重达数十斤、上百斤的货物，往返在这条数十里路上已经10年。10年里，老何背过饮料、蔬菜，也背过面粉、煤气罐，往返华山3000余个来回。

2010年5月26日早上5点，记者来到老何住处，准备和他一起上山，吃完早餐后，老何开始“接货”。当天，他要背四箱矿泉水总重120斤沿华山西线送达海拔2042米的中峰，全程约8公里。这条路就是所谓的“自古华山一条路”，沿途要经过“华山天险第一关”——五里关、“华山第一险道”——千尺幢，还有两侧千丈绝壁的苍龙岭……这趟活儿，老何要花六七个小时，可以挣到36元钱。走在路上，老何背着的背篓“吱吱呀呀”响个不停。每走一段，老何便要停下来休息一会，他手里那支拐棍放在背后支撑着背篓。

上午10点在玉泉院附近的时候，山中起了大雾，一位挑夫突然发现前面的老何不见了，走在后面的记者顿时懵了，大家呼喊着找到了老何，原来他是下坡去捡掉落的两瓶矿泉水。

“千尺幢”共有276个台阶，上下只容一人通过，断臂的老何，不能像其他挑夫那样，累了可以换换肩膀，脚步不稳可以扶着铁链。在爬到这个险道时，开朗健谈的老何沉默了，他开始把注意力放在把握重心上了。在攀爬苍龙岭的时候，老何的身子几乎都要贴在台阶上了。偶尔有下山的游客经过身边，他都会伸手去扶一把，嘱咐一声："小心，慢点……"下午2时，老何的任务完成。走完这一程老何感慨地说，儿子跟着走过一次，走完就哭了，自此不再乱花一分钱。

老何被媒体报道后，一下子成了当地的名人，并且还陆陆续续地得到了十几万元的捐助。这突然而至的名气和十几万元的捐款，却让老何白了头发。老何告诉记者，自己觉得压力好大的，有时候捂着良心问自己，为什么要这样麻烦别人，为什么自己不能把这些事情处理了？当记者和老何谈到华山上工作的时候，他始终沉浸在自己那份快乐的骄傲的情绪当中，因为正是在华山之巅，他重新站了起来，昂首挺胸。

华山是他的家，华山石刻是他的识字老师。

"我喜欢华山，登上山峰时呼吸着新鲜的空气，心里真的好舒畅。我愿意在这里待下去，因为华山接纳了我，付出有了回报！"习惯弯腰驼背负重前行的老何，已经把华山当家。

因为欣赏华山石刻，小学尚未毕业的老何每天练字，如今老何家里堆着他几年来厚厚的习作。他的房间内一直贴着一幅"拼搏"的条幅，老何告诉记者，这个条幅挺适合自己的，自己上山时虽然每走一步都很艰难，但只要有勇气就能把事做好。

华山独臂挑夫何天武，可谓小财大道，纯以净矣，让人钦佩。

从张悟本与何天武的收入，说到财与净的关系，可谓小切点，大视野。有关国人今天收入的净与不净、贫与富的差距、基尼系数的预警等可以说是民间热议的话题。近年，由于社会转型，国民收入和分配缺乏基础性透明的公示制度，国民收入渠道呈现五花八门的状态。有关个人收入的净与不净，某媒体在全国

15个省区市采访了大量专家学者和基层干部群众，大家比较认同可以用白色、灰色、血色、金色、灰色5种“颜色收入”来概括当前形形色色的收入，孰净孰不净，读者自有裁断。

白色收入指当前收入分配领域中有据可查的收入，出身清白，可见、可控、可预测。人力资源和社会保障部劳动工资研究所所长苏海南说，“白色收入”是我国收入分配制度的主渠道，所以必须不断提高初次分配中劳动报酬在国民收入分配的比重，建立工资的正常增长机制和支付保障机制，健全社会保障制度增加养老金等转移性收入，让“白色”成为收入主色调，彰显公平正义，促进社会稳定与和谐。

黑色收入既包括一部分人依靠权力获取的非法收入，也包括走私、贩毒、偷盗、抢劫、绑架等违法犯罪活动获得的收入。中国社科院社会政策研究中心秘书长唐钧等专家认为，“黑色收入”使大量公共财富流进了权力拥有者、违法犯罪者的腰包，应坚决打击。

血色收入指那些突破人类文明底线，以牺牲他人的生命和用鲜血榨取的收入。对“血色收入”也应严厉打击，它践踏了人性与文明底线。

金色收入是近年来随着经济发展而日显重要的一种收入，以资本收益为主要表现形式，也可以理解为财产性收入。近年来，不少人从股市、楼市中获得资产增值，财富成倍增长。一些专家认为，“金色收入”值得鼓励，但也要注意做好调控和引导，使其走上理性轨道，减少投机性。同时，要注意通过税收等配套政策对“金色收入”加以调节，防止“马太效应”加剧贫富差距。

灰色收入的概念最难定性。目前，学界对“灰色收入”的定义也不统一，有的专家定义为来路不明、没有记录在案、没有纳税、游离在申报之外的个人隐秘收入。也有学者认为收入“非白即黑”，无论如何冠冕堂皇，其本质是公权与私利交易而产生的“黑色收入”。目前，“灰色收入”已逐步渗透到社会各行各业，返点、好处费、感谢费、劳务费、讲课费、稿酬、礼金等名目繁多。国家发改委宏观经济研究院教授常修泽说，“灰色收入”主要有三种情况：一是“正灰色”的，即违章不犯法的收入；二是名为“灰”实为“黑”的收入，比如商业回扣、年节收礼、小金库私分、庆典礼品等，属变相受贿；三是“浅灰色”收入，这一部分本来应该归到“白色收入”里，但制度中没有明确规定，虽然渠道正当，但缺乏税务监管。

研究这五种收入，不难发现一个亘古未变的法则：劳心者治人，劳力者治于人。二者皆是为钱，劳力者以力换钱，白色是他们唯一的途经，劳心者以心换钱，金、灰、黑、血色都是他们心力所及的范畴。

钱是好东西，也是坏东西？因人因道而异。

莎士比亚在《雅典的泰门》中有一段关于金钱的精彩台词：“金子！黄黄的、发光的、宝贵的金子！它可以使黑的变成白的，丑的变成美的，卑贱变成尊贵，老人变成少年，懦夫变成勇士……”莎士比亚的伟大在于他洞悉人性的两面，对“有钱能使鬼推磨”作了极为形象、深刻、生动的注脚，说出了人们拼命追求金钱、不择手段攫取金钱、千方百计积攒金钱、甘当金钱奴隶的缘由。但无数事实也证明，钱并不是万能的，因为金钱可以买来床铺，但买不来睡眠；金钱可以买来书籍，但买不来知识；金钱可以买来婚姻，但买不来爱情；金钱可以买来美食，但买不来胃口；金钱可以买来医药，但买不来生命……这样的道理好像人人都懂，但能做到不为金钱所动、不为金钱所迷的人却少之又少。

唐朝张说在《钱本草》中写道：“钱，味甘，大热，有毒。偏能驻颜，采泽流润。善疗饥寒，解困厄之患，立验。能利邦国，污贤达，畏清廉。贫者服之，以均平为良；如不均平，则冷热相激，令人霍乱。其药，采无时，采之非理则伤神……如积而不散，则饥寒困厄之患至。一积一散谓之道，不以为珍谓之德，取予合宜谓之义，无求非分谓之礼，博施济众谓之仁，出不失期谓之信，入不妨己谓之智。以此七术精炼，方可久而服之，令人长寿。”张说清楚地告诉人们，钱可以“疗饥寒”、“解困厄”、“利邦国”，也可以“污贤达”、“令人霍乱”、“伤神”。

道理说到这儿，钱的两面性尽然：“钱不是万能的，但没有钱是万万不能的。”俗话说，一分钱憋倒英雄汉。物质是基础，人们的日常生活、衣食住行哪一样也离不开钱，没有钱会寸步难行。钱，是一个好东西。有言道，铜臭变身心，认钱不认人，钱也是一个坏东西，这是因为一些人会因钱而寡义，因钱而失信，因钱而丧德，因钱而犯罪，古今中外莫不以财“围城”。

谈到金钱财富，不能不提到两个人，一个是清代的林则徐，一个是世界首富比尔·盖茨。林则徐有句名言：“子孙若如我，留钱做什么，贤而多财，则损其志；子孙不如我，留钱做什么，愚而多财，益增其过。”林则徐清楚地认识到了钱“损其志”、“增其过”的危害。一个人在位高权重时仍能保持这样清醒的头脑和意识，能够保持如此平和淡然的心态，这是很值得世人学习的！比尔•盖茨让人敬佩的是他的“裸捐”。他把580亿美元的财产全数捐给慈善基金会，一分一毫也不留给自己的子女。

回到本节开篇，中国古训：君子爱财，取之有道。有道之财，净也。在市场经济的今天，人们获取金钱的渠道和途径很多，但不论采取何种手段和途径，都要守住“取之有道”这一底线。取之有道、用之有道才是值得提倡和践行的金钱观和财富观。

2. 财静

> 财静才如镜，财镜映人性，守财拒成奴，花钱看收成。生活如此重，压力有几重，量力者而行，入出要平衡。衍生之金融，工具多陷阱，诱惑常引路，让你落其中。财富三分法，对冲来看家，避雷有天针，遮雨有汉瓦。

“财静”是笔者创造的一个词汇。

何谓“财静”？我先来讲一则故事。笔者有两位同姓zhang的朋友，一位姓弓长张的张，一位姓立早章的章。他们都是学习画画的，弓长张的才气要比立早章略高一筹，立早章的后学要比弓长张扎实。二人的才学因财而走了不同的道路，结果也大不相同。

弓长张90年代后期，一套组画被韩国人收藏，卖了四十万人民币，这是他艺术创作的第一桶金。按照他原来的理想，只要手里有十万元钱，就一定安下心来创作，豪言要用绘画完成生命的叙事。结果他有了四十万，第一件事是先买了车子，紧接着他的另外一组画卖了一百万，他用这钱按揭又买了大房子，很快他就有了一千万，他又贷款买了大别墅。住进大别墅之后，他的画室更大、更明亮了，但他却很少画画了，因为接触的人不再是艺术家和收藏家，更多的是画商和商人甚至是投机商。其中一位号称命理投资大师的人给他建议说，虽然你画画如同画钱，但毕竟还是画画的生意，你要想赚钱快，就必须要做钱的生意，钱生钱比你的画生钱要快得多。弓长张听信了他的意见，并委托他代为投资，购买了雷曼兄弟的债券，结果血本无归。这当然也怪不得命理投资大师，因为按照合同规定，人家是没有责任的，况且雷曼兄弟也不仅害了他一个人。但这其中也印证了中国人说的一个道理：乐极生悲，祸不单行。不久弓长张郁闷醉驾，事故中撞断了右臂，从此不能作画……

有朋友私下因他而诗：弓不长不张，弓不张不强；弓长蓄力起，弓张矢之的。财静主当雄，财梦主当空，德行冠天下，钱财善于用。

立早章九十年代后期，一套组画被日本人收藏，卖了四十万人民币，这是他艺术创作的第一桶金。按照他原来的理想，只要手里有十万元钱，就一定安下心来创作，豪言要用绘画完成生命的叙事。结果他有了四十万，第一件事是先买了大批的书籍、画册、笔墨和纸张，紧接着他的另外一组画卖了一百万，他用这笔钱为恩师装修了老房子，恩师的女儿看中了立早章的人品和画品，于是决定嫁给他。立早章不住夫人带来的四合院大房子，为恩师开了纪念馆。很快他就有了一千万，他为恩师设立了一个基金会。当得知弓长张车祸的事之后，他和夫人商量决定，从基金中拿出一笔钱，资助弓长张从新学习用左手画画。这印证了中国人说的一个道理：种瓜得瓜，种豆得豆，天理在此，不种何收？不报不报，时刻未到，时刻一到，歹心报灾，善心报好。

有朋友私下因他而诗：立早成章风雅颂，仁心地阔画天穹，财静之行格调起，钱淬刀刃锐成锋。无心插柳柳成荫，杨柳成荫育斯人；后人感念前人事，时间仓储拜诸神。

两位朋友的故事，让我想到“财静”，同样有财，用意不同，用法不同，用处不同，用项不同，前者谓之“躁”，后者可谓“静”。“弓长张”之“躁”，可谓俗话说的暴发户心态；“立早章”之“静”，可谓俗话说的用之有道、百年大计或可持续。此理若可，以此衡世，今乃民躁当头，不可不知，不可不识！今乃国躁当世，不可不知，不可不治！国躁民自躁，民躁世乱套；维稳知失衡，衡在利民行。

很有趣，按照接受美学的观点，一项政策犹如艺术创作，作品一旦完成，诠释的权利便转移到公众和读者的手上。于是出现了一个现象，公众和阅读者的感受诠释常常偏离制定者、创作者的预设，这常常是两者始料未及的。笔者以“财静”为题在朋友间调查，结果与守财相联系者占有相当比例。这是一个相当有趣的且让我始料未及的问题。

朋友们不约而同地说到法国大作家巴尔扎克的著名小说《欧也妮·葛朗台》。这部小说把“守财奴”定义为“被困于金钱樊篱里的执着狂”，深刻挖掘了守财奴身上的“奴”性，让读者思考现实生活中这种“奴性”意识的种种表现。现实生活中有许多人和葛朗台一样沉迷于金钱而无法自拔，他们已经不再是金钱与自己的主人，而已经成为了欲望的奴隶。西方文学中的四大守财奴，也是世界文学史上的四大守财奴：《威尼斯商人》中的夏洛克、《吝啬鬼》中的阿巴贡、《欧也妮·葛朗台》里的葛朗台及《死魂灵》里的泼留希金。但在中国说到守财奴，一般都会再加上清代吴敬梓《儒林外史》中的严监生。

其实，财不可守的道理早在诗经唐风——《山有枢》中就广有所及：

山有枢，隰有榆。

子有衣裳，弗曳弗娄。

子有车马，弗驰弗驱。

宛其死矣，他人是愉。

山有栲，隰有杻。

子有廷内，弗洒弗扫。

子有钟鼓，弗鼓弗考。

宛其死矣，他人是保。

山有漆，隰有栗。

子有酒食，何不日鼓瑟？

且以喜乐，且以永日。

宛其死矣，他人入室。

《山有枢》从衣食住行写起，对最基本的日常生活进行评价，鲜活的描绘出了一个守财奴的形象。诗中讽刺和劝告守财奴不仅要聚财，而且还要知道享用，循循善诱的告诫守财的人，你的财产你不享用，死后会全被别人占有享用。这正是“钱财皆为身外之物，生不带来，死不带走”的理根。然而，古今中外偏偏有人想不开这个极其明显的理儿，一头钻进钱眼儿里，一头扎进财货中，变作挣钱聚财的机器，做钱物的奴仆。

网络上曾经流传这样一个故事。事情发生在东北的一座老工业基地的城市，一位倒腾大豆起家的粮商，为了不露财，把相当一笔钱放在塑料口袋里埋入地下。几年过去，某年的八月十五，吃过月饼后老伴提醒他，是不是把埋在地里的钱挖出来看看。粮商为节日助兴，就把埋在地里的钱挖了出来，结果这些钱因为细菌的腐蚀，霉变粘成一团，经银行检验，不再具有货币价值，换句话说，就是这些钱没了。粮商和老伴在家哭起来。邻居的一个小孩过来劝这对老人，给他们讲述了伊索寓言《守财奴》的故事：说一个守财奴，为了确保他的财产，卖掉所有家当换成了一大块金子，埋在一个地洞里，并且不时地去查看，这引起了手下一个雇工的好奇。雇工猜测那里肯定有宝贝，趁主人离开之际，他来到埋藏地点，把金子偷走了。当守财奴回来发现金子不翼而飞，便痛哭流涕，乱撮头发。一个邻人见状问明缘由后说“你也别太痛苦了，拿一块石头再埋在原地，就当是那块金子好了，因为既然你永远不想用它，那么两者不是一回事吗”。邻居的这个小孩讲完之后，粮商果然不哭了，他把那些已经不值一文的“钱”重新埋入地下，并告诉老伴，就当我们没把钱刨出来，而且猜想那些埋在地里的钱还都生了儿孙，越来越多；猜想有一天地里长出一棵金钱树，树上的叶子全是钱。老伴听完哈哈大笑起来，而且怎么也停不下来了……

因为真实故事的结尾是祸不单行的悲剧，这个喜剧的结尾完全是笔者编的。其目的在于温柔地提醒读者，金钱的价值不仅在于拥有，更在于使用。按照这种价值取向，金钱也好、财物也罢，看明白了，就是要充分发挥其使用的效益，满足人的生存、生产、生活的需要。

在今天的社会生活中，重度思考“财静”，守财成奴是不可取的，因为拉动内需需要适当的消费，否则三驾马车中的一架趴架，生产力发展自然乏力。研究“财静”，这是一个现实的复杂地问题，就说2010年上半年，银行利率低于通过膨胀率，储户存在银行的钱出现负增长，换句话说，就是你的钱在银行里存着，是越存越少。可是，据有关新闻报道，2010年3月22日，从中国工商银行北京市分行举办的新闻发布会上获悉，截至2010年2月末，该行人民币储蓄存款余额达到5037.25亿元，首次突破5000亿元大关，约占北京地区人民币储蓄存款余额的三分之一，处于绝对领先地位。这让一些西方的经济学家感到纳闷，银行降息刺激消费，人们应当大笔的消费才对，可为什么还有那么多人要把钱存入银行呢？解答这个问题并不复杂：第一，现在中国的营商环境，即所谓的国进民退，民间资本除去在股市和楼市投机外，无可去处，多数人只好将钱存入银行，此乃无奈之举；第二，人们对于未来住房、教育、养老、灾病预期的不确定性时刻在心，有钱不敢花，只好存进银行以备万一；第三，中国传统节俭文化在国民意识中更为明显，他们节制消费，将钱存入银行是一种集体无意识的正常行为；第四，有一位金融专家曾这样分析，从银行存款的结构看，也有1%的人控制40%财富的结构征兆。

中国有句讽刺人的谚语：花别人的钱不心疼。

这是人性的弱点！

现代的银行业抓住了人性的这一弱点，设计出许多金融衍生工具，其中刷卡就是一个诱惑人“花别人的钱不心疼”的弱点，进而让许多有这种弱点的人成为“卡奴”。“卡奴”一词最先源于我国台湾地区，台湾地区金融主管部门将无力偿还银行最低还款额，且连续3个月未能还款的人定义为“卡奴”。以下是台湾一个真实的故事：小明是个充满创业梦想的年轻人，看到银行广告“帮你提早完成梦想”，头脑一热，现金卡、信用卡、小额信贷一口气借了150多万元新台币。不料投资不如预期，贷款5年后却滚成500多万元，目前每月最低还款金额高达16.8万元，小明夫妇每月收入只有11万元。现实的境况如此，就是小明夫妇不吃不喝，每月的收入还不够还银行的，已经沦为“卡奴”。

近年，在大陆刷卡消费已经成为时尚。几乎每个年轻人的钱包里都有几张花花绿绿的银行卡。使用信用卡的风险很大，无论是分期付账的手续费还是透支的利息，都比正常的小额贷款利息高。用者千万量力而行，切不可入不敷出，积少成多变成“卡奴”。其实，拥有多张银行卡并不是件轻松的事，因为从你申请办理银行卡的那一刻起，这张银行卡给你带来的“负债”经历随之启动。算算使用一张银行借记卡时要承担的费用，便可一目了然。以工、农、中、建、交5家国有银行，以及中信、兴业、浦发、深发、民生5家股份制商业银行为例，第一项：开卡工本费，大多5—10元（不收和少收者不多）；第二项：一般10元年费；第三项：小额账户管理年费12元；第四项：挂失补卡费每次10—15元；第五项：“网银”安全锁U盾每件20—100元。对于经常使用“网银”的客户来说，U盾的作用很大，它相当是一把认证卡主身份的钥匙，在网上支付、转账等多个环节发挥重要作用。也正因为如此，各银行对U盾的要价都很高；第六项：跨行转账金额每次1—200元；第七项：ATM跨行取款金额每次2元。如果从开卡之日算起，一年内一张银行卡需要客户缴纳的费用名目繁多且数额不菲。仅以一名普通客户市民A小姐一年来使用银行借记卡的经历为例：开卡工本费10元，年费10元，购买U盾60元，ATM机跨行取款10次20元，同行异地跨行转账2次21元，挂失补卡一次15元，一年用卡成本共计136元。

卡是工具，其中金融机构人为设计了许多“陷阱”，持卡人要当心，切不可掉入消费惯性和人性贪婪“魔城”，有卡在手，何为不刷？于是一念之下，开始刷卡爽、刷卡忙、刷卡狂、刷卡盲——殊不知：刷卡也会卡，疯狂最可怕，入不敷出时，亏空破洞大；知时大势晚，人生欲破产，此刻成卡奴，前途挡黑幕！

在“财静”这一节里，从守财说到花钱，其实讲述了人生面对财富的两种态度，这是一个盾的两面，过度不适。有道是：财静才如镜，财镜映人性，守财拒成奴，花钱看收成。生活如此重，压力有几重，量力者而行，入出要平衡。衍生之金融，工具多陷阱，诱惑常引路，让你落其中。财富三分法，对冲来看家，避雷有天针，遮雨有汉瓦。

3. 财竞

> 理财营一生，置业需慎重，创业靠本领，财竞三路径。三路通不通，要靠你经营，知才方略大，财竞不自夸。财富匹配巧，三三是高招，对冲平衡妙，人生逐浪高。高处不胜寒，仁心自取暖，吾生不泥丸，圣者尽施善。

今年4月份，应邀到河南新乡为企业家演讲，题目是《后金融危机时代创业和再创业的路径》，其中讲到“实力”。我从文字文化学入手，要企业家们来看看，我们老祖宗为啥把“實”字造成这样——宝盖是房子，房子里面是个“贯”，“贯”上面是“母”，下面是“贝”。贝古代被当做钱币，母和贝组合到一起，就是钱能生钱的意思。由此可见，家中有钱不是实力，死钱就怕坐吃山空；家中有能生钱的钱，那才是真正的实力。换句话说，金融金融，融而流动——钱只有在运动起来的时候，才能发挥它增值的作用。那么，在怎样的情况下“钱”才会生“钱”、“财”才会生“财”而产生“财竞”的效应呢?

笔者的回答很简单：理财、置业、创业。

理财，是我国特色社会主义市场经济时代的词汇，如今大多数人有财可理，理财已经不仅是金融学的一个学科，而且登堂入室，成为许多人的经济行为。理财，（Financial management）多指个人或机构根据其当前的经济状况，对于财产(包含有形财产和无形财产)的经营。一般采用一类或多类金融投资工具，通过一种或多种途径达成实施的经济规划或方案，其具体过程，即称理财。中国历代理财有论：《易·系辞下》："理财正辞，禁民为非曰义。"孔颖达疏："言圣人治理其财，用之有节。"汉王符《潜夫论·叙录》："先王理财，禁民为非。"宋曾巩《再议经费》："陛下谓臣所言，以节用为理财之要，世之言理财者，未有及此也。"《儿女英雄传》第三三回："我想理财之道，大约总不外乎'生之者众，食之者寡；为之者疾，用之者舒'的这番道理。"然新中国成立，计划经济时代从广义上讲，个人是没有可理之财的。如前所言，"理财"一词，最早见诸20世纪90年代初期的报端。随着我国股票债券市场的扩容，商业银行、零售业务的日趋丰富，理财逐渐走俏，成为人们打理自已财产的一种经济行为。

那说的实际点，如若家中有财，那该怎么个理法呢?

一般人谈到理财，想到的不是投资，就是赚钱。实际上理财的范围很广，理财是理一生的财，不是简单解决燃眉之急的金钱问题。理财是现金流量管理，也就是个人一生的现金流量与风险管理。每一个人一出生就需要用钱（现金流出），也需要赚钱来产生现金流入。因此不管现在是否有钱，每一个人都需要理财。因为未来的更多流量具有不确定性，包括人身风险、财产风险与市场风险，都会影响到现金流入（收入中断风险）或现金流出（费用递增风险）。所以，理财也是一种人生的风险管理。

个人理财的范围包括一生的收入、一生的消费支出、各种形态的财产、各种形式的借贷、合理避税和保险与信托。之所以把个人理财的范围说的如此简要，是因为普通百姓对于理财的需求关键在于实践和有效上。目前理财的热点：黄金、基金、股票、期货、国债、储蓄、债券、外汇、保险、银行理财产品、珠宝、收藏等。这些所谓的理财热点是市场的，而对于有需要理财的个人而言，这些未必都是好题材。以我个人观点，依次置评：投资黄金有两大风险，一是黄金的价格由华尔街控制，二是从经验法则看，近百年来，黄金价值的K线一直是贬值的——100年前两根金条可以买北京的一个院子，100年后的今天，两根金条连北京一个院子的两平方米都买不了，从这个长程的意义上说，黄金保值增值的余地有限；基金、股票、期货等金融衍生产品，理论上是投资的可选渠道，但就目前金融市场的现实而言，这些产品具有相当的风险性，虽说“中国股市是个大赌场（吴敬琏语）”曾经遭到批判，但在这里内幕操作，“大鱼吃小鱼，小鱼吃虾米，虾米吃滋泥”的丛林法则基本颠覆了资本市场公平、公正、公开的设计初衷，风险可想而知。剩下的国债、储蓄、债券、外汇、保险、银行理财产品、珠宝、收藏我先来用排除法，告诉您我的观点。珠宝、收藏可谓一类，这需要大笔资金、相关的知识和文化嗜好，如果您光从理财的思路进入，那您是非瞎了不可，漏儿您没捡着，当保准上了，行里话叫买打眼了——万八千到几十万瞬间打了水漂是常有的事。银行理财和保险产品也是金融衍生工具类产品，说白了就是你拿钱给他，他号称专家、专业、专门有专渠，让他替你投资理财，以我个人的经验，他们为你理财在次，为自己机构或小团体谋利是真。除此，信托之时千万看明白了合同文本，切不要轻信花言巧语的推销，特别是保险的合同文本，我曾说，要专门上一个本科才可以看懂，请有兴趣者千万注意。外汇是一个零和游戏，双赢是不存在的，不是输就是赢，要进入，不仅要有相关的专业知识，同时还要有好的心理素质。以我的推荐，如果手里的钱是关乎未来生活的人，国债和债券都是可取的，它们的利息大都高于同期的银行利息；目前银行利息低于通货膨胀率，存款已经进入负增长，但考虑到通胀的结构，比如当下房产通胀的比例最高，而你又没有住房的急迫需求，负增长的银行存款对于你来说压力相对就轻了许多，甚至可以说没有负增长的问题。总之，理财第一是量力而行，第二是合理配置，第三是拒绝贪婪，第四是选择精当，让理财不但有成，而且能够添花锦上才行。

投资置业。置业是一个很大的概念，说得通俗一点，就是房地产的总称。作为个人，投资置业就是购置房产，实现保值、增值或“吃瓦片”。说说容易，但实际操作起来，利润空间很大，风险也很大，但在中国这个经济周期里，风险存在，但仍未出现。以本人为例，2005年我全款60万元购买了一处100平方米房产，现在价值300万，增值了五倍。当时在购买房子时，售楼小姐看我人实在，就私下告诉我，与我同样的房子还有多套，您何不用30万元首付，然后再贷款30万元，我帮您办手续，同时买两套。您用出租房子的钱来还贷款，等房子一升值，您一出手，肯定大赚，这可比您爬格子挣那点钱不但多多了，也快多了。我很感谢这位售楼小姐，但想来想去，还是没有采纳她的意见，觉得贷款是一种莫大的负担，还要付利息，还要担风险，既然自己手中有足够的钱，何不付全款，非要有非分之想呢？结果五年过去了，事实证明，如果我听信售楼小姐的建议，我现今住的房子就等于是白赚来的。

想想2005年左右，不管你有没有理财和置业的知识，不管你在什么城市什么地段，不管你买什么价位和多少平方米的房子，只要你买了，你就一定赚，一线城市大赚，二线城市中赚，三线城市小赚。想想这些我们这一代人亲身经历的世代，此前的置业，从大的方面说，当然也还是理财置业的范畴，但从经济发展史和宏观经济学的意义上说，这是一个经济体发展成长中原始阶段的增长级次，机遇只有一次。在大历史观下，不涉及权力寻租、巧取豪夺、贪污腐败、钱权交易和企业原罪等，只从纯经济发展路径入手，仍然可以清晰地看到，财富瞬间移动的过程和在这个过程中人被财富类型化，一批人迅速的富有起来，而大多数观念保守的人依然原地踏步，抑或后退，如我者众。

创业是最好的财竞。普利策新闻奖闻名世界，然而普利策创业的故事未必许多人知道。普利策是犹太人，他17岁来到美国谋生，起初身无分文，在圣路易斯的一家报社找到一份半薪试用记者的工作。他认真学习和了解报馆各个环节的工作，勤于采访和写作，文章和报道的内容生动、真实，吸引了广大读者，也为报社创造了巨大的利润。老板很满意地聘用他为正式工，很快还提升他为编辑。通过几年的时间，普利策对报馆的运营情况已经了如指掌，于是他用自己仅有的一点积蓄买下了一家濒临倒闭的报馆，开始创办自己的第一份报纸《圣路易斯邮报快讯报》。但有一段时间，资金严重不足，普利策分析当时美国的经济发展，把自己的报纸办成以经济信息为主的报纸，加强广告部分，把焦点放在广告上，利用客户预交的广告费使自己有资金正常出版发行报纸。就这样他的报纸发行量越多，广告也越多，资金也就越多，没过几年，他成为了美国报业的巨头。普利策可以说是一位创业成功的典型。

创业是中青年人的事，但每一个中青年都有父母，在这个意义上说，创业也牵连着老年人。创业是一个人生宏大又具体的经济行为，每个领域，每个人群，资本大小，技术专利，项目市场等千差万别，但创业有一个共性的前提，即创业者必须具备实力、眼力、魄力、耐力。

实力至少包括四个方面：资本的实力，创业需要资金、场地、生产资料等等，这些最终落实到资金；知本的实力，即项目、专利技术、优势差异性的产品；领导的能力，即企业的经营管理、制度的创新，资源配置等；文化的实力，即企业的第一价值标准，制度文化化进而文化制度化的过程决定企业的使命、动力、激情和凝聚力。眼力包括四个方面：发现的能力，即发现人才、项目、市场；创新的能力，即创新技术、形象、个性等；转化的能力即把技术、形象和个性文化迅速转化为产品、流程、规模；对冲的能力，即在经营中保持产销的平衡和不同产品间市场营销的对冲，保证现金流的持续不断，这是企业发展的秘诀。魄力包括四个方面：决策的能力，即决策来源于判断，判断来源于调查，调查来源于需要，需要来源于目标，目标来源于意志，意志来源于价值；传导的能力，即企业的执行力、推动力、推广力、占有力——俗话说“拱地头”；博弈的能力，即企业策略的制定要考虑对手和同业的战略，在这样的前提下制定相应战术、预期和目标；放弃的能力，即对当前形势和未来生存发展有充分的认识，两害相权取其轻，两利相权取其重，果断决策放弃，选择新的生存路径和发展的可能。耐力包括四个方面：意志坚定力，即企业要有意志力，意志来自信念与责任，信念与责任来自价值与文化，它是企业重要的软实力；危机意识力，即企业的经络系统的敏感度，如财务、营销、人力资源、技术研发等部门，都能反映相对应的企业领域现况，时刻掌握情况，俗话说“路远不捎书”和“穷家富路”都是防患于未然的危机意识；修正方向力，即发现问题，采纳正确意见，立即采取行动修正，流水不腐户枢不蠹，修正修正不修不正。这正所谓：创业需四力，筑巢要奠基，步步为营去，风险是阶梯；货易货为换，钱生钱为贯，三口堆一品，货殖入坊间；市场风云漪，高品坐上席，路遥知马力，功夫出太极；买家是上帝，市场定律吕，业者仁心在，财道讲和气。

拾壹

心jìng

心净水亭开　心静幽香来

心竞悠然逸　心境太极泰

我非常贫困，一无所有。

我唯一的财富是我的真诚。我唯一的满足是我的真诚。我唯一的骄傲是我的真诚。

因为我有了真诚，我的头从不低下。因为有了真诚，我的眼光从不躲闪。

我的真诚使我的一生没有悲哀，没有痛苦，没有悔恨。

愿我真诚的生命永远闪光。

1. 心净

> **心净空乃大，诚容纳异卦，**
> **善施多良惠，仁爱普天下。**
> **真心、诚心、善心、良心、仁心、爱心，诸心相合，大心净焉。**

“八解禅林秀，三明给苑才。地偏香界远，心净水亭开。……”孟浩然写景的诗句，细读深酌，诗人心净的通透借景而出，更胜于对景致的渲染。“心净水亭开”之“心净”，即心地干净，深而究之，从社会学的意义上说，就是一个人没有做过对不起人的事，没有做过伤天害理的事，没有做过有害社会公益的事，没有做过触犯法律的事……的心理状态，即俗话所说：“没干亏心事，不怕鬼叫门”；从心理学的意义上说，就是内心没有对未知不确定性的焦虑和对现实已知确定性的恐惧。如果把以上的论述看做是“心净”一个盾两面的本质面，那么真心、诚心、善心、良心、仁心、爱心则是“心净”更为积极的另外一面。

真心、诚心，真诚之心。心存真诚，境乃净空。

《庄子·渔父》：真者，精诚之至也。……真在内者,神动于外,是所以贵真也。真不能离开有情、有意、有爱的具体事情、行为、物体和语言单独存在。真，存在于真挚的话语、真心的帮助、真情的行为、有情的物品、有情的事情之中。真或是情，使人感觉激动、情绪变化的原因。人在密切接触具体事情、具体行为、具体物体、具体语言的过程中，大脑受到感觉器官传给自己的关于外部具体事物的信息、信号刺激后，就会下意识地把现实中的具体事物同经验过的具体事物进行比较，对影响自己的具体事物进行价值判断，当大脑判明作用和影响自己的外部事物对个人和社会的生存发展具有的意义和价值后，就会形成和产生出一组指挥人体相关组织有所行动的命令信号，人的情绪就会发生变化，于是源于外部事物刺激的心理感觉就发生了。如孔子论语开篇所言，“有朋自远方来，不亦乐乎？”，以及百姓俗则“人敬我一尺，我敬人一丈。”等，都是典型的真情之表现。

诚，“一念不生是谓诚”，这是曾国藩为“诚”所下的定义。故，诚于中,必能形于外，一个人心中充满诚意，他的言谈举止、待人接物、行为公关、洽谈合作等等一定是诚恳的，如此其事业一定有成。一个人的成功与失败，关键在于他能否把与自己交往密切的人力资源转化为自己的资源，把他人的能力，转化为自己的能力。曾国藩是一个可以借鉴的人。看他《答欧阳勋》的信，可见一斑：“春季承蒙惠赐，收到您寄来的信札及一首诗，情意深厚而且期许很高，有的不是我这浅陋之人所敢承当的。然而鉴于您教导我的一片心意，不敢不恭敬从命。由于我天资愚钝，无法凭自身求得振作、进步，常常借助外界的帮助来使自己不断向上、完善，因此一生对友谊一向珍视，谨慎而不敷衍。我曾经思虑自己心胸不够宽宏、器量狭小的话就不能博取天下的美德，因此不敢拿一个标准来强求他人。哪怕是一点长处、一点善行，如果它有益于我，都广泛吸取以求培养自己的德行；那些以正大之词、劝勉之论前来告知我的人，即使不一定投合我的心意，也从来都没有不深深感念他的厚意，认为他对我的关心，和其他人的泛泛之词迥乎不同。去年秋天和陈家二位兄弟见面，我们一起讨论争辩，其中有十分之六七的观点和我不一致，但我心里还是十分器重他们，认为他们确实是当今出类拔萃的人物，其见解虽不完全合乎大道，然而关键在于这些是他们自己悟到的，不像是一般读书人仅从读书、道听途说中得到的；其观点虽然不一定臻至炉火纯青毫无杂质，然而他们所批评的切合实际，完全可以匡正我的不足、欠缺。至于说到我们彼此之间的情投意合，又别有微妙唯言的默契。离别之后惟独经常思念他们，觉得像这样的人实在是朋友中不可缺少的，丝毫不敢以私心偏见掺杂其中。平时我之所以不断勉励自己，并且大体上还能相信自己，原因就在于此。”邵蕙西是曾国藩的好友，他曾当面指出：曾国藩一是怠慢，结交朋友不能长久，不能恭敬；二是自以为是，说他看诗文多固执己见；三是虚伪，说他对人能做出几副面孔。曾国藩在日记中写道：直率啊，我的朋友!我每天沉溺在大恶之中而不能自知！他在另一篇日记中写道：我对客人有怠慢的样子。而对这样的良友，不能产生严惮的心情，拿什么吸收别人的长处!这是拒友人于千里之外啊！接待宾客尚且如此，不必再问其他时候了。偃息烟火，静修容颜又怎么说呢？小人啊！有一天，吴竹如与曾国藩交膝谈心，谈到他平生的交道，把曾国藩以知己相许，他说：“凡是阁下您所有的以期望许诺下的古语，信了它就足以滋长您自以为是的私念，不信它又恐怕辜负了您相知相许的真情，我只好自始至终怀着恐惧的心理”。这几句话，不愠不火，不恼不怒，字字力若千斤。曾国藩当即记下了他的感受：“听了吴竹如的几句话，我悚然汗下，竹如对我的敬重，简直是将神明收敛在内心。我有什么道德能担当得起呢？连日来安逸放肆，怎么能成为竹如的知己?实在是玷污竹如啊!”

曾国藩待人以诚，天下归心，心悦诚服，万念归真。

真诚在心，就是纯净无染，表现在外面，就是真实坦荡、诚信自然。因此，真诚的心行就像阳光雨露般，能温暖人心，净化心灵。真诚是立身处世之道，其力量无远弗届，源源不绝。任何对立与冲突，都能在真诚的言行中化解；任何怨恨与不满，都能在真诚的关怀中消融；任何困顿与厌倦，都能在真诚的互爱中消逝；任何猜忌与误会，都能在真诚的交流中圆解。真诚是一种妥协，是人心的涤荡，妥协涤荡的人心才有大净的可能。

真诚以求；真诚务求；真诚难求；真诚永求。

引柯蓝《真诚》一文共飨：

我非常贫困，一无所有。

我唯一的财富是我的真诚。我唯一的满足是我的真诚。我唯一的骄傲是我的真诚。

因为有了真诚，我的头从不低下。因为有了真诚，我的眼光从不躲闪。

我的真诚使我的一生没有悲哀，没有痛苦，没有悔恨。

愿我真诚的生命永远闪光。

真诚是一种不加掩饰不加遮盖的透明，是一种没有面具没有虚伪的坦露，真诚是一种优雅，是一种宁静，是一种圣洁，是一种美好，是一种淡泊，是一种成熟。在你的人生中，多一份真诚，就多一份自在；多一份真诚，就多一份坦率；多一份真诚，就多一份祥和。

拒绝真诚，你就拒绝了问心无愧。

拒绝真诚，你就拒绝了和风细雨。

拒绝真诚，你就拒绝了蓝天白云。

缺乏真诚的人生，是一种苍白的人生，是一种迷失的人生，是一种畸形的人生，是一种丧失人性的人生。

没有真诚，你就没有坦然处之。

没有真诚，你就没有安然入梦。

没有真诚，你就没有衷心的喜悦。

在人与人交际的沙龙里，我们都渴望彼此真诚。

真诚犹如一潭幽静的湖水：宁静，淡泊，高贵而且美丽。它有时也许会有泥块和沙石的袭击，但它凭着那份自滤，污秽也会沉淀，始终保持自己的容颜光彩照人。高山真诚了，展现出身躯的伟岸；大地真诚了，把沧海变成了桑田。让我们用真诚把“人”字写直写高，把尘封的心胸敞开，荡去狭隘自私的云烟，活出一种朴实，活出一种尊严。

真诚的为人，你将是豁达的；真诚的为人，你将是健康的；真诚的为人，你将是潇洒的；真诚的为人，你将是出类拔萃的；真诚的为人，你将是超凡脱俗的。

不管是虚幻的网络还是真实的现实，真诚，不是春光里的繁花，却是盛开的希望。

让我们凝视阳光，凝视真诚。

我不知道真诚是什么样子，但我知道这世界若少了真诚是什么样子?真诚不是人际间相互倾轧、欺诈，说话处处留心，做事时时防备，你诽谤我一寸，我损你十分……不累吗？真诚，是心灵的翅膀。不管是顺风，还是逆风，它都能让我们的生命轻轻飞翔，触到蓝天的洁净和白云的舒展，卸去征尘中的疲惫，获得精神上的安逸。做一个真诚的人很难。人与人之间的沟通不是简单的方程，你真诚的举动，可能换来的是别人的冷嘲或者热讽。那颗安在自己胸中的心脏，常常为别人而无私地跳动。

真诚的人付出自己真诚的时候，他需要的不是物质上的具体回报，而是精神上的理解和安慰。真诚这个词一旦落实到具体行动上，就没有虚幻的形式，而是实在的内容。

一个真诚的人，有时候可能做出某种傻事，甚至蠢事，但他决不会做出对不起良心的事。

良心，善心，善良之心。善心行畅，众生从良。

这是一个来自印度《用爱唤醒善良之心》的故事：

印度北部有个村庄，叫格依玛村。这里土地贫瘠，人们生活穷困，连填饱肚子都成了问题。离格依玛村不远有一简易公路，经过那里的车辆经常发生事故。有一次，一辆装满食用罐头的货车在那里翻进沟里。司机受了伤，拦了一辆车去了医院，那些货物无人看管。格依玛村的村民见了，就将那些罐头偷回家，一连好几天，家家户户都吃罐头。这件事给了格依玛村民启发，俗话说，靠山吃山，靠水吃水，他们完全可以靠路吃路了。

但车祸毕竟不会经常发生。于是，他们想到一个主意，晚上，趁着公路上没人的时候，就拿工具把公路的路面挖得坑坑洼洼。这样一来，车子在那里出事故的概率就多了。即使车子在那里不出事故，但因路况太差，所有车子行进速度都会大大减缓，村民们会跟在车后，趁司机不注意，偷拿车上的东西。这件事在渐渐演变……起初，他们只是偷拿一些食物，后来，其他货物他们也拿，拿了就送到市场上去卖钱。再发展下去，他们就明目张胆地抢了。一时间，那条简易公路成了最不安全的路段，每个月都会发生几起抢劫案。

警察局出动警力破案，抓了两个现行犯，还判了刑。但这并没有威慑住其他村民的犯行，反而让村民们警惕起来，学会了作案时更加隐蔽，更加机警。他们开始有组织的作案，有专人负责把风预警，抢到货物后就拿回家藏起来，或者更换货物的包装，让前来搜查的警察找不到物证。当地政府也想了很多办法，想让格依玛村民放弃非法哄抢货物的不道德行为，引导他们走上正途。无奈，格依玛村民已经从哄抢货物中尝到甜头，他们习惯了这种不劳而获的生活方式。

那年冬天，因为从格依玛经过常丢失货物，所以，许多货车司机选择绕道行驶避开格依玛路段，这样一来，格依玛村民好几天没有收获。

这一天，终于有辆货车从那里经过，车上装的是一袋袋膦酸酯淀粉，是一种工业用淀粉。大家就一拥而上，抢走了二十多袋膦酸酯淀粉。司机是个小伙子，见有人抢了他的货，便停下车，跟着抢货的人追进格依玛村。俗话说声东击西，这样一来反给了其他格依玛村人机会，他们不慌不忙地将车上无人看管的淀粉搬了个空。小伙子追进村子，就请求村民将他的货还给他，但格依玛村人都不承认拿了他的东西。小伙子百般恳求都没用，他只得告诉村民们，那些膦酸酯淀粉不是普通的食用淀粉，而是工业淀粉，有毒，吃了会死人，你们拿去也没用。

但格依玛村人都不相信，因为这种膦酸酯淀粉无论是从色泽还是手感，都与他们平时吃的食用淀粉毫无区别。小伙子见村民们不信，吓得不知所措。他本想去警局报案，但是，又担心，他一离开，真有人将那些淀粉做成食品吃了，会闹出人命。他一家家登门去说明情况，甚至向村民们下跪，请求他们："千万别吃那些淀粉，那样是会死人的。"小伙子不懈的努力，让村民们对他的话将信将疑。有人就将那种淀粉拿来喂鸡，结果，吃了这种淀粉的鸡不一会儿就死掉了。

这下，村民们惊骇了，继而是深深的感动。

他们抢了小伙子的货，小伙子理应怨恨他们，即使他们吃了那种淀粉被毒死，也是罪有应得。可小伙子为拯救他们的生命不惜给他们下跪，来请求他们别吃这些淀粉。这样的爱心，这样的善良，这样的胸襟，让他们羞愧难当，感动不已。村民们自发地将那些工业淀粉都交了出来，重新送到了小伙子的车上。自此之后，格依玛村人再没哄抢过货物，即使有人想打过往车辆的主意，立即就有人站出来说话了：想想那个好心人吧，我们伤害了他，他却救了我们全村人的命。想想他，我们还有脸继续干这种伤害别人的勾当吗？难道我们真的是魔鬼？从此格依玛附近的公路太平了。

一个年轻司机用他的善良改变了一切。

人的习惯是可以改变的，就看你怎么去改变；人的善念是可以唤醒的，就看你怎么去唤醒。即使在一个道德急速下滑的社会中，只要还有人义无反顾地坚持善良，无私地为他人付出，那么这个社会就是有希望的。任何人心里，其实都有一根善良的弦，这根弦，只有爱心才能拨得动它。想要人善良，首先付出你的爱，再恶的人，你用你的爱，都能唤醒他的善良，让他摒除恶念。

印度格依玛村的故事让我们想到中国老子那句家喻户晓的话，上善若水。上善若水是老子《道德经》第八章的第一句。其要义，水善利万物而不争，处众人之所恶，故几于道。居善地，心善渊，与善仁，言善信，正善治，事善能，动善时。夫唯不争，故无忧。

有关上善若水，很自然引出两位巨人的对话故事：

一日，孔子和老子出游，老子手指黄河对孔丘说："汝何不学水之大德欤？"孔丘曰："水有何德？"老子说："上善若水：水善利万物而不争，处众人之所恶，此乃谦下之德也；故江海所以能为百谷王者，以其善下之，则能为百谷王。天下莫柔弱于水，而攻坚强者莫之能胜，此乃柔德也；故柔之胜刚，弱之胜强坚。因其无有，故能入于无间，由此可知不言之教、无为之益也。"孔丘闻言，恍然大悟道："先生此言，使我顿开茅塞也：众人处上，水独处下；众人处易，水独处险；众人处洁，水独处秽。所处尽人之所恶，夫谁与之争乎？此所以为上善也。"老子点头说："汝可教也！汝可切记：与世无争，则天下无人能与之争，此乃效法水德也。水几于道：道无所不在，水无所不利，避高趋下，未尝有所逆，善处地也；空处湛静，深不可测。善为渊也；损而不竭，施不求报，善为仁也；圜必旋，方必折，塞必止，决必流，善守信也；洗涤群秽，平准高下，善治物也；以载则浮，以鉴则清，以攻则坚强莫能敌，善用能也；不舍昼夜，盈科后进，善待时也。故圣者随时而行，贤者应事而变；智者无为而治，达者顺天而生。汝此去后，应去骄气于言表，除志欲于容貌。否则，人未至而声已闻，体未至而风已动，张张扬扬，如虎行于大街，谁敢用你？"孔丘道："先生之言，出自肺腑而入弟子之心脾，弟子受益匪浅，终生难忘。弟子将遵奉不怠，以谢先生之恩。"说完，告别老子，与南宫敬叔上车，依依不舍地向鲁国驶去。

老子悟道，"道"在他的信仰中是产生天地万物的总根源，是先于具体事物而存在的东西，也是事物的基本规律及其本源。水的德行就是最接近于“道”的，“道”无处不在，因此，水无所不利。它避高趋下，因此不会受到任何阻碍。它可以流淌到任何地方，滋养万物，洗涤污淖。它处于深潭之中，表面清澈而平静，但却深不可测。它源源不断地流淌，去造福于万物却不求回报。这样的德行，乃至仁至爱。

仁心、爱心，仁爱之心。仁心永驻，爱满人间。

孔子吸纳东夷民族的思想，在两千五百多年前提出“仁者爱人”“己所不欲，勿施于人”、“己欲立而立人，己欲达而达人”等思想，其独到的发现中带有很大的原创性。这些思想具有人类普世价值的判断，是必须要加以肯定的。那么，何以为仁爱？“仁”是两个人，这也就是说，有两个以上的人，才构成“仁”爱。再进一步探究，不难发现，仁是人与人之间的关系。

人与人之间的关系理论上只有两类：排他和容他。

“排他”不仅是人类基因的密码，也是所有生命基因的密码，这在社会生物学中讲述的很清楚。一个生命体本能的排他，其本质就是为了生命的生存与延续。因此说，孟子的“人之初，性本善”是错误的，从思想和哲学上误导千年。“人之初，性本欲”是人类社会学的常识，所谓“欲”，即生成、生活、生存、生长，乃至生命延续，排他是本性。试想，一对双胞胎哇哇落地，哥哥绝对不会表示弟弟你先吃奶，而一定是欲者强者先食。而母亲，常常会选择弟弟或弱者，母亲的行为带有鲜明的社会性，这种社会性的行为导向，一定影响孩子日后的行为，即道德。

道德即“容他”。“容他”行为的背后是“仁”。仁，就是人与人的关系。只有一个人，无所谓道德。所谓道德，就是指在一定的社会条件下，人与人关系中表现出来的行为规范。道德不是对自己的，而是对他人的。“五常”之中，“仁义礼智信”把“仁”摆在第一位，可见仁爱之重。

仁，心之安宅也。

心灵是要有一方栖居地的。儒家认为，这方栖居地就是“仁”。其实，把“仁”比做人安心的地方，也是佛家的教义。佛家认为能把持得住心的只是仁慈之性。《杂宝藏经》中有这样一则故事：一位总是流浪的波罗门，一天在一棵树下睡觉。半夜时分，朦胧中听到一片嘈杂声，原来是一伙打家劫舍的强盗。他急中生智把自己扮成一个披头散发的厉鬼，怪叫几声冲上去。强盗被突如其来的袭击吓得四处逃窜。自然，他得到了一大笔强盗没来得及带走的财宝。他把所有的财宝施舍给了穷人。有人问他：“你何不为自己建个家，定居下来？”婆罗门笑了笑说：“谁说我没家？不过我的家在心上装着呢！”的确，身可以四处流浪，心却是要安家的。这个“家”就是仁爱之心。倘若我们的“心”失去了家，就会不由自主。史书记载，元人许衡在酷暑中行路，口渴难忍，正巧路旁有一株梨树，随行的人争先恐后去摘梨解渴，唯有许衡一人端坐树下泰然自若。有人问他为何不吃，他回答说不属于自己的东西，不能拿来吃。那人说现在世道大乱，梨树无主。许衡说：“梨无主，我的心也没有主了吗？”由此可见，“欲望”随时可遇可期，但“仁心”却是要时时固本培育。一个人的心灵以仁为家，不管世道如何，世人如何，只要把持住自己的方寸之地，他就永远不会放逐自己的心灵，久而久之，道成德重。怀仁爱之心，则轻于财富。存义勇之心，则轻于灾难。既有仁爱之心，又有义勇之怀，则无所害怕。至达则至容：容人、容物、容事、容天、容地，一个人到无所不容时，则为万物所容。

“仁也者，人也。合而言之，道也”，孟子这句话的逻辑是对的。“本立而道生”，这里的“道”，是指“原则”，包括做人的原则。那么，这个“原则”的“本”是什么呢？这个“本”，是“以人为本”的“本”。“以人为本”，强调要把人当成最重要的、第一位的关注点，要把人当回事，一切从有利于人的生存和发展出发。诺贝尔和平奖获得者塞尔维亚特蕾莎修女说：“我们做不了什么伟大的事情，但是我们可以用伟大的爱去做小事情。”这和毛泽东所说一个人“做点好事并不难，难的是一辈子做好事”有异曲同工之妙。

的确仁爱说起来容易，做起来难，社会当下缺仁乏爱，其例不胜枚举，其中最典型的事件，莫过于比尔•盖茨和巴菲特来华举办慈善劝捐晚宴受挫，这让人想起对中国相当友好的英国哲学家罗素对中国人的负面评价——中国传统文化中的积极意义为什么总是静卧在线装书里而不能成为指导社会现实的精神呢？中国越是走向现代，越是走向开放，越是走向市场，越是走向富裕，越是有无数的人如此无数次地问……孔子及其儒家思想两千五百年来小到个人、大到民族的文化积淀与形成为什么还远未达到让仁爱成为我们民族的集体无意识和社会准则呢？

这是一个庞大且复杂的问题，笔者试图简单回答。

朝代的更迭，权力与儒学，儒学与权力互为利用结合，儒学成为官方御用的思想，权力披上仁政的外衣，中央集权的制度及其吏治的腐败没有反思和发展出不断创新的制度文化，士大夫精英阶层以依附、服务甚而融入权力仕途为目标，只有在失势时，才远遁乡野，让思想意淫，导致中国社会士而中庸、农而欠丰、工而乏理、商而不融的痼疾，甚至直到今天，官员的贪污腐败，学界的附庸无责，社风的拜金庸俗，其构成的镜像与历史的镜像相映，而有过之而无不及！

这到底是为什么？

让我们探访“轴心时代”，或许可以找到一些参照。

从孔子到孟子，儒家被发展成儒学，一个开放的思想体系开始走向封闭。孟子把孔子的思想发展到“学”，这个“学”的核心价值即：人性本善。其原话是：“仁义礼智，非自外铄也，我固有之也。”

这是一个错误而有害的观念。

汉代儒学被定为“独尊”，孟子人性本善的观念得到确立，这两者的结合，对后来中国思想领域有着决定性的影响，几乎成了后继的所有儒学的源泉，尤其到了宋明理学，简直就是他们所有观点立论的根据。无论是二程的“理”，朱熹的“性”，还是陆王的“心”，它们的出发点和终结点，全都是人性本善。它不仅是中国人“心”的“道德本体”，而且还无限扩大成了“宇宙的本体”，变成了中国人心中的“绝对真理”。

如此，“人性本善”论既堵塞了中国人向内对人性深层的假恶丑的认识，也放弃了向外部世界追求更高更远的真善美的努力，它几乎窒息了中国人智慧的发展，两千多年，我们的民族既没有深究真理的“哲学”，更没有探索自然的“科学”，技术只在功用上徘徊，面对宇宙、苍天和大地，中国人几乎就是个傻子。

差不多与孔子同一个时代，希腊哲学家泰勒提出并试图回答宇宙本源的问题，主张万物皆出于水，到普罗泰戈拉提出人是万物的尺度，这是希腊哲学史第一个也是最重要的一百年。这一百年里，希腊哲学家相互驳斥与创造，建构了西方文化大厦的基石，终极关怀。从此，终极关怀纠缠着西方的思想，宇宙本源更是一个永恒的问题。永恒的问题和终极的问题永远不会有结果，在这些问题上的讨论博弈，孕育出“彼岸意识”，即人不分贵贱，皆入彼岸。柏拉图的《理想国》就是站在彼岸向此岸发难，用彼岸理念构筑成一个理想世界，用以超越并改造人间此岸，以此奠定了在西方政治哲学史上的开山鼻祖地位。终极关怀这一文化基因滋养着西方知识界的良心意识，社会批判不息，从而涌现了无数的思想家和具有社会良心的当代优秀知识分子。

古代中国思想中根本没有什么“彼世”（李约瑟），孔子只不过是个平庸的世间智者，在他那里没有一点思辨哲学（黑格尔）。与西方“原罪”走向“彼岸”的“赎罪”意识比较，儒学的“人性本善”更注重“现世”的“有病乱投医”和“临时抱佛脚”，中国先秦时代的百家学派及其后来独尊儒术所形成的只重此岸不重彼岸的“实用理性”，缺乏终极关怀、社会批判意识，影响中国人心灵净象的构建至今。

真心、诚心、善心、良心、仁心、爱心，诸心相合，大心净焉。

可见，心净要有真诚的心灵，要有善良的胸怀，要有仁爱的视野，进而构成普天的意识和终极的关怀：心净空乃大，诚容纳异卦，善施多良惠，仁天普爱下。

2. 心静

身是菩提树，心如明镜台，
时时勤拂拭，勿使惹尘埃。
菩提本无树，明镜亦非台，
本来无一物，何处惹尘埃。

心静，就是内心平静。说到心静，无数的人会提到中国禅学历史上那段传奇的经典，弘忍舍弃神秀，将衣钵传给了慧能的故事。起因于神秀所作“身是菩提树，心如明镜台，时时勤拂拭，勿使惹尘埃”引出慧能“菩提本无树，明镜亦非台，本来无一物，何处惹尘埃”的那首偈子。禅的最高境界，缘于“放下”。“放下”的禅理类同于“得与失”的智慧。失即是得，是一种痛苦，也是幸福。因为只有失去，空下的双手，才能拾起新来的幸福。

东方网2010年8月11日消息：全国31个省、自治区和直辖市基督教入户调查数据今天上午首次公布，调查显示：我国现有基督教徒约占全国人口总数的1.8%，总数估计为2305万人。由中国社会科学院世界宗教研究所和社科文献出版社联合主办的第三届当代中国宗教论坛上午开幕，论坛发布的2010年《宗教蓝皮书》透露，中国社科院世界宗教研究所课题组于2008至2009年间，在全国31个省、自治区和直辖市，就我国基督教信徒人数和信仰状况等进行了大规模的全国性抽样调查。调查显示：我国女性基督教徒明显多于男性。在基督教徒中，女性占69.9%，男性占30.1%。从受教育程度来看，我国半数以上基督教徒学历水平在小学及以下。其中小学及以下学历者占54.6%，初中学历者占32.7%，中专及高中学历者占10.1%，大专及以上学历者占2.6%。从年龄来看，35至64岁信徒最多，占60%以上。此外，14岁以下占0.6%，15至24岁占3.7%，25至34岁占5.9%，65岁以上占25.7%。而在基督教徒信教的主要原因中，归因自己或家人生病的信徒占到了68.8%，受家庭传统影响而信教的占15%。基督徒接触宗教信仰的渠道，受家庭和亲属影响的比例占44%，其他信徒和朋友影响的占46.5%。从地域分布来看，我国基督教徒主要集中在东部地区和长江流域地区。

宗教的盛行，严格地说，是社会寻静的反映。很多中国人有病急乱投医、临时抱佛脚的习惯，所谓的信徒，笔者看到的五台、九华、峨眉、普陀等佛教圣地的烟火和商业渗透及其辐射，再看看满街男女老少手上套着的佛珠，信教是通往心静的路径，还是保佑图财心安的一种期许？这很值得注意，千万不要让它给社会和个人带来更为难以除治的不静。

有人消极地说，一般就百姓草民而言，国家和社会的不静之事，非我等所能解决。但是，关心是必要的，因为个人的心之不静，多来源于国家社会，而无数个人心之不静的发声，盼总汇于警钟之鸣，以匹夫之责，望可积极影响社会国家，故笔者在此议论云云耳。

俗话说，家家都有一本难念的经，心静都是一样的平静，心烦各有各的原因。如果哲学一点说，静与不静是相对的，世间没有绝对的静，也没有绝对的动，静与动是在不断的修正中寻找平衡的，平衡是暂时，不平衡是永恒的，追求平衡乃至接近平衡的状态就是心静的理想范式。现实与历史交集，这种范式在历史上比比皆是。乱世朝代，无论皇亲国戚、权贵官吏，还是士人商贾、庶民百姓，因现世而不得治、因矢志而不得的、因矛盾而不得解、因生活而不得已……迫于无奈，心焦情虑，于是选择让权让贤、解甲归田、退隐山林、难得糊涂、出家修行……寻找世外桃源的故事与传说，为后世追求心静者修筑了条条“驰道”。

其实，在这个世上，古今中外莫不如此，要想心静，是不大容易的，问题是你怎样抵抗烦恼，让你的内心更有阳光和充满乐观。有关个人面对纷繁复杂和利益攸关的现实，如何达至心静，自己搞定自己，本人有如下劝告：

认识生命：

人的生命是一次机遇。想想在父母兴奋的媾和云雨中，无数的精子奔向一个或两个乃至三个卵子，其中只有一个或两个乃至三个精子与卵子结合，孕育出生命的胚胎，这是生命的机遇。珍视这个机遇，你就会百倍的自爱、珍惜、珍重，自己搞定自己，让生命开花结果，代代延续。

然而人生并不公平，因为你的出生不能选择DNA的优劣、民族、家庭和贫富等等，但生命仍然美丽，还是好得很。因为生命的后天可以奋斗，让人与人之间充满平等和友爱，“生而平等”就是无数后天的人，走过蒙昧追求进步和光明的结果和以此为目标的普世价值——让生命无法选择的后天更为公平和美丽。

生命最美丽的标识是性的成熟，是男性与女性之间性的挑战与媾和，生命的孕育是这个挑战与媾和的成果。这是人的生物学的本性，即是从达尔文的进化论到汉密尔顿的社会生物学的最基本的观照。然而，是人把快乐的原则引入了性生活和性活动中，让性添加了社会性和娱乐性。历史早已证明，禁欲与放纵同等不可取。因此在复杂的考量中，人应该自己搞定自己，应该清醒地认识到，最重要的性器官是脑袋。

人生有一个最大的忌讳，也是生命潘多拉盒子中最恶质的东西，那就是这山望着那山高，就是拿自己的人生和别人的人生比较，因此产生的嫉妒和自卑。建议你千万不要这样做，因为开篇已经讲过，人生并不公平，山外有山是铁定的事实，更何况你根本不知道别人的人生是怎么回事。自己搞定自己的人生，让愉快永驻最重要。

每个人的人生都不会是一帆风顺的，切记，没有让你死的事情，真的会让你更坚强，也许这是你人生最大的资产。当你走入老年，无论人生成功与失败，特别是面对不顺利的人生历程，回首往事，一定要和你的过去和解，绝不怨天尤人，因为只有这样，它才不会搞砸你的当下。当下是你生活的重点甚至全部，砸了当下就是砸了未来。中国人说，人生苦短，短到来不及浪费时间去计较任何一个人和做任何无意义的事。

人变老并不可怕，可怕的是你不能正面的认识变老的意义。想想，变老了是生命的一个很大的胜利，是你自己搞定自己的巨大的成果，因为变老，你的生命打败了另外一种选择——死得早。当然，人生最终不会被打上蝴蝶结，但它仍然是一份礼物。珍惜变老，重新拾起快乐的童年，永不嫌晚。但这第二次只能靠你自己，自己搞定自己，靠不上任何别人。

认识生命，认识人生，认识差异，认识自己，自己搞定自己，让自己的人生更加阳光更加美丽。

认识自己：

生命是一个奇迹，你已经拥有了。

请相信奇迹，它随时可能会发生在你的身上，只要你有足够的耐心去寻找和等待。怀疑是一种没有自信的表现，每在这样的时候，想着明天，勇敢地朝着未来走去。不管你感受如何，起来穿好衣服，去充分表现自己的能力。每天都要出门，奇迹正在四处等着你。

一位老者，老伴没了，痛苦万分，从此足不出户，身体每况愈下。他的儿子很孝顺，只要有时间就来陪他。但这仍然没能让老者从痛苦中走出来。无奈之下，儿子去咨询了一位心理医生。医生建议，告诉他每天都要出门，奇迹正在四处等着他。儿子回来动员老爸到公园里去散步，老爸说腿脚不行了，走不动。儿子为他买来电动的轮椅，而且陪着他去。在公园里，奇迹发生了，老者遇到了小学时代的女同学，两个人聊起了童年，并相约每天到公园里来散步聊天。老者从此扔掉了轮椅，再后来两个人就互相到对方的家里去做客，再后来在双方子女的撮合下，两个人干脆搬到了一起，相互扶持，每到年节，两家人一起过节，热闹非凡。请切记，每天都要出门，奇迹正在等着你。

这个故事说明了一个道理，除去你没有人能主宰你的快乐。

有的人上了孔老夫子“一日三省吾身”的当，特别是到了晚年，更受到自传、回忆录等的影响，总是不断的稽查自己的人生，让自己的晚年总是在反省当中。这是一个很大的误区，想想没有多少人总是讲述“走麦城”的往事，“过五关斩六将”才是他们的口头禅。再想想，任何事都是一个圆点，它有无数个侧面，找到有利于自己的一面，解脱和快乐自然而来。讲一个反面的例子，“文化大革命”中，中国经济社会濒临崩溃，面对此种形势，江青讲了一句很有名的话：这是乱了敌人，锻炼了自己。她很会解脱自己。正面的例子，就是《集结号》，不忘记战友，用历史的情节，编织今天的生活，只要让生活有意义，那是一种更为深刻的快乐。话说回来，人不要总是回忆检讨自己的过去，要注重现在，现在才是需要你发挥和表现的时候，向前看，让每一刻、每一天，每一周、每一月、每一季、每一年都快乐起来。没用的、不美的，或不喜悦的东西都统统扔掉，让自己的心轻快起来。不要那么认真地看待自己。因为没有人会这样看待你。别人怎么看你根本不关你的事。当然，这并不是拒绝与他人来往和排斥他人的意见，更重要的是，在与他人的交往和意见不同中，你不需要每一次都吵赢，争得上风，同意你不同意的意见，听取别人的建议是丰富自己的重要途径。原谅每一个人、每一件事。有朋自远方来不亦乐乎，善待每一个人。这都是人生的学问，中国人说学问，就是连学带问。自己搞定自己的人生学问，什么事都能看得明白，心情自然愉快。

不要一把年纪了再穿紫色，现在就离经叛道。点蜡烛，用好的床单，穿上绚丽的内衣，不要特殊场合才用，今天就是特别的一天。记住时间是不会等候你的。

认识家庭：

人生真正最重要的是你爱过。

当关乎追求你生命的所爱，不要把不要当答案，只有这样你才会最终建立起你自己的家庭。

以下是2010年我在侄女婚宴上的祝词：

有一个人，讲了一句很有名的话，从此这个人更加有名，人们开始称他为社会学大师。大家一定想知道，这位社会学大师讲的那句话。他说：“人的一生是在仪式中度过的。”今天两位年轻人的结婚仪式，似乎证明了这位大师讲的这句话还是很有些道理的。

我很羡慕眼前的这两位年轻人，他们赶上了比我们更好的时代，受到了良好的教育，大学一毕业，就找到了工作，工资不少，据说比我挣得还多。于是他们就大胆的相恋相爱，进而通过一个订婚的仪式，再进而向政府申请并领到了人生经营的执照，并借今天的仪式，向亲朋好友宣布，从今天开始经营一个家庭。

有人说，经营家庭如同经营一家公司，这话有些道理，但也不尽然。因为公司大多选择有限责任，而家庭的经营一定要承担无限的风险。正因为如此，才有俗话说的，家家都有一本难念的经。于是这让我回过头来认真想家庭应该如何经营。我想，经是什么？经是想法、观念或价值观等等，人人都有自己的一套；营是什么？营就是行动，柴米油盐酱醋茶，锅碗瓢盆加拖把。有劲要往一块使，阴阳赋格才成诗。

我们这一辈人都是过来人，总结经营家庭的经验千条百条，但最珍贵的有两条，一是要相互真诚相待，二是要常怀一颗感恩的心。年轻人更该如此，特别是领取了人生经营执照的你们俩，要感恩时代、感恩生活、感恩身边所有的人，这很重要，但更重要的是要感恩双方的父母，是他们和她们，从你们出生、满月、一百天、一周岁，用一个个仪式的堆积，一直堆积出了你们的今天。

请你们记住，要常怀一颗感恩的心。

谢谢大家。

家庭是人生的港湾，你可以在这里停泊，在这里避风，在这里补给，从这里出发远航……

天下家庭无数，但家家各有不同。经营家庭，是一门最为复杂的艺术，其中笔者总结了三条要件。有了这三条要件，家庭就会和睦稳定、充满生机和快乐。这三条是：孝是家庭的天条；爱是家庭的法宝；仁是出门的路条。

孝顺至孝道，是中国文化的传统，然而传至今天，已经被现代社会消解得支离破碎，不成样子。这其中既有个人的原因，也有社会的因素。表现在个人层面的，啃老族和弃老族最为典型，表现在社会层面的，拜金主义、享乐主义盛行影响人的价值取向，自我、自私极度膨胀，及其独生子女导致的空巢空心家庭增多等。因此笔者把“孝”定位家庭经营的“天条”，重新捡回传统中美好的东西，孝顺双方的父母和老人，潜移默化的影响后代，让你和你的同代老了的时候不再有空巢和空心的感觉。

孝顺既是物质的更是精神的。不是有《常回家看看》的那首歌吗，当时它红遍大江南北，那是她找到了社会的罩门和人心的穴位。在我看来，物质的孝顺是必要的，但更为重要的还是精神。记得有一次在昆明讲课，突然接到三岁孙子打来的电话，问候我父亲节快乐，并祝我演讲成功，显然这是他爸爸所为。这让我相当的开心。其实很多老人并不需要物质的孝顺，他们盼望的不仅是过年过节的看望问候，更需要平日里、变天时的一个电话，一个短信的问候和关照。

爱是家庭的法宝，爱你的妻子，爱你的丈夫，爱你们的孩子。丈夫爱妻子，妻子爱丈夫，天经地义，但爱法各异，各家有各家的不同。以笔者观察，丈夫爱妻子的最高境界者，就是将经济权交给妻子；妻子爱丈夫的最高境界者，就是接受和鼓励丈夫与异性的同事、同学、朋友交往。爱子女，这是一个应该着重说说的话题。简要地说：要有三个记住：

记住你的孩子不是你的宠物。

记住你的孩子不是龙凤天才。

记住你的孩子只有一个童年。

这三个“记住”我不写内容，是因为每一位父母（包括爷爷奶奶姥姥姥爷）面对物质极大丰富的今天和竞争激烈、诱惑无限的现实，都会有冷静的思考，关键是要在日常的生活中找到适合自己的路径。《哈佛女孩》和《超女》、《超男》等等异常的榜样，在商业的炒作下会不经意间影响你的选择，结果是让你进入“让一个人的梦实现，让无数的人做梦”的“博彩的黑洞”，进而有可能毁了你孩子的童年与未来。

仁是出门的路条。仁是谦卑，常怀一颗感恩的心，感恩时代、感恩生活、感恩身边所有的人；仁是付出，常怀一颗负责任的心，对工作负责，对同事负责，对单位负责，对社会负责，对国家和民族负责，乃至大爱，对人类负责。如此，你的言行举止一定有所不同，你的公共关系一定有所不同，你的境界一定有所不同，你的心情一定有所不同……心静，需要自己搞定自己，同中有异，异中求同，变中趋近，近中求竞。异同近竞，就是心怀大静看变、求变、参变、竞变……观念不变，原地打转；观念一变，希望无限。

变化就是时间，时间就是变化。别嫉妒别人浪费时间，你已经拥有你所需要的了。无论情况多好和多坏，它都会变的。相信你最好的都还没来。把你所有的不幸用“五年后还重要吗？”这样的一句话裱框起来，挂上你的厅堂和心扉，给时间一些时间，时间会愈合几乎每一个创伤。人生的准备要周全，然后随遇而安。永远选择快乐的生活，一眨眼的功夫什么都会变，但是别担心上帝，他为了你和你的家人从不眨眼。

人生苦短，时间过得很快。突然间你会发现，孩子长大了，工作了，结婚了，离开家了。家里只剩下你和你的另外一半，夫妻最终成了老伴。老伴老伴，老来是伴——夕阳无限好，金色池塘高；夜深絮语碎，挽扶过远桥。

认识世界：

人之所以为人，不同于其他动物，最主要的差别就是学习、思考、劳动、创造和认识世界的能力。所以俗话说，知识改变命运，人要活到老学到老，稍有不慎，就会摔跤。看看重庆道士李一的事件，居然那么多的人特别是一些名人上当或故意“上当”，意淫世上有神仙。此事不仅看出，人之心境难静和求静的复杂，更是看出，通常的“智者”也会被道士的知事所指使，让其在心理暗示预设的霸权语境中扁平化。最终，李一道士在舆论的压力下，辞了职务，遁道而去，从神界摔到人间。

这是一个很独特的事件，它让人们看到一个以“科学发展观”为主流意识形态的时代，人、知识者和信息社会“大劈叉”的现象。本人无意深入探讨这个问题，因为要说清这个问题几乎要另外再写一本书才行，但从宏观的世界，中观的国家，到微观的个人，在全球化、信息化、市场化、科技化、知识化、网络化等“化”中，人和由人组成的社会、由社会形成的族群和民族的文化，乃至国家话语的焦虑是空前的。于是在中国乃至世界，各种信仰特别是极端的信仰突然高频率地冒出来，被重新包装上市，酿成事件或正在酝酿。一个人、一个企业、一个城市、一个国家乃至一种文明，在今天这样一个知识和信息爆炸的时代，稍有停滞，就会落伍，甚至被形势淘汰。于是才有了人生要不断更新知识、充电加油和作复合型人才的要求，才有了学习型城市的提出，才有了创新型国家的诉求。就拿我们中国来说，满街跑的汽车，绝大多数都是外国品牌，可以用“万国品牌”概括，几天前网上发表了一组数据，其中合资品牌汽车的利润60%—70%被外商拿走，其他合资的高科技企业亦是如此。有人也许会惊讶地问，凭什么呀？回答很简单，凭技术，凭专利，凭学习而获得知识，凭国家的软实力。国家的软实力，从国家层面说诸如老牌的英美法，后起的德日韩等，人人皆知，不必多说。

笔者从心静的视角观察，得出一些认识世界的结论：心净方可心静，心静方可心定，心定方可心竞，心竞方可心盛，“净静定竞盛”不仅是人生追求的无尽境界，亦是国家间异同近竞的螺旋逻辑模型。瑞士、丹麦这样的小国就是值得我们思考的典型。

瑞士是一个腹地国家，矿产资源匮乏，生产生活所需能源、工业原料主要依赖进口，环境要求她必须要创新。瑞士的创新，第一就是她历史上的中立，因此免于二战的灾难。瑞士工业技术水平先进，产品质量优良，机械制造、化工、医药、高档钟表、食品加工、纺织等是主要支柱产业，包括商业、金融、保险、旅游等服务业的第三产业也很发达，在国际具有很强的竞争力。说到瑞士，吃的有雀巢，戴的有手表，说的有达沃斯……相信所有人都能说上一两样。这里我要说说小小的瑞士军刀。

1897年，埃尔森纳发明了新的刀片弹簧，瑞士军刀的附加工具随之增多。时至今日，一把小刀究竟可有多少功能？功能最全的军刀“瑞士冠军”有大小刀片、酒瓶钻、罐头刀、螺丝刀、钻孔锥、钥匙圈、镊子、牙签、剪刀、多用途钩、木锯、指甲锉、钢锉、钢锯、钳子、钢丝钳、电线钳、放大镜、圆珠笔、大头针等33种功能，被誉为“迷你工具箱”，因而获得“世界设计经典”的美誉，被纽约现代艺术博物馆、慕尼黑应用艺术博物馆收藏，已经同钟表、巧克力一样，成为瑞士的象征。“9·11”事件后，全球交通运输业对刀具实行严格管制，瑞士军刀的市场销售受到打击。如何应对这样的市场变化？他们提出“关注消费者需求是维持自身吸引力的保证”的新观念，接受消费者提出的建议，公司根据建议进行研发，为军刀添加新功能。经过不断创新，今天的瑞士军刀已超越简单“工具箱”的功能，与“高科技”接轨，军刀上有了车库遥控器、U盘等，保证了瑞士军刀的一流品质与全新性能，受到世界各国民众的喜爱。

丹麦相比瑞士至少在中国的民众中知名度要差一些，但她的竞争力排名不仅当过老大，而且一直排前，2009年哥本哈根全球气候大会，让丹麦在中国知名度大增，今天她的低碳生活的理念和科技处于世界领先的地位。笔者了解丹麦的创新从两件具体的事开始，第一件是在新疆，1999年我去新疆考察，从乌鲁木齐去吐鲁番，中间路过达坂城，那里风力发电机林立，蔚为壮观，今天已经成为一道新疆旅游的重要风景，当时听介绍，那些机器都是丹麦生产的。这给了我很深的印象。第二件说来有趣，一次去河南随队进行田野考察，进入一座汉代古墓，结果北京去的人上来当天晚上都发起烧来，我最严重，第二天被送回北京，经过住院治疗，最终落下左耳耳鸣失聪的毛病。听力下降是一件很讨厌的事，说话打岔有时让人啼笑皆非，于是我带了四千块钱到北京某大医院去配助听器。长话短说，在众多品牌中，丹麦维听公司的产品最好，也最贵，我带的钱只够交定金用。于是我上网搜索这家公司，不搜不知道，一搜吓一跳！唯听（Widex）在声学和听力学方面有着杰出的研究，掌握了许多关键性的技术专利，从模拟到数字，开发了世界第一款数字化助听器；唯听（Widex）把完备的功能设计、方便的操作和产品领先视为生命，严格的全方位控制生产工艺流程，使品牌在全球助听器领域首屈一指。

瑞士和丹麦的学习与创新来自他们的国之心净、心静、心定、心竞和心盛，在异同近竞中得到发展和进步，国力使他们的社会有足够的资金和智慧建立非常有效的保障体系。人的生存、生活、生态有了保障，心里就踏实，精神状态就健康，无论干什么事，讲究的不再是眼前的功利，而是人性、人与自然的和谐和人类的可持续发展。丹麦是世界出了名的“从摇篮到坟墓”的高福利国家，社会风气和治安更是好得出奇。丹麦人非常的真诚、直率、善良，在社交场合举止优雅，从不大声说话，也从不显出焦急慌张。在餐厅的饭桌上，在公共汽车里或者在火车站的候车室里，甚至在通电话时，都放低声音说话，从不指手画脚，旁若无人。他们认为在大众面前暴露自己是缺乏教养的粗俗行为。我每次讲课，特别是为企业家讲课的时候，第一件事就是先从耳朵里拿出助听器，讲述耳朵失聪的故事，讲述选配唯听助听器的故事，从唯听助听器的讲述自然而然进入品牌的讲述，然后不忘回来，从丹麦人“唯听”品牌的创立，讲述丹麦人学习创新的习性，进而看丹麦人学而习静的风俗。由此，是否可以得出这样的结论：学而国力竞，创而国力盛，国盛民心静，静而软中硬。

3. 心竞

> 有信仰的人心竞如虹，竞心敬意最富有；
> 有道德的人心竞如同，竞心尽意最快乐；
> 有修养的人心竞如逸，竞心晋意最超然；
> 有智慧的人心竞如翼，竞心锐意最进取。

心竞是一个宏阔的概念：心有竞力，是变化的过程和状态，是价值使然；这与心里求变的欲望和价值取向相辅相成；心竞亦心力之发轫，是人的信仰、道德、修养和智慧综合之总和至太极之泰极的体现。

2010年11月10日，网络热词“给力”登上《人民日报》头版头条，党报一改严肃刻板的面孔，引发网络热议。据《江苏给力“文化强省”》的作者——《人民日报》江苏分社副社长赵京安介绍，她的原稿标题是《“文化强省”看江苏》，文中并没有提及“给力”这个词。10日当天早上，看到见报的这个“给力”标题，这位资深的记者坦称自己也感到惊讶。“《人民日报》作为党中央的机关报，发行量240万份，是全国第一大报、全球十大报纸之一。虽然我之前就接触过‘给力’这个网络用词，但从没想过把它用在稿子里。”“给力”这个词若出现在《人民日报》第6版以后的专副刊版面，可能谁都不会觉得惊讶，如今竟出现在要闻版，而且是头版头条，这是大家怎么也没想到的。原来“给力标题”的诞生，可谓“过五关斩六将”。《“文化强省”

看江苏》顺利通过编辑流程的前两关，到了总编部时，几个年轻的编辑共同想出了《江苏给力“文化强省”》这个题目，另外还拟了其他几个标题备选，究竟用哪个更好，大家都不确定，最后，由值班老总拍板敲定最后的标题。这个标题的故事，多少可以看出，党报越来越开明了，报网互动的意识在增强。

这件事不大，但可以看到一些党报——心力、心态、心变和心竞的变化。如今网络早已进入“标题党”的时代，以笔者所见，党报也在与时俱进。其实，世界在变，一些落后、滞后的东西你变也得变，不变也得变，早晚得变，晚变不如早变。

上面提到四个词：心力、心态、心变和心竞。这一节讨论心竞，心有竟力，是变化的过程和状态，是价值使然；这与心里求变的欲望和价值取向相辅相成；一般说，内心求变，是心态的变化，所谓“态变”，是对旧有价值的否定与扬弃；力从何来——心力也！

心力，精神与体力。《左传·昭公十九年》：“尽心力以事君。”《后汉书·方术传下·郭玉》：“玉仁爱不矜，虽贫贱厮养，必尽其心力，而医疗贵人，时或不愈。”杜甫《西阁曝日》诗：“胡为将暮年，忧世心力弱。”张居正《答王巡抚言蓟边要务》：“仆十馀年来，经营蓟事，心力俱竭。”冯桂芬《减赋记》：“故为之缕述始末，以见余於此事心力交尽，卒之无功，有憾。”心力，思维能力与才智。刘勰《文心雕龙·神思》：“博而能一，亦有助乎心力矣。”郑观应《盛世危言·技艺》：“且华人之心力，未必远逊西人也。多有华人习学日久，技艺日精。”心力通常释为一种精神的力量。

作为一种精神力量的心力，是一种由片面到全面的发展过程，由幼小到成熟的成长过程。心力表现为思维品质的片面性，隐含性，目的性。片面性是指对不同事物心力的强弱不一，比如有些人在研究领域取得成就，却在人际关系方面一塌糊涂，缺少心力；隐含性是指心力的不表现、不彰显、不明确等的模糊性；目的性是指心力总是在实施某一具体的目标的过程中得以体现。

心力有优质、平常和劣质之分。优质的心力是内因的理性思维，是一种充盈的、圆通的、运动着的力量，其应和外因的变化而变化，却不会因变化改变内因的目标与方向。平常的心力是保持自给自足的状态，有意而不坚，有志而不韧，有力而不强，有进而不久，其能够实现一些小的目标，却不会有大的作为。劣质的心力分两种：一种是特别弱的，总是不想付出就想获得和享受，怕吃苦，怕劳累，没有耐心和坚持精神，如俗话所说，马尾栓豆腐——提不起来，如阿斗一样扶不上墙。另一种是固执保守，墨守成规的偏执型的心力，听不进别人的意见，不知变通，只知道一条路走到黑，撞得头破血流还不知自己错在哪里。

心力就像在地上的水井，井钻得越深，得到的水源就越多，这井就越不容易枯竭。

心力对于一个人来讲既有一生的宏观战略意义，又有短期的微观战术意义。长期心力是短期心力的动力方向，短期心力为长期心力积累力量。心力的来源有三种：一是来源于天生的、遗传的或自小养成的思维方式和行为习惯；二是基于理性的分析；三是目标的吸引力。因而心力不足是可以通过后天培养和训练得以一定程度提高的，和润于心，竞立于世就是这个道理。

有心力才可能有心竞。

心竞是一个宏阔的概念与复杂的过程。本人从信仰、道德、修养和智慧四个层面来叙述：有信仰的人心竞如虹，竞心敬意最富有；有道德的人心竞如同，竞心尽意最快乐；有修养的人心竞如逸，竞心晋意最超然；有智慧的人心竞如易，竞心锐意最进取。

有信仰的人是心竞如虹，竞心敬意最富有

多少人说，今天的中国社会，钱是越来越多，路是越来越宽，楼是越来越高，但诚信越来越低，信仰是越来越淡！也许正是因为如此，流行文艺作品出现了不少有关“信仰”的作品，特别是有关歌曲、影视更为突出，如谍战片《信仰》、武术片《叶问》1、2，张信哲的专辑《信仰》等。

这是一件有趣且吊诡的事。

表现永春拳的武术电影《叶问》的主题歌是《信仰》：“挥舞着我流血的翅膀，爱是我永远的信仰。”主人公把这种信仰看做是“生命的真相”，因此“爱就是我们的希望，爱就是我们的力量，爱就是我们的信仰。”《叶问》的爱，是一种怎样的无疆的大爱？只有看过电影的才会有所体会。革命题材《人间正道是沧桑》主题歌《信仰》：“我要飞、向自由、向光明的天空飞翔。”“自由”和“光明”是早期共产党人的信仰，因此他们的精神最富有，无所畏惧的去为信仰奋斗。今天，“世界变化无常，只有爱情值得信仰”，这是张信哲《信仰》专辑上的广告语。它凸显出歌者面对于浮华世界和人情冷漠现实的无奈与无力，于是他最后只能用自己微弱的歌声，意淫那早已失去的东西：“我爱你是忠于自己忠于爱情的信仰 \ 我爱你是来自灵魂来自生命的力量 \ 在遥远的地方 \ 你是否一样听见我的呼喊 \ 爱是一种信仰 \ 把你带回我的身旁。”其实，信仰在今天有些人的眼里正在被“狭窄凝固”和“扩散膨化”，逐渐沦为“樊”、“烦”、“反”、“泛”、“贩”……因此才有了文艺作品从不同的视角和路径提倡信仰。

信仰，是人们对某种理论、学说、主义和宗教的信服和尊崇，并把它奉为自己的行为准则和活动指南，它是一个人做什么和不做什么的根本标准和态度。信仰是人对人生观、价值观和世界观等的选择和持有。如此，信仰就是自以为是的信念（或者真理）。再进一步探究，信仰是对人生意义的一种假定，相信甚至宁愿相信它的正确性，而不在于其是否真实。从某种意义上说信仰无所谓真假，其本身是一种价值，坚持这种价值能使自己有所追求、有所寄托。人不同于动物，其意义在于自己给自己设定的一个意义，不同的人设定有不同的意义。因此人生信仰的丰富性决定了意义的丰富性。信仰也是一种方法，它能破解生活中的困局，按照自己的价值取向找到符合自己心理需求的路径，让心灵得到慰藉。因此，信仰能够驱使人们共同应对不幸和灾难，促成整个社会的相互作用和支持，它是构成幸福的一个积极因素。自古以来，人对世界万物的信仰和执着，将原始的崇拜幻化成万千的宗教、学说、理论等。以中国目前的信仰现状为例，比较有影响的宗教和学说有儒释道、天基伊和共资自等。

说到信仰与精神富有，人们一下可以想到林觉民、夏明翰、甘地和曼德拉等。为什么会想到他们？

“意映卿卿如晤……吾自遇汝以来，常愿天下有情人终成眷属，然遍地腥云，满街狼犬，称心快意，几家能够……吾充吾爱汝之心，助天下人爱其所爱，所以敢先汝而死，不顾汝也……汝体吾此心，于啼泣之余，亦以天下人为念，当亦乐牺牲吾身与汝身之福利，为天下人谋永福也。……”这是林觉民在赴广州参加起义前三天，在香港江滨楼挑灯写下的绝笔书之一——《与妻书》。全书读之断肠，催人泪下，即倾诉了对妻子真挚的爱，更抒发了他忧国忧民，为了中国的前途勇于奋斗、勇于牺牲的精神。另外一封绝笔书是写给父亲的：“父亲大人，儿死矣，惟累大人吃苦，弟妹缺衣食耳，然大补于全国同胞也，大罪乞恕之！”寥寥数语，为天下人谋永福——这就是林觉民的信仰。林觉民的富有更是中国人近代以来可贵的精神财富，悟之心竞。

“砍头不要紧，只要主义真，杀了夏明翰，自有后来人！”夏明翰的这首就义诗，在中国可以说是家喻户晓，他们那一代共产党人的信仰在今天，可能早已被某些人忘记。他们记住的是手中一时的权力和权力寻租带来的利益。然而，历史是公正的，当他们最终要去见马克思和毛泽东的时候，他们会发现，那里早已为他们准备了精神的监狱。精神的赤贫与精神的富有悟之心竞。

甘地信仰“一个有秩序的无政府状态和有知识的无政府状态”、没有军队、警察，没有政治权力、“每个人都是自己的统治者”的社会。他为了这个信仰，以非暴力的和平主义的方式为之奋斗，其独特的实践活动和思想体系丰富了人类历史和人类思想史，使他成为印度历史上划时代的人物和世界历史上伟大的政治家和思想家。在甘地的思想体系中，要实现爱的法则，就必须通过“苦行”的思想最具有特点和影响。一次，甘地乘坐火车出行，当他刚刚踏上车门时，火车正好启动，他的一只鞋子不慎掉到了车门外。就在这时，甘地麻利地脱下了另一只鞋子，朝第一只鞋子掉下的方向扔去。有人奇怪地问他为什么，甘地说：如果一个穷人正好从铁路旁经过，他就可以拾到一双鞋，这或许对他是个收获。“苦行”是一种智慧、榜样和乐观，是信仰的一种方式，是人生的一种哲学，是精神富有的一种状态……悟之心竞。

曼德拉可以说是世界上最有信仰和因为信仰而最长寿的领袖。2004年，南非赢得2010年世界杯举办权，满头银发的曼德拉在苏黎世现场手捧大力神杯，这年他86岁。有人曾问曼德拉：“是什么力量使您充满活力？”曼德拉答：是博爱的精神加上强健的体魄。希拉里曾问曼德拉，如何在激流险壑的政治斗争中保持一颗博大宽容的心？曼德拉以自己获释出狱当天的感受回答她说：“当我走出囚室，迈向通往自由的监狱大门时，我已经清楚，自己若不能把悲痛与怨恨留在身后，那么，我其实仍在狱中。”经典的思想背后隐藏着什么样的“点睛”——“找到自己的精神家园”至关重要，这是曼德拉终生的心竞之悟。

上面讲述的是领袖级人物及爱国人士有信仰而富有、进而心竞的例子，那么作为草根的百姓，信仰是否可达心竞和长寿呢？最近，美国的一些大学研究表明，有信仰（宗教）的人，身体健康的状态和平均寿命均都比没有信仰的人要好、要长。那么，为什么信仰宗教会使人健康长寿呢？许多人认为这是宗教社团关怀的原因所致。如果一个人定期参加宗教活动，他身体不适时周围关心的教友们一定会注意到；如果他没有如期参加宗教活动，他的教友就会打电话询问原因；或者上门去看望，在他患病时给予照顾和鼓励。所有这些都有助于延年益寿。研究表明，即使去除了宗教集体的帮助这个因素之后，信仰与健康之间依然存在着一种内在联系。许多宗教活动对身体的益处源自于信徒们所说的舒适感或者“感觉人生有目标”的自我体验。有宗教信仰的人一般比其他人较少受到抑郁症的折磨，即使出现心情抑郁的情况，也能通过信仰的方式方法，很快摆脱精神压力和焦虑。祈祷是心理调适进而心竞的一个路径，尽管有人疑问各种宗教的真实性，但祷告者的祈祷——一种心理调适则是非常有效果的——因为祷告真的能使人的心态平和并给人的身体带来益处。世界著名的大气物理学家、全球变暖理论的主要支持者约翰·霍顿（John Houghton）就经常做祈祷，他还撰写了许多文章论述祈祷的重要作用。诺贝尔奖获得者、物理学家、激光光束的主要发明者查尔斯·托内斯（Charles Townes）说他每天都要祈祷。一些研究还表明，信仰与健康的关系得益于各教派的禁忌，比如禁酒、禁咖啡因、禁烟或者像犹太教和伊斯兰教制定禁食、要求食物必须洁净这类饮食限制。目前流行通过精神信仰的行为，倡导健康合理的生活方式，进而获得身心的健康。当然，世俗的生命哲学体系也鼓励人们在生活中应注意节制和保持忠诚。

殊途同归——目前心理学领域正在兴起的“美好生活”运动，它强调选择一条理想的生活道路，“应该多看到生活中美好的地方”，只有发现是什么使人们变得高尚、无私时，“美好生活”才能集合起智慧，对社会的丑陋性发出最后通牒。心竞如虹的意象，是指人们都变得无私时的社会状态，它让每个人的心里都装满了温暖和期盼，如是希望才会大放异彩，人才会竞心敬意，三个人凑在一起的社会才会健康发展，“美好生活”才不再是运动的目标和人生的寓言。

有道德的人心竞如同，竞心尽意最快乐。

让我们先来听一个在美国的中国人的故事。

美国哥伦比亚大学在中国几乎无人不晓，有人甚至说她是美国诺贝尔奖获得者的摇篮。但是，在这所美国最古老的大学，有一个以华人命名的讲座“丁龙汉学讲座”由王德威教授担任，这未必有多少人知道。据说丁龙其人目不识丁，那美国的这所大学为什么要以他的姓名来命名一个汉学讲座呢？

故事还要从头讲起，19世纪末，美国纽约有个大富翁，他雇佣华仆一人，名叫丁龙。丁龙在大富翁家勤勤恳恳干了数年后，被雇主辞退。一年，富翁家居室不慎失火，富翁幸免于难，成为当时的一个社会新闻。丁龙闻讯后，自动返回富翁家侍候富翁左右，富翁不胜感动，就问丁龙：“我早将你辞退，为何自愿重返？”丁龙回答：“家父早有名训，亲邻有难，必助之。”富翁说：“令尊是否读过孔孟圣贤之书，有以教之？”丁龙回答：“家父乃草莽农夫，不识字。”富翁继续问：“令祖父必读过书。”丁龙再回：“吾家世代皆未读过书，非书香子弟。”富翁闻后惊叹不止。丁龙在富翁家又工作了多年，辛劳致病而死。死前他对富翁说：“余多年所获薪金未尝多用，悉数积存于此，有一万余元，不如奉还。”富翁大恸，遂又增加十余万美金，加原数总共约二十万美元，捐赠给哥伦比亚大学，设立“丁龙汉学讲座”，以此纪念这位目不识丁，但积中国伦理道德于一身的华工。

丁龙的道德，感动了大富翁的同时，内心的快乐想必也是无穷，否则他不会有那样纯朴高尚的情怀。这是道德文化对于一个人潜移默化的影响，是一个族群、一个民族、一种宗教道德集体无意识的表现。这种道德没有说教，有的只是心竞如同的视野和行为及其竞心尽意的给予。想想丁龙的故事。抑或是道德架起了梯子让丁龙爬上高处，抑或是道德变成绳索把富翁从高处拉到低处，让丁龙与富翁同底同启。丁龙不可能知道，甚至他从来没有这种奢望——让自己的名字会写上世界名牌哥伦比亚大学，然而这确实是一个事实。这是道德的影响使然，是道德的力量孕育了这个传奇故事的诞生，其力量的辐射在于它成为后世社会一个温暖快乐的道德的竞心尽意范式。

笔者又找到一个故事，可谓与此呼应。

厦门附近有一个小岛，叫鼓浪屿。1949年前鼓浪屿大都是洋人和有钱的华侨在此置产聚居，各国在此都有领事馆。这可能是因为鸦片战争后，厦门临海先得通商之风的结果。美国领事馆是众多领事馆中的一个，它雇用了一名本地看门人。这名看门人勤勤恳恳，认真负责，传奇的故事就发生在他的身上。新中国成立后，洋人撤馆归国，美国领事馆也只剩下空屋一幢，矗立在山头。妙的是该馆的这位看门人，新中国成立后照旧上班，白天看门，晚上关门，忠于职守。然而更妙的是，四十年来竟然也相安无事，直到上个世纪70年代中美再度建交，美国人回来收馆，却面临一个不大不小的问题：这个守门人多年来欠付的薪水，到底应该由谁来付？怎么个付法？据说此事一路报到美国国务院，各部门官员经多次争论后，竟然没人愿意受理。最后只好由鼓浪屿的美国领事馆各同仁自愿捐款，凑成一笔钱，算是这位守门人的薪金，就此了结。

这个故事告诉我们，这位中国的看门人有点“傻”，“傻”在他的忠于职守，道形而上，德行于心，为形而下，竞在于同，信至天下，其乐无涯——可谓有道德的人心竞如同，竞心尽意最快乐。读者也许跟我一样，都会不断的追问，这位看门人为什么这样“傻”？在近40年里新中国诸多的运动都没有撼动他的“傻”，那么他内心里支撑这个“傻”的力量是什么？这种“傻”到痴迷程度原因何在？从中国传统的道德观梳理，两个“五”“悟”的影响是毫无疑问的：君臣、父子、夫妻、兄弟、朋友和仁、义、礼、智、信。从西方特别是美国现代资本主义的道德观厘析，看门人的“傻”是资本主义市场经济信托精神的最好体现。美国是世界上首屈一指的市场经济国家，自由开放的市场价值体系和为了完善这个体系而不断建立起来的法律制度及其所形成的商业道德的核心价值——就是信托精神。信托制度起源于英国，是在英国“尤斯制”的基础上发展起来的，距今已有几个世纪了。但是，现代信托制度却是19世纪初传入美国后发展起来的。信托制度传入美国，信托得到快速的发展，很快壮大起来，并形成了现代市场经济条件下独特且具有普世价值的信托文化。美国是目前信托制度最为健全，信托产品最为丰富、发展总量最大的国家。

有趣的是，一个崇信自由市场经济和信托精神的美国政府在处理这件事情上所表现出来“踢皮球”的处事作风让人感到费解。倒是那些美国领事馆的雇员的道德精神和行为化解了这个“时间”和“文化”的故事。它留给人们太多的思考，其中之一就是美国国家的道德观念对内和对外的差别！

话到此处，笔者有感而发，伦理道德无处不在、无时不在变化，达到国家之间、社会之上，中到各行各业，小到家庭个人。那么什么是道德？从物质和意识的领域来理解，信仰就是一种意识，道德就是意识对物质的反作用。从真理的概念来理解，信仰就是人们对未来世界正确的意识，道德就是在信仰的支配下正确的行为。从时间和空间来认识，是信仰的实践所形成的价值观念的沉淀及其对人的影响。如果站在个人的角度来讲，信仰是自以为是的信念（或者真理）。道德是在信仰支配下的行为。

有修养的人心竞如逸，竞心晋意最超然。

这里讲述一个真实的故事，一件流传百年的契约。一个富甲一方的农场主很爱他的儿子。然而，一次意外中，他的儿子登山时坠崖而亡。农场主伤心欲绝。为了能够天天“看见”儿子，他在庄园里垒了一个小坟冢。这一年是公元1797年。几年后，他家道中落，不得不转卖自己的庄园。出于对儿子的爱，他对承买人提出了一个要求：我儿子的坟墓必须作为土地的一部分，永远不要毁掉。并且，将这一要求郑重地写进了契约。多少年过去了，土地的主人换了一茬又一茬，孩子的名字都流失了。但是，这个无名孩子的坟墓在一张又一张契约的保护下完好无损。一百年后，这块风水宝地被政府圈定为格兰特将军的陵园。纽约市政府遵守关于墓地的契约，把这个无名孩子的坟墓保留下来。格兰特将军就安置在这个无名孩子墓旁。1997年，时任纽约市市长的朱利·安尼来到格兰特将军陵园，隆重纪念格兰特将军逝世一百周年。与此同时，市长作为土地主人的代表亲自签约，承诺让无名孩子墓永远存续下去。

这件契约流传200多年，其中除去美国社会的诚信与契约精神，从另外一个侧面，也可以看到一个由公民和政府组成的公民社会的修养。

修养修养不修不养；修正修正不修不正。

修乃养正，正则固本。正本清源，国泰民安。

修养是什么？让我们先听一位留学生讲述的故事：

《习惯和修养是人的第二身份》

和在布里司托尔的大多数留学生一样，我也借住在当地一户居民家中。房东坎贝尔夫妇待人热情大方，房租只是象征性的几英镑，我从邻居家搬过来。有留学生住在家里，对他们来说是很自豪的事情。他们不仅很快让整个社区的人知道了这件事情，还打电话告诉了远在曼彻斯特和伦敦的儿女。

我非常珍惜来英国求学的机会，白天认真听课，晚上在图书馆待到闭馆。每天我回到“家”里，可口的饭菜都在等着我，每隔四五天，坎贝尔太太就会逼着我换衣服，然后把换下的衣服拿去洗净烫好。可以说，他们就像对待儿子一样待我。可是，过了没多久，我感觉坎贝尔先生对我的态度有些转冷，看我的眼神有些异样。好几次吃饭的时候，他都好像有什么话要对我说，但是看看太太，又把话咽了回去。我开始猜测，他们是不是嫌房租太少，想加租又不好意思说？有一天晚上11点多我从学校回来，洗漱完毕刚想脱衣睡觉，坎贝尔先生蹑手蹑脚地走进我的房间，寒暄两句后，他坐到椅子上，终于要说出憋在心里的话了。我心里早有准备，只要在我的承受能力之内，他加租多少我都答应，毕竟这样的好东家不是哪儿都能找到的。

坎贝尔先生开口道：“在你中国的家里，你半夜回家时，不管你的父母睡没睡，你都使劲关门，噼噼啪啪地走路和大声咳嗽吗？”

我愣住了：难道这就是他憋在心里的话？我说：“我说不清，也许……”真的，长这么大还没有人问过我类似的问题。我自己也根本没有注意过这些“细节”。

“我相信你是无心的。”坎贝尔先生微笑着说，“我太太有失眠症，你每天晚上回来都会吵醒她，而她一旦醒来就很难再睡着。因此，你以后晚上回来如果能够安静些，我将会非常高兴。”坎贝尔先生停顿了一下，接着说：“其实我早就想提醒你，只是我太太怕伤你的自尊心，一直不让我说。你是一个懂事的孩子，你不会把我善意的提醒视为伤害你的自尊吧？”

我很勉强地点头，并不是觉得坎贝尔先生说得不对，或者有伤我的自尊，而是我觉得他有些斤斤计较。和父母一起生活了二十几年，他们从来没有和我计较过这种事，如果我也因此打扰过他们的话，他们肯定会容忍我的，充其量把他们的卧室门关紧而已。我心里感慨：到底不是自己家呀！

当然，尽管我心里有牢骚，但我还是接受了坎贝尔先生的提醒，以后回家尽量轻手轻脚。然而，不久后的一天中午，我从学校回来刚在屋里坐定，坎贝尔先生就跟了进来。我注意到，他的脸阴沉着，这可是很少有的。“孩子，也许你会不高兴，但是我还得问，你小便的时候是不是不掀开马桶垫子？”他问。

我的心里“咯噔”一声。我承认，有时我尿憋得紧，或者偷懒，小便时没有掀开马桶垫子。

“偶尔……”

“这怎么行？”坎贝尔先生大声说，“难道你不知道那样会把尿液溅到垫子上吗？这不仅仅是不卫生，还是对别人的不尊重，尤其是对女人不尊重！”

我辩解：“我完全没有不尊重别人的意思，只是不注意……”

“我当然相信你是无心的，可是这不应当成为这样做的理由！”

看着坎贝尔先生涨红的脸，我嘟囔："这么点儿小事，不至于让你这么生气吧？"

坎贝尔先生越发激动："替别人着想，顾及和尊重别人，这是一个人最起码的修养，而修养正是体现在小事上的。孩子，考取学位和谋得一个好的职位固然重要，但与人相处时良好的习惯和修养同样重要。如果说学位、职位代表了一个人的身份的话，那么习惯和修养就是人的第二身份，人们同样会以此去判断一个人。"

从此"习惯和修养就是人的第二身份"成为我人生警言。

有一位中国驻德国大使，他在德国工作生活了多年，回国后，根据他的经历，写了一本回忆录：《沿着易北河》。在书中写了许许多多"未曾想到，但常常令我深思的事情"。

过元旦的前几天，我去邮局给家里汇款。由于圣诞节、新年来临，平时清闲的邮局也忙碌了起来。德国人也在忙着办理邮件。但是每一个窗口前都井然有序地排着队，其间绝对没有大声喧哗、拥挤不堪的现象。观察了多时，令我深有感触。叹服德国人的素质。但是也有一种奇怪的现象令我不明：每排队伍的第一个人与第二个人距离很远，足有一米远，每个窗口前地面上都有一道线，每排队伍的第一个人站在线内，而第二个人站在线外。在第一人没有离开窗口时，第二个人绝对不越雷池，这是为什么？当作者排在第二的位置时，才恍然清楚。在每个窗口前有一个警示板，上面清晰地写着，请尊重别人的隐私权，谢谢！在欧美一些国家，是不能随便询问人们的年龄、职业、工资、家庭住址、家庭成员等等这些小事，这些小事虽然不起眼，但已涉及了个人的隐私，他们是非常尊重别人的隐私的，这是受法律保护的。为了保护个人的隐私权，在需要排队的一些公共场所，都有这样的“一米线”，比如电话亭、银行、商店的收银台等等场所都是这样。每一个人都自觉地遵守这一规定，极少有人触犯。

作者经常出入公共场合。德国的公共场所都有电梯或扶手梯，每一次在扶手梯上，作者都惊奇地发现，无论人多、人少，无论结伴而行的人还是情侣，没有并排站在扶手梯上的。作者觉得不可思议，就询问了德国人，他们解释说，上楼、下楼时站在右侧，空出左边的位置，以便让有急事的人从左侧先行。这是多么为别人着想啊。虽然它不是一项法律，只是人们的生活习惯，但作者非常钦佩这一行为。这一左右现象到处可见：男的走在左侧，同行的女的走在右侧，怕的是车辆撞上女的；也有小辈走在左侧，长辈走在右侧，主人在左、客人在右。所有这些习惯，都是为方便照顾对方。

在德国的公共场合，凡是有门的地方，总会有这样的现象，走在前面的人，进去后总要回头看后面有没有人进门。如果有，他就扶着门让后面的人进去，后面的人进去后，也总是要向扶门的人说声谢谢，很少有人进门后一甩门扬长而去的举动。令人感动的是，所有的人都这样做，而且是非常自觉。

看了这一件件的小事，令人思索，在人与人的交往中，要时刻注意尊重别人，照顾别人，方便别人，因为大家生活在一个社会里，心中想着他人，才会把困难留给自己，把方便让给他人。这是一种社会修养，这种修养让社会和谐健康。

和谐健康的社会是感恩的，感恩才会温暖他人的同时温暖自己。

感恩节前夕，美国芝加哥的一家报社向一位小学女教师约稿，希望得到一些家境贫寒的孩子画的图画，图画的内容是他想感谢的东西。孩子们高兴地在白纸上画起来。女教师猜想这些贫民区的孩子们想要感谢的东西很少，可能大多数孩子会画餐桌上的火鸡或冰淇淋吧。当小道格拉斯交上他的画时，她吃了一惊：他画的是一只手。这是谁的手？这个抽象的表现，使她迷惑不解。孩子们也纷纷猜测，这个说："这准是上帝的手。"那个说："是农夫的手，因为农夫喂养了火鸡。"女教师走近小道格拉斯——这个皮肤棕黑、又瘦又小、头发曲卷的孩子面前，低声问他："能告诉我你画的是谁的手吗？""这是你的手，老师。"孩子小声地回答。她这才想起，在放学后，她常常拉着孩子们黏糊糊的小手，送他们走一段路。小道格拉斯的家很穷，他破旧的衣服总是脏兮兮的。老师这只手对小道格拉斯来说有着非凡的意义。他要感谢它。女教师看了小道格拉斯的画作，从内心深处发出了一种人性的微笑。

其实，微笑是对生活的一种态度，应该发自内心，没有目的，它是对生活的尊重，是对他人的尊重，是人生更为重要的修养。微笑可以增加亲和力，其效应就像物理学上所说的力的平衡，你怎样对别人，别人就会怎样对你，你对别人的微笑越多，别人对你的微笑也会越多，乐于跟你交往，得到的机会也会更多。只有心里有阳光的人，才能感到我在春天里。

当年，有人处处说爱因斯坦的理论错了，并且说有一百位科学家联合作证，爱因斯坦知道了这件事，只是淡淡地笑了笑，说，一百位？要这么多人？只要证明我真的错了，一个人出面便行了。爱因斯坦的理论经历了时间的考验，而那些人却让一个微笑打败了。

微笑是人生最好的名片；

微笑是朋友间最好的语言；

微笑是一种修养，并且是一种很重要的修养。

爱因斯坦的故事让人想起宰相肚里能撑船的典故。

三国时期的蜀国，在诸葛亮去世后任用蒋琬主持朝政。他的属下有个叫杨戏的，性格孤僻，讷于言语。蒋琬与他说话，他也是只应不答。有人看不惯，在蒋琬面前嘀咕说："杨戏这人对您如此怠慢，太不像话了！"蒋琬坦然一笑，说："人嘛，都有各自的脾气秉性。让杨戏当面说赞扬我的话，那可不是他的本性；让他当着众人的面说我的不是，他会觉得我下不来台。所以，他只好不做声了。其实，这正是他为人的可贵之处。"后来，有人赞蒋琬"宰相肚里能撑船"。

明朝年间，山东济阳人董笃行在京城做官。一天，他接到家信，说家里盖房为地基而与邻居发生争吵，希望他能借权望来出面解决此事。董笃行看后马上修书一封，道："千里捎书只为墙，不禁使我笑断肠；你仁我义结近邻，让出两尺又何妨。"家人读后，觉得董笃行有道理，便主动在建房时让出几尺。而邻居见董家如此，也有所感悟，同样效法。结果两家共让出八尺宽的地方，房子盖成后，就有了一条胡同，世称"仁义胡同"。

清朝康熙年间，桐城人张英官至文华殿大学士兼礼部尚书。邻居是桐城另一大户叶府，主人是张英同朝供职的叶侍郎，两家因院墙发生纠纷。张老夫人修书送张英。张英见信深感忧虑，回复老夫人："千里家书只为墙，让人三尺又何妨？万里长城今犹在，不见当年秦始皇。"于是，张老夫人令家丁后退三尺筑墙。

叶府很受感动，命家人也把院墙后移三尺。从此，张、叶两府消除隔阂，成通家之谊。

从“仁义胡同”到“通家之谊”的青史，传诵着一个朴实的道理，修养化解恩怨，修养化解风险。于是让人想到英国的一艘船。

英国劳埃德保险公司从拍卖市场买下一艘船，它属于荷兰福勒船舶公司。这艘船1894年下水，在大西洋上曾138次遭遇冰山，116次触礁，13次起火，207次被风浪折断桅杆，然而它没有沉没。劳埃德保险公司基于它不可思议的经历及在保费方面带来的可观收益，最后决定把它从荷兰买回来捐给国家。现在这艘外壳凸凹不平、船体微微变形的船就停泊在英国萨伦港的国家船舶博物馆里。

使这艘船名扬天下的并非劳埃德公司，而是一名来此参观的律师。当时，这名律师刚打输了一场官司，委托人也于不久前自杀了。尽管这不是他的第一次失败辩护，也不是他遇到的第一例自杀事件，然而，每当他遇到这样的事情，总有一种负罪感。他不知该怎样安慰这些在生意场上遭受了不幸的人。这些人有的被骗，有的被罚，他们或血本无归，或倾家荡产，也有的因打输了官司，落得债务缠身。当他在萨伦船舶博物馆看到这艘船时，忽然有一个想法，为什么不让他们来参观参观这艘船呢？于是，他把这艘船的历史抄下来，和这艘船的照片一起挂在他的律师事务所里。每当商界的委托人请他辩护，无论输赢，他都建议他们去看看这艘船。据英国《泰晤士报》说，截至1987年已有1230万人次参观过这艘船，仅参观者的留言就有170多本。这些参观者在留言簿上写了些什么，我们不得而知，但有一点是肯定的——船体的伤痕就是船长和船员的大海的修养。

这条船是一个界面，船体的伤痕是另外一种文字，上面记载着船长和船员的航行修养。他们在海上的风浪和复杂的水文航路上，驾驶着它航行练就了一身的本事即修养，因此才可躲避风险，求生安全，船续航路，航运挣钱。号称海上堡垒泰坦尼克号要比这条船先进得多，但因为船长大海航行的修养不够，其命运天下皆知。人与社会的关系，特别是转型期的当下，要以此为借鉴，主导一生的修养融合，构建社会的关系——性格决定命运，修养改变性格——成功与失败就在修与养之间。

讲了这么多，修养是什么？

达尔文曾经说：道德修养有可能达到的最高境界是认识到我们应该控制自己的思想。The highest possible stage in moral culture is when we recognize that we ought to control thoughts.

修养一词在英语中的对应词是culture。

英语culture即“文化”，来自拉丁语colore 耕耘，因为文化修养和种庄稼一样，必须经过辛勤的耕耘，才能获得丰硕的果实。英语中的culture是从人类的生产活动生发，继而引申到精神活动领域。简单地说，修养是对心灵的耕耘、性情的陶冶，是人类社会的文化。如此伸延，修养是人们在思想、政治、道德、学术方面的勤奋学习和自觉锻炼，以及经过长期努力所取得的能力、思想品质、学术见解，还包括一个人在待人处世过程中的风度、仪表、言行、举止等方面的特性和丰富的文化内涵。修养是魅力的基础，是在自我认识、自我要求基础上的一种自我教育、自我充实、自我提高、自我超越的活动及其结果。因此，有修养的人心竞如逸，竞心晋意最超然。人在这样的境界里智慧之树才会常绿。

有智慧的人心竞如翼，竞心锐意最进取。

通常说，人有智商、情商和财商，智商高的人可以当科学家、艺术家等，情商高的人可以当外交家、慈善家等，财商高的人可以当资本家、金融家等，“三商”综合都高当然就是政治家。因此说，智慧可谓“三商”的总和。

智慧说起来人人都懂，但要把它说清楚，还真不是一件容易的事。词典、网络上的定义综合起来说，智慧是人对事物迅速、灵活、正确作出反应、理解和解决的能力。它是人实际生活的基础，特别是在现代社会中，没有现代的智慧，就无法在现代社会中生存。依据智慧的内容以及所起作用的不同，智慧可分为创新智慧、发现智慧和规整智慧：创新智慧，是从无到有创造或发明新的东西。发现智慧，是对还没有被认知的客观存在事物的发现。规整智慧，是可以运用现有的规则如法律、法规、制度、政策、方针、方法等来调整、梳理、矫正、改变已经存在的东西。由此还可以继续引申，智慧是指思考分析、通情达理或寻求真理的能力。本节要讲的“有智慧的人”的智慧，和前列所述略有不同，更重视更强调它是人生哲学上的能力。于是想到聂绀弩智慧的《我的金言》。

我们先来讲述一个故事：

一位少年去拜访一位年长的智者。

少年问智者：“我如何才能变成一个自己愉快，也能够带给别人愉快的人呢？”

“孩子，你有这样的愿望，已经是很难得了。”智者望着少年，笑着回答：“很多比你年长的人，都来找我寻求智慧，可是从他们问的问题就可以看出，不管给他们多少智慧的解释，都不能让他们明白人活着真正重要的道理，于是只好让他们那样好了。”

少年满怀虔诚地听着，脸上没有丝毫得意之色。

智者看着少年，语重心长地说：“我送给你四句话：第一句话是，把自己当成别人。你能说说这句话的含义吗？”

少年回答说：“是不是说，在我感到忧伤的时候，就把自己当成是别人，这样痛苦就自然减轻了；当我欣喜若狂的时候，把自己当成别人，那些狂喜也会变得中和平淡一些？”

听了少年的回答，智者微微点头，接着说：“第二句话，把别人当成自己。”

少年沉思一会儿，说：“这样就可以真正同情别人的不幸，理解别人的需求，而且在别人需要的时候给予恰当的帮助？”

智者两眼发光，继续说道：“第三句话，把别人当成别人。”

少年继续回答说：“这句话的意思是不是说，要充分地尊重每个人的独立性，任何情形下都不可侵犯他人的核心领地？”

智者听罢，哈哈大笑，说：“很好，很好，孺子可教也。第四句话是，把自己当成自己。这句话理解起来对你有些难，留着你以后慢慢品味吧。”

少年说：“这句话的含义，我一时体会不出。但这四句话之间有许多自相矛盾之处，我用什么才能把他们统一起来呢？”

智者回答说：“很简单，用一生的时间和阅历。”

少年沉默了很久，然后叩首告别。

一年一年过去了，少年变成了青年人、壮年人，智者的四句话鞭策着他的生活，他把快乐和智慧带给每一位前来向他求教的人，又过了很多年，少年变成了老人，再后来，他离开这个世界。很久很久以后，人人都还时时提到他的名字，说他不仅是一个愉快的人，同时还给每一个见到过他的人带来愉快，是一位智者。人能够认识别人，是一种智慧；能够被别人认识是一种幸福；能够自己认识自己就是圣者贤人。人最难的是正确认识自己，能够清醒地做到这一点，也就近乎于一个纯粹完美的人。完美的人是没有的，但做一个智慧和幸福的人是完全可能的。

理解第一句话，如何把自己当成别人？

少年的回答看似简单，但他却用“忧伤”和“欣喜若狂”高度概括了“难得糊涂”的复杂人生中的好事和坏事、高兴的事和悲伤的事、正面的事和负面的事、积极的事和消极的事、挣钱的事和赔钱的事、行善的事还是作恶的事、为人的事还是为已的事……其中“在我感到忧伤的时候，就把自己当成是别人，这样痛苦就自然减轻了；当我欣喜若狂的时候，把自己当成别人，那些狂喜也会变得中和平淡一些”的真谛——人生智慧。

“忧伤”时放下压力，放下烦恼，放下自卑，放下消极，放下抱怨，放下狭隘，放下犹豫，放下懒惰。因为外界的压力是通过你自身而实现的，在这个意义上说，压力源于自身。烦恼因压力而生，又反过来增加内心的压力，那么有什么办法减少压力和消除烦恼呢？高兴、快乐、兴奋是烦恼的大敌，烦恼时不要喝酒、不要吸烟，到外面去，去跑步、游泳、爬山……其实快乐很简单，关键看你做不做和怎么做。自卑就是自怜，是没有自信的表现，甚至抱怨、绝望，其实这都是没有用的，“莫斯科不相信眼泪”，社会和市场不同情弱者，与其如此，不如发现自己的优势，放宽心胸，努力抓住机会立即行动，让奋斗改变命运和人生。

“欣喜若狂”时要想到“乐极生悲”、想到“居安思危”。乐极生悲是形容一个人快乐到极点转而发生悲哀的事情。乐极生悲原写为“乐极则悲”，出自《史记. 滑稽列传》。“酒极则乱，乐极则悲，万事尽然，言不可极，极之而衰。”战国时期，齐威王是个喜欢彻夜饮酒的君王，有一年楚军进攻齐国，他连忙派自己信得过的使节淳于髡去赵国求救。淳于髡果然不辜负齐王重托，到了赵国就请来了10万大军，吓退了楚军。齐威王十分高兴，立刻摆设酒宴请淳于髡喝酒庆贺。齐威王高兴地问淳于髡：“先生你要喝多少酒才会醉？”淳于髡一看这架势，知道齐威王又要彻夜喝酒，必定要一醉方休。他想了想回答道：“我喝一斗酒也醉，喝一石酒也醉。”齐威王不解其意，淳于髡解释自己在不同场合、不同情况下酒量会变化：“所以我得出一个结论，喝酒到了极点，就会酒醉而乱了礼节；人如果快乐到了极点，就可能要发生悲伤之事。所以，我看做任何事都是一样，超过了一定限度，则会走向反面了。”这一席话说得齐威王心服口服，当即痛快爽朗地表示接受淳于髡的劝告，今后不再彻夜饮酒作乐，改掉可能走向自己反面的恶习。

居安思危讲的是处在安定的环境中要想到可能产生的危难祸害的情况。出自《左传·襄公十一年》。春秋时期，有一次宋、齐、晋、卫等十二国联合出兵攻打郑国。郑国国君慌了，急忙向十二国中最大的晋国求和，得到了晋国的同意，其余十一国也就停止了进攻。郑国为了表示感谢，给晋国送去了大批礼物，其中有:著名乐师三人，配齐甲兵的成套兵车共一百辆，歌女十六人，还有许多钟磬之类的乐器。晋国的国君晋悼公见了这么多的礼物，非常高兴，将八个歌女分赠给他的功臣魏绛，说："你这几年为我出谋划策，事情办得都很顺利，我们好比奏乐一样的和谐合拍，真是太好了。现在让咱俩一同来享受吧！"可是，魏绛谢绝了晋悼公的分赠，并且劝告晋悼公说："咱们国家的事情之所以办得顺利，首先应归功于您的才能，其次是靠同僚们齐心协力，我个人有什么贡献可言呢？但愿您在享受安乐的同时，能想到国家还有许多事情要办。《书经》上有句话说得好：'居安思危，思则有备，有备无患。'现谨以此话规劝主公！"魏绛这番远见卓识而又语重心长的话，使晋悼公听了很受感动，高兴地接受了魏绛的意见。

乐极生悲和居安思危都是叫你乐极之时要心静心定居安，如此才有可能至竞至圣。

理解第二句话，如何把别人当成自己？

少年回答的要点是做人要"同情别人"、"理解别人"、"帮助别人"。如此把别人当成自己，也可以变成今天大家常说的换位思考和同理心。

什么是换位思考？

换位思考是人与人之间的一种心理交流沟通的过程，是达成理解不可缺少的心理机制。将心比心，设身处地为他人着想，这就是客观上要求人们将自己的内心世界，如文化取向、情感体验、思维方式、社会地位、经济能力和价值判断等与对方联系起来，站在对方的立场上体验和思考问题，从而与对方在情感上得到沟通，增进理解，只要不涉及原则性问题，都是可以互惠谅解的。谅解是一种爱护，一种体贴，一种宽容，一种理解。

我们先来看看这个小故事：

妻子正在厨房炒菜。丈夫在她旁边一直唠叨不停："慢些、小心！火太大了。赶快把鱼翻过来、油放太多了！" 妻子脱口而出："我懂得怎样炒菜。" 丈夫平静地答道："我只是要让你知道，我在开车时，你在旁边喋喋不休，我的感觉如何……" 学会体谅他人并不困难，只要你愿意认真地站在对方的角度和立场看问题。换位思考的小事情里才能长出大智慧。

现在让我们来看一个大故事：

英国女教师葛润和中国男青年鲁智本在北京后海酒吧邂逅相识，很快产生了爱情，一年后生下第一个男孩子，取名埃文，第二年又生下第二个男孩，取名迪伦。因为家务，鲁智本辞去了央视纪录片导演的工作，专职在家当了奶爸，每天接送妻子、孩子上下班和幼儿园。他怕孩子长大看不起自己，于是开始在家里研究股票和外汇买卖，用了三年的时间，编写了一个软件，在网上做外汇生意，成功率70%。可是妻子并不理解，不断的指责。鲁智本由于焦虑和内心的委屈，经常对妻子和孩子发脾气，家庭冷战开始，气氛紧张起来。有一次孩子幼儿园开家长会，老师问埃文父母每天都做是么？埃文回答妈妈是教师，每天给孩子们讲故事。老师追问，那爸爸呢？埃文低着头不言语……葛润当着所有家长的面挖苦自己的丈夫，他每天玩电脑。葛润和鲁智本夫妻间矛盾越来越严重，吵架的次数越来越多，终于有一天因为煮饺子这件鸡毛蒜皮的小事，两人大吵起来。葛润叫鲁智本离开这个家，以免影响孩子。鲁智本的面子受到极大挑战，毅然决然离开。此时圣诞节即将到来，葛润要带孩子回英国过节，邀请鲁智本一起和孩子吃饭，提前在中国过圣诞节。鲁智本心中的气还未消，拒绝邀请，弄得葛润更是生气。圣诞节后，葛润从英国回来，鲁智本要求单独见孩子，葛润不肯，鲁智本强调见孩子是父亲的权利。葛润受到压力，产生鲁智本要来抢孩子的恐惧，于是背着鲁智本于2010年年末辞掉了北京的工作，变卖了北京的家产，回了英国。

2011年，全球经济复苏乏力，英国更甚，中国的经济形势极为复杂，前景堪忧。在这样的背景下，鲁智本回了北京的父母家，葛润带着两个孩子回了英国曼彻斯特父母的家，失业的后果是不难想象的……结果他们双双陷入窘境。俗话说，不到黄河心不死，不撞南墙不回头，人是高级得挺有意思的动物，诸事通常是只有撞到南墙的时候，大多数人才会反思。于是鲁智本反思中换位思考，妻子葛润很不容易，每天很早就要起床，料理两个孩子，准备早饭，然后上班中午在学校吃饭，晚上下班回家先要料理孩子，孩子睡觉之后还要判作业，准备第二天的功课，工作生活压力确实不小，有时候很需要唠叨和发泄，这多么需要丈夫理解呀。葛润换位思考开始理解丈夫，鲁智本也很不容易，一个男人辞掉不错的工作，在家当了奶爸，每天很早就要起床，接送妻子上下班和孩子去幼儿园，虽然雇有保姆，但还是有很多家务要做，内心的压力和焦虑不是一般男人所能承受的，很需要妻子理解。两个人经过一段时间的换位思考和实际生活的体验，发现体谅和理解是解决问题的最佳途径，清官难断家务事，1+1要大于2是他们未来的硬道理，最后又走到一起。但他们北京的家没了，损失了几十万人民币不要紧，更重要的是在感情上给埃文和迪伦造成了严重的影响，为了补救这一切，他们去了墨西哥。

换位思考挽救了鲁智本和葛润的感情和一个家。

你是你，我是我，你不是我，我不是你，但你把我当成你，我把你当成我，这样就换了位，再思考一下，体谅和理解的大道何等笔直、何等宽畅。换位思考是一种实用心理学行之有效、立竿见影的方法，它有放之四海而皆准的功效。在网络上，我们随便一搜，就可以找到很多有趣的故事。比如这样一则故事：有位秀才第三次进京赶考，住在一个经常住的店里。考试前两天他做了三个梦，第一个梦是梦到自己在墙上种白菜，第二个梦是下雨天，他戴了斗笠还打伞，第三个梦是梦到跟心爱的表妹脱光了衣服躺在一起，但是背靠着背。这三个梦似乎有些深意，秀才第二天就赶紧去找算命的解梦。算命的一听，连拍大腿说："你还是回家吧。你想想，高墙上种菜不是白费劲吗？戴斗笠打雨伞不是多此一举吗？跟表妹都脱光了躺在一张床上了，却背靠背，不是没戏吗？"秀才一听，心灰意冷，回店收拾包袱准备回家。店老板非常奇怪，问："不是明天才考试吗，今天你怎么就回乡了？"秀才如此这般说了一番，店老板乐了："哟，我也会解梦的。我倒觉得，你这次一定要留下来。你想想，墙上种菜不是高种吗？戴斗笠打伞不是说明你这次有备无患吗？跟你表妹脱光了背靠靠躺在床上，不是说明你翻身的时候就可以得到了吗？"秀才一听，更有道理，于是精神振奋地参加考试，居然中了个探花。在这里，我又想到了几个数字：9+9=18，9×9=81，同样地都是9，因计算方法不一样，而得到结果也是不同的，这也无可非议，然而结果却却是相反的：一个结果是18，一个结果是81，两者相差悬殊，这又为什么呢？我们不妨注意一下这两个符号：

“+”号和“×”号，如果“+”号的头往旁边歪一点，那就变成了“×”号，你说是不是？所以，我们生活过程中遇到问题解不开的时候，不妨换个角度试试，一定会豁然开朗。就像上面的这个故事，因为两个算命的看问题的角度不同，而带来的结果是不同的：一个是“收拾包袱准备回家”，一个是“居然中了个探花”。立场不同，所处环境不同的人，是很难了解对方感受的，换位思考最经典的故事莫过于这个故事：一头猪、一只绵羊和一头奶牛，被牧人关在同一个畜栏里。有一天，牧人将猪从畜栏里捉了出去，只听猪大声号叫，强烈地反抗。绵羊和奶牛讨厌它的号叫，于是抱怨道：“我们经常被牧人捉去，都没像你这样大呼小叫 的。”猪听了回应道：“捉你们和捉我完全是两回事，他捉你们，只是要你们的毛和乳汁，但是捉住我，却是要我的命啊！”没有人是一座孤岛，特别是全球化的今天，世界和社会是一个利益共同体。因此，对他人的失意、挫折和伤痛，我们应进行换位思考，以一颗宽容的心去了解，关心他人。换位思考的实质，就是设身处地为他人着想。一对夫妇坐车去旅游，半途中因事下车。这辆车没走多远，就遇到了山路崩塌，结果车上的乘客全部遇难。当那对夫妇听说这件灾难后，女人说：咱们真幸运，下车下的及时。男人说：不，是由于咱们的下车，车子停留，耽误了他们的行程。不然，就不会在那个时刻恰巧经过山崩的地点了。女人说：你好伟大，我从此也要伟大起来。男人说：伟大不是说出来的，是做出来的。女人问：那我们能做些什么呢？男人说：第一我们要为他们祈祷。女人说：第二我们要把身上带的钱捐给死难者的家属，让活着的人活得更好一些。换位产生的理解、爱护、体贴和奉献不仅让他人受益，也会让自己的心灵得到洗涤和温暖。父亲讲，一次他去商店，走在前面的年轻女士推开沉重的大门，一直等到他进去后才松手。父亲向她道谢，女士说："我爸爸和您的年纪差不多，我只是希望他遇到这种时候，也有人为他开门。"听了这话，我心里热热的，联想很多。古往今来，从孔子的"己所不欲，勿施于人"到《马太福音》的"你们愿意别人怎样待你，你们也要怎样待人"，不同地域、不同种族、不同宗教、不同文化的人们，说着大致相同的话。真理的身上布满伤痕。换位思考是人类经过长期博弈，付出惨重代价后总结出的黄金法则。"只有互助性强的生物群才能生存，对人类而言，换位思考是互助的前提。"克鲁泡特金在《互助论》中证明了这样一个简单的道理，我们不能用自己的左手去伤右手，我们是同一棵树上的叶和果。

如果不把换位思考当做方法论，而是把它当做一种品德，这让人很容易想到范仲淹在《岳阳楼记》一文中"先天下之忧而忧，后天下之乐而乐"的政治理想。近千年来，这句格言一直影响、教育着后人。文天祥在国家危亡之时，置个人生命于不顾，明知凶多吉少，念及"国家至此"，毅然前往和元军谈判，被捕后，几度挣脱敌人魔掌，以期重整旗鼓，收复大宋江山，表现了这种精神。比尔·盖茨和巴菲特拿出自己的财富，成立基金会，救助他人，陈光标5·12汶川地震带领120名操作手和60台大型机械组成救援队，千里救灾的同时还向地震灾区捐赠款物过亿元。2010年他到台湾行善，受到多方指责却不改初衷，多年来他积极投身海内外社会慈善事业，从事大量社会公益活动，并在其公司网站上刊出致比尔·盖茨和巴菲特的一封信，称死后全捐50余亿人民币财产，这些都是把别人当成自己的典范。"先天下之忧而忧，后天下之乐而乐”，就是把国家、民族的利益、把人民的利益和他人的事情摆在首位，为祖国的前途、命运担忧分愁，为天底下人民福祉思考行动的品德。

理解第三句话，如何把别人当成别人？

孩子理解智者说的第三句话，回答把别人当别人的要点是“尊重每个人的独立性，不可侵犯他人的核心领地”。尊重他人的独立性与核心利益，就是不强求、不为难、不替代、不包办别人的事务。在当下，能做到这一点是很难的。人类社会进步，就是进步在从“欲之利己”到“欲之顾他”的法律制度建设和道德文化的形成，关心别人、尊重别人是现代社会每个人都应该具备的高尚情操和磊落胸怀。

理解通常意义上的尊重，其含义包括有尊敬、敬重、重视的意思，即尊重他人的人格、权利、意见和行为。这种尊重有时对亲属、长辈、领导、老师等是很容易做到的，但对同辈、晚辈、下属、陌生人和夫妻之间有时就是另外一种情况了。不要说我们普通人，就是英国女皇也是如此。一次，英国维多利亚女王与丈夫吵了架，丈夫独自回到卧室，闭门不出。女王回卧室时，只好敲门。丈夫在里边问：“谁？”维多利亚傲然回答：“女王。”没想到里边既不开门，又无声息。她只好再次敲门。里边又问：“谁？”女王回答：“维多利亚。”里边还是没有动静。女王只得再次敲门。里边再问：“谁？”女王学乖了，柔声回答：“你的妻子。”这一次，门开了。英国女皇在丈夫的教导下，三次敲门从女王变成了妻子，看来也是人，在家里也会生气吵架，也会被丈夫教育。也许正是丈夫这种鞭策和女王个人修养的结果，尊重他人成为维多利亚女王最大的魅力。有一次，维多利亚女王殿下招待印度客人，国宴大餐后，侍者纷纷为参加宴会的人端上一碗洗手的水，印度客人不知此理，还以为是饮用的，于是就把端上来的洗手水喝了。女王见此，跟着客人面不改色也将洗手水一饮而尽。大臣们见状纷纷效仿，此事传出宫外，成为尊重他人的美谈，至今成为世界上尊重他人的经典。

与维多利亚女王同时代的清朝，纪晓岚有一天去游五台山，走进庙里，方丈把他上下一打量，见他衣履还整洁，仪态也一般，便招呼一声："坐。"又叫一声："茶。"意思是端一杯一般的茶来。寒暄几句，知他是京城来的客人，赶忙站起来，面带笑容，把他领进内厅，忙着招呼说："请坐。"又吩咐道："泡茶。"意思是单独沏一杯茶来。经过细谈，当得知来者是有名的学者、诗文大家、礼部尚书纪晓岚时，立即恭恭敬敬地站起来，满脸赔笑，请进禅房，连声招呼："请上坐。"又大声吆喝："泡好茶。"他又很快地拿出纸和笔，一定要请纪晓岚留下墨宝，以光禅院。纪晓岚提笔，一挥而就，是一副对联：坐，请坐，请上坐；茶，泡茶，泡好茶。方丈看了非常尴尬。纪晓岚的幽默无疑是在批评方丈的待人之道——追求从善的高僧待人尚且如此，可见当时的社会风气又会如何？那个时代的中国就是如此。而这种陋习在改革开放30年的如今，其滥觞有过之而无不及。"让劳动者体面劳动有尊严地生活"看来不是一句简单的体恤民生、民情的客套话，而是针对现实的一种基本的无奈。

一个社会的和谐，不是简单的提倡，它是一件件政府尊重公民，公民尊重他人的事儿堆起来的。尊重的魅力在于实际的追求，不在于口若悬河。关心别人、尊重别人，让诚挚的心灵使对方在情感上感到温暖、愉悦，在精神上得到充实和满足，如此，你也会体验到一种美好，从此建立起和谐的人际关系，拥有许多朋友，为获得成功奠定了基础。

有个业务员为强生公司推销产品，主顾中有一家是药品杂货店。每次他到这家店里去的时候，总要先跟柜台上卖饮料的年轻人寒暄几句，然后才去见店主。有一天，他到这家店去，店主突然告诉他今后不用再来了，他不想再买强生公司的产品，因为强生公司的许多活动都是针对食品市场和廉价商店而设计的，对小药品杂货店没有好处。这个业务员只好离开商店。他开着车子在镇上转了很久，最后决定再回到店里，把情况说清楚。走进店里的时候，他照常和柜台上的营业员打过招呼，然后到里面去见店主。店主见到他很高兴，笑着欢迎他回来，并且比平常多订了一倍的货。这个业务员对此十分惊讶，不明白自己离开店后发生了什么事。店主指着柜台上一个卖饮料的男孩说："在你离开店铺以后，卖饮料的男孩走过来告诉我，你是到店里来的推销员中唯一会同他打招呼的人。他告诉我，如果有什么人值得同其做生意的话，就应该是你。"从此店主成了这个推销员最好的主顾。这个推销员说："我永远不会忘记，关心、尊重每一个人是我们必须具备的特质。"

推销员对卖饮料年轻人的尊重，为他迎来了长久的客户。而被尊重的人，常常把别人对自己的尊重，当做一种承认、信任、激励和力量，它所产生的动力，常常会改变一个人一生的命运。

一位商人在过街天桥上看到一个衣衫褴褛的铅笔推销员，想到当年的自己，顿时生起一股怜悯之情。他不加思索地将 10 元钱塞到卖铅笔人的手中，然后头也不回地走去。走了没几步，他忽然觉得这样做不妥，于是连忙返回来，并抱歉地解释说自己忘了取笔，希望不要介意。最后，他郑重其事地说：“您和我一样，都是商人。”一年之后，在一个商业公会的社交场合，一位西装革履、风度翩翩的推销商迎上这位商人，不无感激地自我介绍道：“您可能早已忘记我了，而我也不知道您的名字，但我永远不会忘记您。您就是那位重新给了我自尊和自信的人。我一直觉得自己是个推销铅笔的乞丐，直到您亲口对我说，我和您一样都是商人为止。”没想到商人这么一句简简单单的话，竟使一个不无自卑的人顿然树立起了自尊，使一个处境窘迫的人重新找回了自信。正是有了这种自尊与自信，才使他看到了自己的价值和优势，终于通过努力获得了成功。

尊重是一种尊严。

尊重是一种力量。

尊重别人，就是尊重自己！

这是一堂人体解剖课，一群刚入学的大学生在教授的引领下，来到一具新鲜的标本前。标本是一位刚去世的老人。他临终前自愿把遗体捐给医学院，虽然他的子女中有人持反对意见，但老人的态度很坚决。最后他们只好顺从了老人的意愿。玻璃盖被轻轻掀开，老教授拿在手里的手术刀忽然停住了，他对学生们说：“让我们一起向这位陌生的逝者默哀3分钟吧！”学生们愣了一下，随后不约而同地摘下头上的帽子，跟随教授默哀3分钟。3分钟后，老教授说：“虽然这具标本是其本人自愿捐献的，但我们毕竟损伤了他的躯体，所以我们要向他表示歉意！”学生们静静地听着，这一堂解剖课让他们得到了两次人生的洗礼：一次是那具纯洁的标本让他们产生的敬意，一次是老教授因为尊重一具遗体而让他们产生的尊重。

教授对逝者的默哀，从道德深层认识，归根结底是对人格的尊重。

郎仁是一个北漂很成功的人士，他曾经在流浪汉聚集的地下通道里遇到一个乞丐。那是一个二十来岁的年轻人。他衣衫破旧，抱着一把褪了色的旧吉他，唱着悲伤的歌曲。这样的情景，在这个城市每一天都可以见到。“可以自食其力的人，却在这里乞求别人的施舍，他们为什么不觉得脸红？”想到这里，郎仁加快了脚步，向前走去。郎仁可不想为这样的人付出什么。忧伤的歌曲依然在郎仁的耳边萦绕，但是他没有心情停住。“先生，请等一等。”当郎仁走上台阶的时候，一个声音叫住了他，他知道是那个乞讨的人。“你的祈祷是姜太公式的，别人不给还要追上来要钱！这样的人我是绝对不会给他钱的。”想到这里郎仁生气地对他说：“对不起，我没有钱给你，我现在很忙，请不要打搅我。”“您误会了，我想问这是您的东西吗？”当郎仁看到他手里的钱包的时候，这才发现，那正是自己的钱包，里面有整整一万元人民币和一些重要的单据，钱丢了没有什么，如果那些单据丢失了，郎仁的工作就完了。刹那间，郎仁感到羞愧，是自己误会了这个乞丐。他并不是向郎仁讨要什么，而是归还郎仁丢失的钱包。郎仁非常激动地接过了钱包，为了表示谢意，他从钱包里拿了一摞百元大钞，至少也有两三千元，然后对乞丐说：“为了表示感谢，请接受我的一份心意！”“先生，我是需要钱，但是我有自己的原则。”那个年轻的乞丐说道，“希望您今天有一个好心情，下次可要注意了。再见了，先生。”说完，又回到了原先的地方，继续弹那把旧吉他。郎仁跟随青年回去，站在歌手的对面，静静地聆听，刚才并不觉得怎样的歌声，突然变得那样清澈悦耳起来……

哲学家威廉·詹姆士说过："潜藏在人们内心深处的最深层次的动力，是想被人承认、想受人尊重的欲望。"渴望受人喜爱、受人尊敬、受人崇拜，这是人类天生的本性。然而有取必有予，希望获得些什么，就要首先付出些什么，希望获得别人的尊重，就要首先学会尊重他人，如此才能获得别人的尊重。人权的价值就是承认他人在这个世界不仅仅是简单的生存、生活和发展，还要有体面的劳动有尊严的生活，要真正享有宪法赋予公民的尊严与权利，否则宪法岂不成了一纸空文。人们常说高处高人高超高不可攀，高举高调高论高处不胜寒，那就让思绪回到低处的平民社会和草根阶层，"把别人当做别人"就是要懂得学会欣赏他人，多看他人之长，如此才会奠基学会尊重他人人格，学会尊重他人的独立性。

理解第四句话，如何把自己当成自己？

少年发现自己并用了一辈子的时间来把自己变成自己，后来他变成一个让人记住的人，这证明他对自己的发现是非常成功的。

成功者都是发现自己的典范。但成功者毕竟是少数。

发现自己很难，现在已经是一个为公司鞠躬尽瘁却不一定有所回报的年代，但是在激烈升学竞争下成长的一代，却只会寻找标准答案背下来照章行事。

在经济走势低迷，职场上不得不为五斗米折腰的日本，趋势大师大前研一推出《想做的事就去做！》今天很值得中国人来读。想做的事就去做！这是大前研一的人生观、工作观，也是他人生长乐的秘诀。但是在今天的中国乃至全球，有多少人能像他一样乐在工作，乐在自己想做就去做的事情上头呢？而提倡想做的事就去做的大前研一，给上班族开出的救济良方正是：不怕失败、多做尝试，找到让自我成功的天才。

你以为自己没有天才吗？《发现我的天才》一书中经过许多研究后发现：成功者很少是全方位人才，但必然特质鲜明。没有人样样都行，但每个人一定都有属于自己明显的天赋特质。你了解自己吗？你的天才是否正等着你来发掘？

每个人都有天才！只是大部分的天才不是被摆错了位置，就是没有努力或没有正确的方法发掘自己的内在天才。天才不是IQ高，是发挥个人特质，只要摆对了位置，就可以变天才；巴菲特：我只是有机会做我想做的事。西方哲人奥古斯丁说：人们赞美山岳的崇高，大海的波涛，海岸的逶迤，星辰的运行，却把自己置于脑后……发现自己，才能被别人发现，伯乐发现千里马也是因为千里马表现出了过人的潜质。只有发现自己的时候，人才能成功，努力到别人的面前去发现自己的时候，人就失败了。

人的天才抑或潜质常常是被逼迫和刺激出来的。我有一位同学，暑假回老家正赶上发洪山，面对洪水来临，两三米的水头，他一跃而起，抓到门前的雨搭，爬上楼去，人体的潜能瞬间在极度危险的时刻被激发出来。我本人因为血压高、心脏病而选择游冬泳，其中一个最大的体会就是在极度寒冷中人的潜能被发掘出来，心脏用力供血，让每个毛细血管都充满血液而抵抗寒冷，现在症状全无。

福建耀华集团的老总，中国唯一获得世界企业家称号的曹德旺，是一个靠玻璃准确地说是靠制造汽车玻璃成功的企业家。谁都知道，汽车玻璃的利润空间很大，但技术含量也不低，那是什么原因让曹德旺选择了这一行，充分展示了自己的天才呢？是刺激，强烈的刺激。一次，曹德旺带领承包企业的员工到武夷山旅游，回程的路上，他坐在最前面，手持一把雨伞。司机师傅教他把雨伞收起来，以免遇到情况刹车时打碎了车前的玻璃。师傅对他说：真碎了你哭都来不及，这东西中国造不了，让你赔你都赔不起。曹德旺受到双重刺激，一是这玻璃有多贵，赔不起？二是这东西有什么，中国造不了？曹德旺收起雨伞，问师傅，你说这玻璃我赔不起，我认为你这是门缝里瞧人，可就这么一块玻璃能贵到哪儿去呀？司机随口回答，少说也要六七千元，而且没有现货，得等着现从国外定。曹德旺嘴上没说心里在想，我的妈呀！六七千元在当时对于个人来说简直就是一个天文数字。于是在回程的路上他就下定决心，中国不能造，我来造！福建耀华玻璃的核心产品就这样开始了孕育，曹德旺的天才亦由此被激发出来。

邓小平用"异军突起"来形容改革开放早起的乡镇企业，而这些乡镇企业的缔造者成为中国民营企业家，甚至世界级的企业家，每个人都有一个天才被激发出来的传奇故事。这个传奇，就是中国天才企业家的风景，收购了VOLVO的李书福、远大空调有限公司董事长兼CEO张跃、新东方教育科技集团董事长兼总裁俞敏洪、联想控股有限公司总裁柳传志、阿里巴巴集团董事局主席兼CEO马云、新希望集团董事长刘永好、网易公司创始人兼CEO丁磊、百度公司董事长兼CEO李彦宏、SOHO中国有限公司董事长兼联席总裁潘石屹、重庆力帆实业集团董事长尹明善、比亚迪股份有限公司董事局主席兼总裁王传福、搜狐公司董事局主席兼CEO张朝阳、腾讯科技董事会主席兼CEO马化腾、海尔集团现任董事局主席兼CEO张瑞敏、上海盛大网络公司董事长兼CEO陈天桥、巨人网络集团董事长史玉柱、华为技术有限公司总裁任正非……哪一个不是这样。

心竞亦心力之发轫，至太极之泰极，是人的信仰、道德、修养和智慧综合总和的体现。本节笔者还可以写下许多故事和案例，但就此刹笔，因为发现自己不是靠别人，是要靠自己！天才在于积累，聪明在于勤奋（钱学森语），相信自己，积累、勤奋——成功有时就差最后的坚持！再坚持一下，成功一定属于你自己。

心竞是一个宏阔的概念：心有竞力，是变化的过程和状态，是价值使然；这与心里求变的欲望和价值取向相辅相成；心竞亦心力之发轫，是人的信仰、道德、修养和智慧综合之总和至太极之泰极的体现。

4. jìng则定生

> **净则不臃，静则不臃，净静心定，心定力竞。**

“jìng则定shèng”—胜、盛、圣是一个逻辑螺旋法则：心净方可心静，心静方可心定，心定方可心竞，心竞方可心shèng—此乃成功之本，双赢多赢；此乃兴盛之始，当可持续；此乃圣徒之门，观照普世；此乃境界无尽，追求永世。让我们先来讲述一个“jìng则定shèng”的故事：

美国华盛顿一个商人的妻子，在一个冬天的晚上，不慎把一个皮包丢在医院里。商人焦急万分，连夜去找，因为皮包里不仅有10万美元，还有一份十分机密的商场信息。

当商人赶到那家医院时，他一眼看到，医院清冷的走廊里，靠墙蹲着一个冻得瑟瑟发抖的瘦弱的女孩，在她的怀里紧紧地抱着的正是妻子丢的那个皮包。

这个女孩叫希亚达，是来这家医院陪母亲治病的。相依为命的娘儿俩家里很穷，卖了家里所有能卖的东西，凑来的钱仅够一个晚上的医疗费，没有钱明天就要被赶出医院。晚上，无能为力的希亚达在医院的走廊里徘徊，她天真的祈求上帝保佑，能碰上一位好心人救救她的妈妈。突然，一个从楼上下来的夫人经过走廊时，腋下的一个皮包掉在地上，可能是她的腋下还有别的东西，皮包掉了毫无知觉。当时走廊里只有希亚达一个人。她走过去拾起皮包，急忙追到门外，但那个女人却上了一辆轿车扬长而去。

希亚达回到病房，当她打开那个皮包时，娘俩全被里面成沓的钞票惊呆了。那一刻，她心里明白，用这些钱可以治妈妈的病。然而，妈妈却让希亚达拿着皮包赶快回到走廊去，等着失者回来取。

商人拿回了皮包，同时也被希亚达母女心净如水，从善如流的心地所感动，他愿意出钱救治希亚达的妈妈。然而，因为病情严重，医院也尽了最大的努力，最终还是没能挽救希亚达妈妈的生命。临终前，妈妈告诉女儿，净则不臃，人不能没有善良，没有善良心就浑浊了。一个人的心浑浊了就没有了智慧，就会失去做人的尊严。

商人被希亚达母亲的人生信念深深打动，决定领养这个失去母亲的希亚达。美国是一个信仰基督的国家，也有善有善报的俚语。商人因为希亚达母女，不仅找回了丢失的巨款，更重要的是那份市场信息，这使商人的生意很快发达起来，不久就成了大富翁。

被商人领养的希亚达，读完了大学就协助富翁料理商务。虽然富翁一直没有任命她任何实际职务。但在长期的历练中，富翁的智慧和经验潜移默化地影响了她，使她成为了一个成熟的商业人才，到富翁晚年时，他的很多想法都需要征求希亚达的意见。

富翁临危之际，留下一份遗嘱："在我认识希亚达母女之前，我就已经很有钱了。可是当我站在贫病交加却拾金不昧的母女面前时，我发现她们最富有。因为她们恪守着至高无上的人生准则，这正是我们商人最缺少的。我的钱几乎都是尔虞我诈、明争暗斗得来的，是她们使我领悟到人生最大的资本财富是品行。我收养希亚达不是知恩图报，也不是出于同情，而是请来了一个做人的楷模。有她在我身边，生意场上我会时刻铭记，哪些事该做，哪些是不该做，什么钱该赚，什么钱不该赚。这就是后来使我事业兴旺发达、成了亿万富翁的根本原因。我死后，我的亿万资产全部留给希亚达继承。这不是馈赠，而是为了我的事业能够更加辉煌昌盛。我深信，我聪明的儿子能够理解爸爸的良苦用心。”

富翁在外国的儿子回来，仔细看完了父亲的遗嘱后，立刻毫不犹豫地在财产继承协议书上签了字：“我同意希亚达继承父亲全部资产，并请求希亚达能做我的妻子。”希亚达看完富翁儿子的签字，略略沉思，也提起笔签字：“我愿意接受先辈留下的全部财产——其中包括他的儿子。”

这个故事告诉了读者一个“jing则定shèng”的道理。

人的身体有了臃肿、溃烂、疾病等等，都源于血液不净所致，败血症更是绝症，因此才有中医排毒、解毒、去毒求净之说，西医才有防疫、杀菌、化疗求净之法，救命先求净。人心如果不善不仁，一定邪恶缠身，干尽错事坏事，搬起石头砸自己的脚……因此，人心更要求净。

净则不臃，于体于心。

中国人有句俗话：心净水亭开，杂念清除外。意思是说，你的欲望太多、嫉妒也就越多，越是不满足、不感恩，就越会心情躁动、烦乱如麻，焦躁、焦虑，看什么都不顺眼……心象种种，心难至净。心净，来自宽容、仁善、知足和感恩。

行远路者，大器大气。

登峰巅者，太极泰极。

附录 人生智慧顺口溜

1. 人生《十忠告》

一无：天下没有一帆风顺的人生。

附上《请教孔子》与您共勉：

困难时请教孔子，
孔子叫我动动脑子。
一孔是窥见，
二孔成一线，
三孔焦成点，
点线转全盘。
人生谁无一二三？
苦乐长短度时艰。
沟坎磕碰算什么？
人生不怕路途远！
顺利时请教孔子，
孔子叫我动动脑子。
一帆非风顺，
二帆借好运，
三帆起大势，
顺势舞风云。
人生谁无一二三？
扬帆竞渡凭远见。
一马当先算什么？
万马奔腾过草原！
贫困时请教孔子，

孔子叫我动动脑子。
一穷不二白，
二穷志还在，
三穷无穷动，
和为贵生财。
人生谁无一二三，
无穷动里夸勤勉。
贫穷困苦算什么？
人生立志要强悍。
富裕时请教孔子，
孔子叫我动动脑子。
一富不算富，
二富要巩固，
三富靠制度，
富贵顾茅庐。
人生谁无一二三？
安得广厦千万间。
一人先富算什么？
万民同富尽开颜！

二对：对过去的不快和逆境不发牢骚；对未来没有奢望，但求平安幸福。

附上《珍重》，逗您开心：

拧一把绿色，
搓成情种，

扒开生活，
播下传承，
请记住，
那人生四季成长的历程；
摘一把野花，
叠成书签，
打开心扉，
别上人生，
请记住，
那生命旅途中相遇的深情；
攥一把空气，
捏出晶莹，
文心雕龙，
嵌入梦境，
请记住，
那朋友彼此间友谊的纯净；
抓一把夕阳，
打开铺平，
浓墨重彩，
刻上永恒，
请记住，
那一生遗憾中可贵的珍重。

三养：勤保养、均营养、巧休养。

附《谱天养生》供您参考：

天悠悠，
地悠悠，
人从善，
千古酬。
谱天养生三合一，
养心养体养精气。
精气神来仙般爽，
天地无我任天堂。
天地悠悠，
仁爱永筑；
天地悠悠，
养生大道鼓潮流。
人悠悠，
事悠悠，
人求和，
义永驻。
谱天养生三合一，
养身养体养精气。
精气神来仙般爽，
天地无我任天堂。
人事悠悠，
仁爱永筑，
人事悠悠，
养生大道鼓潮流。

四忘：忘记年龄、忘记钱财、忘记子孙、忘记烦恼。

附上《忘记》一起忘记：

忘记年龄，
还我年轻，
儿时的记忆，
少年的朦胧……
心中有梦美随行；
忘记钱财，
量力而行，
健康的乐趣，
生活的中庸……
心中彻悟财自轻；
忘记子孙，
珍惜光阴，
超脱的身心，
简单的五伦……
心中有爱自成恩；
忘记烦恼，
快乐寻找，
一生的成本，
最后的回报……
心中有趣自逍遥。

五福：健康是福、老伴是福、阅读是福、思念是福、乐事是福。

健康最是福，

身体不糊涂；
锻炼出企图，
无疾是幸福。
老来夫妻伴是福，
一生牵手无悔路；
挥别难断家务事，
夕阳红里醉吟诗。
听广播，
看电视，
读读报，
看看书……
老年更要勤阅读，
阅读是福知天下，
琴棋养性作书画。
人生不苦短，
乐事福禄宽，
我心不等待，
即乐福满园。

六喜：退而不休是喜、儿女独立是喜、无欲则刚是喜、问心无愧是喜、好友来往是喜、心情不老是喜。

退而不休是喜，
返聘不如公益；
大真大善大美，
凡心如涤如洗。

儿女独立是喜，
乐观其成交替；
老雀东南尽飞，
阅尽人间情意。
无欲则刚是喜，
仁者心装天地；
有容乃大博爱，
生而平等永记。
问心无愧是喜，
对公对他对你；
心路坦荡如笔，
长吟人性诗意。
好友来往是喜，
真情不离不弃；
交往交流交际，
文心雕龙共济。
心情不老是喜，
青松挺拔长绿；
虚怀若谷大气，
正大光明永续。

七乐：知足常乐、闲中作乐、自得其乐、及时行乐、助人为乐、行善是乐、平安最乐。

知足常乐乐在心，
人心不足病精神；

感恩之心要常驻，
满目周边尽是春。
闲中作乐乐在闲，
人生难得闲晚年；
有闲有乐悠闲在，
有情有趣赛神仙。
自得其乐乐其事，
乐观其事观其智；
智慧处事遂自得，
自得其乐乐价值。
及时行乐乐在行，
行动行为行乐风。
大事小事乐其行，
时不我待乐一生。
助人为乐启于心，
有心有意有头寸；
帮助他人解危困
我心大爱图滋润。
行善是乐乐于施，
天下施者在于实；
心心相印一把尺，
从善如流造大势。
平安最乐乐平安，
平安无事乐安全；
安全不是儿戏事，

风调雨顺享晚年。

八点：嘴巴甜一点、说话轻一点、脑筋活一点、检讨多一点、脾气小一点、度量大一点、心胸宽一点、微笑多一点。

嘴巴甜一点，
讨得人喜欢；
互相聊聊天，
交流暖心间。
说话轻一点，
高声讨人烦；
轻声细语过，
滋润在心田。
脑筋活一点，
心绪不会乱；
人生风雨多，
不钻牛角尖。
检讨多一点，
修行不问天；
理顺人生事，
是非好判断。
脾气小一点，
生气易伤肝；
理直自顺气，
和顺尽开颜。
度量大一点，

有容肚撑船；
可纳天下事，
登高览众山。
心胸宽一点，
气度吞河川；
让贤三千里，
解甲乐归田。
微笑多一点，
挥手播温暖；
仁心爱常驻，
公益生慈善。

九常：齿常叩、津常咽、鼻常揉、眼常动、面常搓、足常磨、腹常旋、肢常伸、肛常提。

齿常叩固本，
固本稳牙根；
老年牙齿健，
细嚼加慢咽。
津常咽生津，
津生精气神；
精气神常驻，
此乃健康路。
鼻常揉通气，
气乃身之力；
新陈代谢好，

健康是一宝。
眼常动目明，
举目绿常青；
登高看风景，
一派好心情。
面常搓络热，
脸蛋经络活；
七窍通轻松，
轻松不生病。
足常磨脉热，
脚底穴位活；
五脏行健康，
老来体魄壮。
腹常旋肠转，
活动肠胃健；
老年保便通，
排毒身轻松。
肢常伸舒展，
坚持最关键；
人老腿不老，
夕阳竞妖娆。
肛常提往上，
直肠活力壮；
后门开关灵，
排便自轻松。

十多：少肉多菜、少盐多醋、少食多嚼、少气多笑、少欲多施、少言多做、少忧多眠、少衣多浴、少闲多动、少车多行。

少肉多菜全素斋，
三高自然不存在；
身体轻松精神好，
老来享受东杲杳。
少盐多醋血管软，
血压正常不简单；
陈年老醋更难得，
以醋代酒要常喝。
少食多嚼慢里咽，
老年肠胃少负担；
营养调配加清淡，
三通五净享天年。
少气多笑心情好，
人生健康路一条；
车到山前必有路，
有路方能变通途。
少欲多施天地宽，
大开大阖上苍见；
生不带来死不携，
我行我素赴天约。
少言多做是难得，
难得一生这样做；

默默无闻任劳怨，
宰相肚子能撑船。
少忧多眠精神好，
忧患常驻催人老；
船到桥头自然直，
春江水暖鸭先知。
少衣多浴求干净，
去除污垢防得病；
身体健康精神爽，
老年生活有康庄。
少闲多动筋骨活，
想方设法多按摩；
练得一手太极拳，
静中求动享天年。
少车多行脚步健，
今天时尚少排碳；
拯救地球还锻炼，
一举两得何不干？

2. 人生智慧99则

1. 放下爱恨与情仇，心中减负轻悠悠，
一切顺从自然走，人间正道天地酬。

2. 助人行善应尽力，如同农民种大地，
种瓜得瓜千古理，救人如同救自己。

3. 执着坚定是好事，要看对错与价值，
看好感觉大门口，不能跟着感觉走！

4. 孝道是种好精神，感恩时刻记在心，
友朋举杯吟春酒，不忘家中父母亲。

5. 含蓄温情是种美，他人永远要敬对，
尊重他人和气在，双赢才是共生财。

6. 人人都有潜能在，习惯懒惰把它盖，
千方百计找出来，人生苦短除大灾！

7. 人人都有无聊时，最怕发呆看电视；
户外散步试一试，阳光就是抒情诗。

8. 小小成就勿满足，生活要有大思路，
故步自封误前途，人生路上不糊涂。

9. 日出三省吾身净，知己知彼方能盛，
不知检讨要性情，枉费光阴错一生。

10. 仪表衣冠流行风，我为何者要摩登？
智慧头脑自己用，聪明不能误聪明。

11. 生命步履每一跨，祥和宁静走天下，
虽然比他刘翔差，追求快乐不输他。

12. 人生摔倒不可怕，怕就怕在志趴下，

失败本是成功母，享受失败人长大。

13. 人生一世要感恩，首先感谢父母亲，

感谢世上所有人，日月星辰知我心。

14. 家庭失败败一生，无论你有多成功，

儿女情长难弥补，驾鹤西去不了情。

15. 观天我信哥白尼，袁隆平者观大地；

别听专家弯弯绕，平凡实践出传奇。

16. 九问人生不平和，没过欲望这条河，

翰逸老庄比你我？闲云过去看野鹤。

17. 死亡思考最彻底，恍然大悟已晚矣，

人生在世要快活，时光荏苒要珍惜。

18. 古训行行出状元，今朝行行出财团；

跨界请教求高见，虚怀若谷纳百川。

19. 想干就干必执着，一往直前不蹉跎，

人生九曲千帆过，生命无憾最值得。

20. 时过境迁思绪绵，泪过面颊尝酸甜，

一江春水向东流，忘掉人生几多愁。

21. 一求行善修来福，二走知罪忏悔路，

世界两种人不苦，众生不苦铺福禄。

22. 男儿有泪不轻弹，弹了又能如何变？

引得亲朋随声叹，不如重做男子汉。

23. 最高智慧是宽容，宽容才有心安宁，

无欲有容对得失，全神贯注做大事。

24. 生活如果能无我，生命本身被激活；

人间尽显真善美，最高境界乃佛陀。

25. 助人为乐很开怀，柔和魅力有朋来，
温和为人受爱戴，德行受崇乃国槐。
26. 恨是祸水起争端，爱是阳光能和缓，
警世恒言台下泪，爱恨情仇任你选。
27. 寂寥之时问几何，无所关注心落寞，
走出房门问芳草，愿以清新给过客。
28. 成功失败已过去，如何自新可持续，
现在起步要抓紧，一寸光阴一寸金。
29. 忍到容时众山小，争得千秋我自高；
待到登高远眺时，磨练学习不自傲。
30. 守护家人情自真，守护他人是重任，
心中常驻你我他，天下为公人民大。
31. 无矛无盾不人间，智慧化解才无憾，
社会自有不平事，是非曲直要判断。
32. 规矩天下成方圆，中规中矩是典范，
尊重信赖不当饭，梵天净土待明天。
33. 一道风景是自信，两道风景自成林，
三道风景林成森，人不仰视低头仁。
34. 家庭乃是人伦事，它是社会小组织，
家家和睦盼开始，大众社会有旗帜。
35. 仁怀宽广对世事，好心常被坏心吃，
慈悲天下当国是，举国上下尽国师。
36. 乐观之人只顾笑，忘记怨恨尽逍遥；
悲观之人只顾怨，忘了欢笑人凄惨。
37. 康庄大道乐观跑，此路不通悲情嚎，

两路你要哪一条，人生选择很重要。

38. 人人都选幸福道，快乐祥和路一条，

人类都是这样跑，世界和谐大同到。

39. 深刻观察生命史，天方地圆世人知，

欲望本是身外事，春蚕出茧为丝织。

40. 历代圣贤何以圣？逆境善境都能静，

调整被动为主动，万事同升道运盛。

41. 慈悲之心无烦恼，烦恼之心慈悲消，

慈悲本是无瑕玉，一点污染不能要。

42. 无我之境净心高，常人难以竞妖娆。

只要心中有追求，生活里面有奔头。

43. 帮助别人受尊重，常言有道是德行，

德行养成非一功，天天修炼乃达成。

44. 心有竞力志无比，抗拒无常改自己，

脱去陈腐重新起，人间正道迎紫气。

45. 问君为何不快乐，原来欲望特别多；

心挂千单账如册，单单穿心造饥渴。

46. 人心不足蛇吞象，不是不让有欲望，

欲望跟着需求走，量入为出压通胀。

47. 感官世界苦不苦？宗教信仰各一途，

苦海无边是原罪，走出罪孽去救赎。

48. 爱是自然大礼包，万物生息自然到，

生灭相续节节高，越是偏执越糟糕。

49. 菩萨成佛度众生，信徒信仰必修行，

修行感谢众信众，菩提功德大无穷。

50. 昨天之事已成史，好坏不能当饭吃，

现在踏出自新路，人生节点不含糊。

51. 心里有个测量法，敌友分明不咋挂，

有时朋友让你气，说明友情你在意。

52. 如若人人存善念，而且日行一个善，

个人家庭有安乐，大众社会有祥和。

53. 人生谁无喜剧料，笑来笑去笑无聊，

轻松愉快最重要，笑口常开松鹤高。

54. 爱之残忍就是恨，恨之私欲就是愤，

只待爱恨情仇去，天地人间颂爱神。

55. 留得青山历历在，不怕严冬没有柴，

只要心中志气在，不愁紫气不东来。

56. 安莫安于要知足，危莫危于爱多言，

乐莫乐于好施善；苦莫苦于太贪婪。

57. 有人比我更痛苦，原来是我犯糊涂，

人生苦短变乐长，天上人间共品尝。

58. 看破人生是电影，苦乐拼搏是过程，

问道苍天讨究竟，生是幸运死无情。

59. 放弃放弃对得失，有得有失才有事，

无能无奈别无知，失而复得起大势。

60. 本事不是哪里好，关键谁都离不了，

此乃情商特别高，众人过河他当桥。

61. 婚姻不是打桥牌，爱屋及乌家难盖，

家事经营对内外，千万不可随意来。

62. 时间是件度量衡，量得人间爱恨情，

远亲近邻朋友事，难逃时间检验师。

63. 古训名言一段段，浪子回头金不换，

改过忏悔不责难，社会不能没温暖。

64. 人生短短几十年，不要留下大遗憾，

想干你就大胆干，笑对人生倒坤乾。

65. 人生谁能无过错，看你改过不改过，

争功不能先诿过，自新求战写赞歌。

66. 拥有本是金不换，丢失方知是金蛋，

未来大厦入云端，没有今天不能建。

67. 漂亮言辞一段段，言辞背后是关键，

理路一定要看穿，交往才能零风险。

68. 爱非拥有是一理，拥有一定爱到底，

千般呵护万般爱，花期过后果实来。

69. 相信有人等着你，不管时间不管地，

只要相信你自己，人生一定会美丽。

70. 人生本来是机遇，快快乐乐无顾忌，

选择复杂怪自己，走出埃及无叹息。

71. 成功有时在坚持，过河就能有鱼吃，

困难成功本有缘，看你能否到彼岸。

72. 重要当然在开始，更为重要不停止，

放弃需要有大智，今生无悔做大事。

73. 天底没有不烦事，有烦才需有军师，

耐烦听罢军师策，豪情更要有壮志。

74. 人生低潮要鼓励，自己励志靠自己，

别人鼓励外因起，内因崛起创奇迹。

75. 敬业变成好习惯，无论为谁把活干。
雇主满意露笑脸，邀你一起做老板。
76. 爱是心中一根弦，拨通电话能听见，
交流最恨话语断，爱情就怕有第三。
77. 爱情有时也很贱，就怕利益来考验，
宝马车上哭声去，时间弯曲霍金瘫。
78. 这山望着那山高，踏破铁鞋累断腰，
狗熊掰棒很可笑，结果怀中留最小。
79. 爱情海誓山盟时，打烊其实正开始；
男女婚姻办大事，柴米油盐打油诗。
80. 善恶本是两重天，其实同在一人肩，
恶习养成是随便，善德善业靠修炼。
81. 常言打人不打脸，古语揭人不揭短，
留得情面与尊严，扬善弃恶大家干。
82. 百姓门前常常说，人生福气无遇祸，
灾祸到底是什么？只嫌福气不够多。
83. 微笑如同世界语，世界连着我和你，
和睦相处好邻居，同甘共苦在一起。
84. 科学基础在数学，文学基础在美学；
感情基础出于爱，有爱才能有未来。
85. 恐龙灭绝有启示，蟑螂精神可为师，
适应环境求生存，存在才能写史诗。
86. 今天会好最重要，足下不怕千里遥，
明天会好才会好，望梅止渴不能要。
87. 夜静灯昏长夜时，思忆翻开人生事，

甜酸苦辣小电影，每张定格都是诗。

88. 爱情真诚诚如命，生命似水水朝东。

盘点生活诗有情，经典共享话永恒。

89. 人为财死命输光，鸟为食亡自上当，

便宜不能占光光，嘴短手短到头偿。

90. 知苦方知天下苦，知乐方知苦更多，

摇手乾坤春雨过，苦尽甘来沐浴国。

91. 掌心朝天念是空，长天短云还笑容；

我问苍天何时雨，掩面低头昨日情。

92. 相爱男女不结婚，爱情永远都是金；

结婚未必不是错，将错就错携手过。

93. 出生啼哭亲人笑，驾鹤西去亲人闹；

哭笑轮回谁知道？我行我素问天道！

94. 失意之人情绪低，勿在他前谈得意；

以长论短没出息，人际之间毁关系。

95. 爱是人生一主题，世上无人可逃避；

千古文章写不尽，云雨过后结桃李。

96. 善良女孩已不多，邂逅千万别错过，

丢掉欺骗掏心窝，并肩携手渡爱河。

97. 悲伤流泪除惆怅，时间淡化记忆忘；

迎接欣喜丢悲伤，时不我待在职场。

98. 陈年老账快点忘，翻落灰尘遮阳光，

晨曲悠扬去操场，汗水滚出新希望。

99. 世事不能我控制，控制自己选方式；

争取主动脱困时，天道酬勤拜先师。